Das Ehegattensplitting

Aktuelle Probleme moderner Gesellschaften

Herausgegeben von Karl-Heinz Breier,
Peter Nitschke und Corinna Onnen

Band 15

Zu Qualitätssicherung und Peer Review der vorliegenden Publikation

Die Qualität der in dieser Reihe erscheinenden Arbeiten wird vor der Publikation durch alle Herausgeber der Reihe geprüft.

Notes on the quality assurance and peer review of this publication

Prior to publication, the quality of the work published in this series is reviewed by all editors of the series.

Petra Eden

Das Ehegattensplitting

Eine soziologische Analyse zur monetären Ressourcenverwaltung in der Ehe und zum Halbteilungsgrundsatz

PETER LANG
EDITION

Bibliografische Information der Deutschen Nationalbibliothek
Die Deutsche Nationalbibliothek verzeichnet diese Publikation in der Deutschen Nationalbibliografie; detaillierte bibliografische Daten sind im Internet über http://dnb.d-nb.de abrufbar.

Zugl.: Vechta, Hochsch., Diss., 2014

Va 1
ISSN 1867-609X
ISBN 978-3-631-66099-7 (Print)
E-ISBN 978-3-653-05545-0 (E-Book)
DOI 10.3726/ 978-3-653-05545-0

Peter Lang Edition ist ein Imprint der Peter Lang GmbH.
Peter Lang – Frankfurt am Main · Bern · Bruxelles · New York · Oxford · Warszawa · Wien

Diese Publikation wurde begutachtet.

www.peterlang.com

Inhalt

1 Einleitung

Das Ehegattensplitting regelt eine besondere Form der gemeinsamen Besteuerung von Ehegatten (§§ 26, 26b EStG) und wird seit seiner Einführung im Jahr 1958 unter verschiedenen Aspekten immer wieder diskutiert. Es wird u.a. kritisiert, dass das Leitbild der Hausfrauenehe, das bei Einführung des Ehegattensplittings vorherrschend war, im Zuge des gesellschaftlichen Wandels nicht mehr der sozialen Wirklichkeit entsprechen würde. Vielmehr wirke das Ehegattensplitting durch den Verlust von Steuervorteilen hemmend auf die Berufstätigkeit der Ehefrauen und stelle insoweit eine Benachteiligung für diese dar. Durch die Anknüpfung des Ehegattensplittings allein an die formal bestehende Ehe würden zudem kinderlose Ehen bevorzugt.

Das Bundesverfassungsgericht hat in seiner Entscheidung vom 03.11.1982 (BVerfGE 61, 319) das Ehegattensplitting als verfassungsgemäß beurteilt und festgestellt, „dass zusammenlebende Ehegatten eine Gemeinschaft des Erwerbs und Verbrauchs bilden, in der ein Ehegatte an den Einkünften und Lasten des anderen wirtschaftlich jeweils zur Hälfte teilhat“ (sog. Halbteilungsgrundsatz). Anhand von Praxisfällen soll untersucht werden, ob es in der Realität tatsächlich wirtschaftlich eine hälftige Teilhabe an den Einkünften und dem Vermögen des anderen Ehegatten gibt oder ob das Ehegattensplitting dazu führt, dass eine bestimmte Verteilung der Ressourcen in der Ehe bestärkt wird. Dazu wird geprüft, ob jeder Ehegatte einen gleichberechtigten Zugang zum Erwerbseinkommen und Vermögen des anderen Ehegatten hat und wie die Geldverwaltung in der Paarbeziehung geregelt ist. In diesem Zusammenhang soll auch geklärt werden, ob das Ehegattensplitting im Zuge des gesellschaftlichen Wandels noch zeitgemäß ist.

Dazu wird zunächst ein Überblick zur Besteuerung der Ehegatten gegeben. Neben der historischen Entwicklung der Ehegattenbesteuerung ab 1945 werden die gesellschaftlichen Vorstellungen von der Ehe und insbesondere der bürgerlichen Familie sowie wie die politischen Zielsetzungen, die Hintergrund bei Einführung des Ehegattensplittings waren, dargestellt. Auch die politische Entwicklung der Ehegattenbesteuerung bis heute wird aufgezeigt. Weitere Ausführungen zu der am Ehegattensplitting geübten Kritik und den an diesem Rechtsinstitut geäußerten verfassungsrechtlichen Bedenken runden den Überblick ab.

Da die Kritik am Ehegattensplitting insbesondere auch daran anknüpft, das Ehegattensplitting werde dem zwischenzeitlichen Wandel nicht gerecht, wird beschrieben, wie sich Familien und Partnerschaften seit Einführung des Ehegattensplittings im Jahr 1958 entwickelt haben. Ferner werden die Ursachen und Kennzeichen für einen gesellschaftlichen Wandel sowie der damit verbundene Wandel von Lebens-, Familien- und Haushaltsformen beleuchtet. Von besonderer Bedeutung sind die Zunahme der Erwerbstätigkeit von Frauen und das Verhältnis zur Hausarbeit und der mit dem gesellschaftlichen Wandel ebenfalls einhergehende Wandel von Leitbildern.

Mit den unterschiedlichen Leitbildvorstellungen in der Paarbeziehung sind auch unterschiedliche Machtverhältnisse verbunden (Wimbauer 2003; Stalb 2000). So wird das bürgerliche Modell der Hausfrauenehe insbesondere wegen der ökonomischen Abhängigkeit der Ehefrau von ihrem Ehemann kritisiert (u.a.: Wimbauer 2006; Pfau-Effinger 1998; Eckert 1979). Da das Ehegattensplitting mit seiner Einführung das Leitbild der Hausfrauenehe als familiales Erwerbsmuster fördern sollte (u.a.: Spangenberg 2005: 24; Dingeldey 2000: 15), werden die grundlegenden Theorien zu den ehelichen Machtverhältnissen beschrieben.

Nach den Theorien über die ehelichen Machtverhältnisse stellt das Einkommen als sozio-ökonomische Ressource eine wesentliche Machtgrundlage dar. Es werden daher im Folgenden empirische Untersuchungen zum Thema Geld in Paarbeziehungen vorgestellt.

Danach folgt der empirische Teil der Arbeit. Dazu wird das Datenmaterial von miteinander verheirateten Paaren, bestehend aus Aktenauswertungen sowie ergänzenden standardisierten Nachfragen bzw. narrativer Interviews anhand eines Erhebungsbogens erfasst. Mit Hilfe eines Fragenkatalogs werden systematisch alle für die empirische Untersuchung relevanten Daten, wie z. B. die Höhe des Splittingvorteils, die Höhe der Einkünfte, das Alter und Beruf der Ehepartner, die Zahl der Kinder, die (rechtlichen) Zugriffsmöglichkeiten auf das Einkommen und das Vermögen sowie die Kostentragung fallweise aus den Erhebungsbögen abgefragt.

Es folgt eine Häufigkeitsauswertung der empirischen Daten, in der insbesondere die Höhe des Splittingvorteils durch die Zusammenveranlagung, der Umfang der Berufstätigkeit der Ehegatten, Art und Höhe des Einkommens, der rechtliche Zugriff auf das Einkommen und Vermögen, der Ort des Zuflusses der Einkünfte und die Verwendung des Paareinkommens betrachtet werden.

In der anschließenden, themenzentrierten Auswertung werden die Aktenfälle den vier Haupthypothesen der Arbeit zugeordnet und anhand der Häufigkeiten geprüft, ob sich diese Hypothesen bestätigen lassen. Diese vier Haupthypothesen sind:

1. Das Ehegattensplitting begünstigt das traditionelle Familienmodell.
2. Der Ehemann verfügt über höhere Einkünfte und ein höheres Vermögen als seine Ehefrau.
3. Der Ehemann hat einen größeren Zugriff auf die Ressourcen.
4. Der Ehemann hat bei der Geldverwendung eine stärkere Position.

Im Folgenden werden die Aktenfälle daraufhin untersucht, ob sich Paar-Muster erkennen lassen. Anhand der Paar-Muster soll festgestellt werden, ob das Ehegattensplitting mit dem Leitbild des bürgerlichen Familienmodells bei seiner Einführung 1958 im Zuge des dargestellten gesellschaftlichen Wandels noch zeitgemäß ist.

Anhand des Datenmaterials wird anschließend die Geldverwaltung während der Ehe noch einmal im Zusammenhang mit dem Halbteilungsgrundsatz des Bundesverfassungsgerichts analysiert. Es wird überprüft, ob sich eine hälftige Teilhabe an den Einkünften und Lasten des anderen Ehegatten tatsächlich empirisch nachweisen lässt.

Abschließend wird nach Zusammenfassung der Ergebnisse ein Ausblick gegeben auf mögliche Änderungen im Einkommensteuerrecht für die Besteuerung von Ehegatten sowie für eine Verbesserung der gesellschaftlichen Rahmenbedingungen für die Erwerbstätigkeit der Ehefrau.

2 Die Besteuerung der Ehegatten im Einkommensteuerrecht

2.1 Allgemeines zur Ehegattenbesteuerung

Gegenstand der Arbeit ist die Untersuchung des den zusammenlebenden Ehegatten nach Zahlung ihrer Einkommensteuer zur Verfügung stehenden Nettoeinkommens und seine Verwendung im Kalenderjahr 2008. Rechtsstand der vorliegenden Arbeit ist daher das Einkommensteuergesetz (EStG) in der für den Veranlagungszeitraum 2008 gültigen Fassung. Es sollen die ökonomischen Strukturen und die Geldverwaltung in der Ehe betrachtet und geprüft werden, ob durch das Ehegattensplitting eine bestimmte Verteilung der Ressourcen gefördert wird.

Die Höhe der Einkommensteuer, die die Eheleute für ein Kalenderjahr insgesamt zu zahlen hat, bestimmt sich nach dem Einkommensteuertarif gemäß § 32a EStG und hängt davon ab, welche Form der Einkommensteuerveranlagung diese wählen. Gemäß § 26 Absatz 1 EStG können Ehegatten, die beide unbeschränkt einkommensteuerpflichtig sind und nicht dauernd getrennt leben und bei denen diese Voraussetzungen zu Beginn des Veranlagungszeitraumes vorgelegen haben oder im Laufe des Veranlagungszeitraumes eingetreten sind, zwischen der getrennten Veranlagung nach § 26a EStG und der Zusammenveranlagung nach § 26b EStG wählen. Die Ausübung dieses Wahlrechts wird regelmäßig davon abhängen, welche Veranlagungsform zu einer betragsmäßig niedrigeren Einkommensteuerbelastung für die Eheleute und ihre gesamten Einkünfte führt. Im Jahr der Eheschließung können sie auch die besondere Veranlagung nach § 26c EStG wählen. Das Wahlrecht für die Ehegatten knüpft somit an die zivilrechtlich gültige Ehe an, wie der Bundesfinanzhof (BFH) in seiner Entscheidung vom 17.04.1998 (VI R 16/97, Bundessteuerblatt (BStBl.) II 1998, 473) bestätigt hat. Wie in Kapitel 2.2 näher ausgeführt wird, sollten mit der Einführung eines Veranlagungswahlrechtes ursprünglich steuerliche Schlechterstellungen von gemeinsam veranlagten Ehegatten zur Einzelveranlagung beseitigt werden. Mit dem 1958 eingeführten Ehegattensplitting sollte aber bereits ein Jahr später explizit das Hausfrauenmodell gefördert werden (Kapitel 2.4).

Bei der getrennten Veranlagung von Ehegatten gemäß §§ 26, 26a EStG sind jedem Ehegatten die von ihm bezogenen Einkünfte zuzurechnen

(Absatz 1). In Absatz 2 wird geregelt, in welchem Verhältnis zwischen den Eheleuten Sonderausgaben, außergewöhnlichen Belastungen, Pauschbeträge usw. steuerlich mindernd berücksichtigt werden können. Auf das zu versteuernde Einkommen wird jeweils die tarifliche Einkommensteuer gemäß § 32a Absatz 1 EStG nach dem sog. Grundtarif erhoben.

Das Einkommensteuerrecht beruht auf dem Grundsatz der Individualbesteuerung (Bundesverfassungsgericht v. 03.11.1982, 1 BvR 620/78, 1 BvR 1335/78, 1 BvR 1104/79, 1 BvR 363/80, BVerfGE 61, 319). Steuersubjekt ist die einzelne Person mit dem von ihr erzielten Einkommen (BFH v. 23.08.1999 – GrS 2/97, BStBl. II 1999, 782). Bei dieser Individualbesteuerung bleibt es, wenn die Ehegatten die getrennte (§§ 26, 26a EStG) oder die besondere Veranlagung (§§ 26, 26c EStG) wählen. Dies wird regelmäßig bei einer niedrigeren Steuerbelastung der Fall sein oder aus außersteuerlichen Gründen, z. B. bei einem Interesse an der Geheimhaltung der eigenen Einkünfte (Pflüger in Herrmann/Heuer/Raupach, § 26 EStG, Anm. 5).

Demgegenüber werden bei der Zusammenveranlagung der Ehegatten gemäß §§ 26, 26b EStG die Einkünfte, die die Ehegatten erzielt haben, zusammengerechnet, den Ehegatten gemeinsam zugerechnet und, soweit gesetzlich nichts anderes vorgeschrieben, ist, wie z. B. Beschränkungen beim Verlustausgleich (Pflüger in Herrmann/Heuer/Raupach, § 26b EStG, Anm. 30) die Ehegatten sodann gemeinsam als Steuerpflichtiger behandelt. Die tarifliche Einkommensteuer auf das gemeinsam zu versteuernde Einkommen beträgt gemäß § 32a Absatz 2 EStG vorbehaltlich einiger Sondervorschriften das Zweifache des Steuerbetrages, der der sich für die Hälfte ihres gemeinsam zu versteuernden Einkommens nach Absatz 1 ergibt (Splitting-Verfahren).

Dies bedeutet, dass bei der Zusammenveranlagung das Familieneinkommen einkommensteuerlich beiden Ehegatten zugerechnet wird, unabhängig davon, wer es bezieht. Die sich auf die Einkommenshälften beziehende Steuer wird verdoppelt. Durch dieses Verfahren entsteht ein Steuervorteil im Verhältnis zur Einzelbesteuerung, wenn sich das Familieneinkommen tatsächlich nicht hälftig, sondern in einem anderen Verhältnis auf die Ehegatten verteilt (Wätzig 1982: 1839).

Der Steuertarif gemäß § 32a Absatz 1 EStG und damit die Höhe der zu zahlenden Einkommensteuer ist abhängig von der Höhe des zu versteuernden Einkommens und setzt sich im untersuchten Veranlagungszeitraum 2008 wie folgt zusammen (DATEV 2009: 1):

Einzelbesteuerung:
Grundfreibetrag € 7.664,-- = steuerfrei für alle Steuerpflichtigen.
ab € 7.665,-- bis € 52.151,-- ansteigender Steuersatz (progressiv) von 15 bis 42%
ab € 52.152,-- bis € 250.000,-- Steuersatz 42%
ab € 250.001,-- Steuersatz 45%

Zusammenveranlagung (= Verdoppelung der Beträge gemäß § 32a Absatz 1 und § 32a Absatz 5 EStG):
Grundfreibetrag € 15.329,-- = steuerfrei
ab € 15.330,-- bis € 104.303,-- ansteigender Steuersatz (progressiv) von 15 bis 42%
ab € 104.304,-- bis € 500.000,-- Steuersatz 42%
ab € 500.001,-- Steuersatz 45%.

Die Verdoppelung dieser Beträge bewirkt, dass bei Anwendung des Splittingtarifs die Besteuerung später beginnt und damit auch die Progression später einsetzt und langsamer steigt als bei Anwendung des Grundtarifs. Dies bedeutet, dass z. B. der Höchststeuersatz von 45% bei der Zusammenveranlagung erst ab € 500.001,-- beginnt, bei der Einzelveranlagung aber schon bei € 250.001,--.

Nach eigenen Berechnungen mit dem Einkommensteuerprogramm der DATEV beträgt die Ersparnis bei einem zu versteuernden Einkommen von € 104.304,-- im Falle der Zusammenveranlagung € 7.919,-- Einkommensteuer und € 435,32 Solidaritätszuschlag, insgesamt € 8.354,32 zu einer Einzelveranlagung, wenn der andere Ehegatte kein eigenes Einkommen erzielt (zuzüglich der Minderung der evtl. Kirchensteuer). Bei einem zu versteuernden Einkommen von € 500.001,-- erhöht sich die Steuerersparnis auf € 15.414,-- Einkommensteuer und € 847,77 Solidaritätszuschlag, insgesamt € 16.261,77 (zuzüglich der Minderung der evtl. Kirchensteuer).

In welchen Einzelfällen tatsächlich und in welcher Höhe sich rechnerisch im Falle der Zusammenveranlagung ein Splittingvorteil und damit ein Steuervorteil für die Ehegatten ergeben und wie dieser sich auf deren Lebensgestaltung auswirkt, wird anhand von Praxisfällen untersucht. Auch wenn das Steuerrecht geschlechterneutral formuliert ist, wird dabei von der Annahme ausgegangen, dass das Ehegattensplitting strukturell Ehemänner aufgrund ihrer höheren Einkünfte begünstigt und sie dadurch am stärksten vom Splittingvorteil profitieren. Damit würde das Ehegattensplitting im Gegenzug strukturell Frauen benachteiligen.

Die besondere Veranlagung nach §§ 26, 26c EStG regelt einen Sonderfall im Jahr der Eheschließung und wird deshalb im Rahmen dieser Arbeit nicht weiter vertieft. Diese Vorschrift wurde durch das Steuervereinfachungsgesetz 2011 (BStBl. I 2011, 986) ab dem Veranlagungszeitraum 2013 aufgehoben. Aus der getrennten Veranlagung gem. §§ 26, 26a EStG wird ab 2013 begrifflich die Einzelveranlagung von Ehegatten.

2.2 Historische Entwicklung der Ehegattenbesteuerung ab 1945

Da die Höhe der zu zahlenden Einkommensteuer einen wesentlichen Einfluss auf die Höhe des den Ehegatten zur Verfügung stehenden Nettoeinkommens hat, stellt sich die Frage, wie es zu der unterschiedlichen Besteuerung von Einzelpersonen nach dem Grundtarif und von Ehegatten mit dem Veranlagungswahlrecht nach § 26 Absatz 1 EStG in der Bundesrepublik Deutschland gekommen ist.

Eine gemeinsame Besteuerung von Ehegatten gab es bereits im 19. Jahrhundert in Preußen. Es handelte sich dabei zunächst um eine Besteuerung nach Haushalten, die sich zu einer Ehegattenbesteuerung hin entwickelte (Pflüger in Herrmann/Heuer/Raupach, EStG, § 26, Anm. 2, Vollmer 1998: 29ff.). Die Rechtsentwicklung, die eine stetige Weiterentwicklung darstellte, war für die heutige Ehegattenbesteuerung prägend und wird im Folgenden kurz dargestellt:

Das Reichseinkommensteuergesetz vom 29.03.1920 (Reichsgesetzblatt (RGBl.) 1920, 359) brachte neben der Zusammenveranlagung der Ehegatten (§16 EStG) wieder eine begrenzte Haushaltsbesteuerung (Pflüger in Herrmann/Heuer/Raupach, § 26 EStG, Anm. 2).

Mit Änderungsgesetz vom 24.03.1921 (RGBl. 1921, 313) wurde die Zusammenveranlagung eingeschränkt. Das Einkommen der Ehefrau aus selbständiger und nichtselbständiger Arbeit in einem nicht dem Ehemann gehörenden Betrieb schied aus der Zusammenveranlagung aus. Die Ehefrau wurde insoweit selbständig veranlagt (§ 16 i.V.m. § 9 EStG) (Pflüger in Herrmann/Heuer/Raupach, § 26 EStG, Anm. 2).

Durch die Nationalsozialisten wurden im EStG 1934 vom 16.10.1934 (RGBl. 1934, 1261) die Ausnahmen von der Zusammenveranlagung wieder beseitigt und sämtliche Einkünfte der Ehefrau in die gemeinsame Besteuerung (§ 26 EStG) miteinbezogen (Pflüger in Herrmann/Heuer/Raupach, § 26 EStG, Anm. 2) unter dem Oberbegriff der Haushaltsbesteuerung (§§ 26, 27 EStG 1934). Sinn und Zweck der Regelung war explizit die Verdrängung der Frauen vom Arbeitsmarkt (Vollmer 1998: 31).

Bedingt durch die Kriegswirtschaft und der nunmehr erwünschten Mitarbeit der Frauen wurde durch die Einkommensteuerdurchführungsverordnung (EStDV) vom 07.12.1941 (RGBl. I 1941. 1005) das Einkommen der Ehefrau aus nichtselbständiger Arbeit in einem dem Ehemann fremden Betrieb erneut aus der Zusammenveranlagung ausgenommen (Pflüger in Herrmann/Heuer/Raupach, § 26 EStG, Anm. 2; Vollmer 1998: 31).

Das Kontrollratsgesetz Nr. 12 vom 11.02.1946 (Amtsblatt des Kontrollrats in Deutschland vom 28.02.1946, Nr. 4, 60) führte einen einheitlichen Tarif für Ledige und Familien bzw. Eheleute ein, der für Ehemänner einen Freibetrag in Höhe der Existenzminima für Ehefrau und Kinder vorsah. Die Einkünfte der Ehefrau aus nichtselbständiger Arbeit in einem dem Ehemann fremden Betrieb wurden weiterhin getrennt veranlagt (Vollmer 1998: 31). Die Mitarbeit der Frauen war direkt nach dem Kriegsende weiterhin notwendig und erwünscht.

Nach Gründung der Bundesrepublik Deutschland wurden im EStG 1949 vom 10.08.1949 (Gesetzblatt der Verwaltung des Vereinigten Wirtschaftsgebietes (WiGBl.) 1949, 166) die Regelungen über die Zusammenveranlagung von Ehegatten ohne inhaltliche Änderungen übernommen. Die während des Krieges (§ 19 EStDV 1941) festgelegten Ausnahmen von der Besteuerung blieben als § 43 EStDV 1949 bis 1953 in Kraft (Pflüger in Herrmann/Heuer/Raupach, § 26 EStG, Anm. 2).

Die Änderungen im Gesetz zur Neuordnung von Steuern vom 16.12.1954 (Bundesgesetzblatt (BGBl.) I 1954, 373) wurden in die Neufassung des EStG vom 21.12.1954 (EStG 1955) (BStBl. 1954, 441) übernommen. Die Zusammenveranlagung der Ehegatteneinkünfte wurde dort dem Grunde nach beibehalten (Pflüger in Herrmann/Heuer/Raupach, § 26 EStG, Anm. 2). Die Ausnahmen von der Zusammenveranlagung wurden jedoch auf Einkünfte der Ehefrau aus selbständiger Arbeit und durch Rechtsverordnung gleichgestellte Einkünfte aus Gewerbebetrieb erweitert (§ 26 Absatz 3 und

4 EStG 1955). Die wichtigsten Einnahmen wurden somit getrennt veranlagt (Vollmer 1998: 31). Wie in Kapitel 2.3 ausgeführt wird, entsprach es dem in dieser Zeit gültigen Leitbild der bürgerlichen Familie, dass die Ehefrau nicht erwerbstätig war. Ihre Erwerbseinkünfte passten insoweit nicht in die gesellschaftliche Vorstellung von Familie und dem Ehemann als Ernährer. Im Übrigen wurde erst jetzt der Begriff der Zusammenveranlagung eingeführt (Vollmer 1998: 30).

Die Besteuerung der Ehegatten in der Bundesrepublik erfuhr durch die Entscheidung des Bundesverfassungsgerichts vom 17.01.1957 – 1 BvL 4/54, BStBl. I 1957, 193) einen Einschnitt: Das Bundesverfassungsgericht erklärte die Vorschrift des § 26 EStG 1951, der die Zusammenveranlagung der Ehegatten regelte, wegen Verstoßes gegen Artikel 6 Grundgesetz (GG) für verfassungswidrig und damit für nichtig.

In den dem Bundesverfassungsgericht vorgelegten Fällen hatten die Ehefrauen andere Einkünfte als aus nichtselbständiger Arbeit, so dass für sie die Grundregel der Zusammenveranlagung zwingend war (Vollmer 1998: 32).

Das Bundesverfassungsgericht führt in seiner Entscheidung aus, dass „Gegenstand der verfassungsrechtlichen Prüfung nicht die Frage ist, ob abstrakt die Zusammenveranlagung ... der Ehegatten mit dem Grundgesetz vereinbar ist, sondern ... ob die Zusammenveranlagung von Ehegatten im Rahmen des EStG 1951, dass auf einer progressiven Besteuerung des einzelnen Steuerpflichtigen beruht, verfassungswidrig ist.... Hier ist entscheidend die Tatsache, dass Ehegatten durch die Zusammenveranlagung angesichts des auf die Leistungsfähigkeit des Einzelnen hin angelegten progressiven Steuertarifs im wirtschaftlichen Ergebnis nicht schlechter gestellt werden als andere Personen...“. Ehegatten dürfen somit durch die gemeinsame Besteuerung keinen Nachteil haben (Vollmer 1998: 33).

Das Bundesverfassungsgericht betont in seiner Entscheidung zudem, „zur Gleichberechtigung der Frau gehört aber, dass sie die Möglichkeit hat, mit gleichen rechtlichen Chancen marktwirtschaftliches Einkommen zu erzielen wie jeder männliche Staatsbürger“. Das Gericht vertritt hier eine formale, am Grundgesetz orientierte Rechtsauffassung, die von der gültigen gesellschaftlichen Auffassung von der Stellung der Frau abwich, die in Kapitel 2.3 näher beschrieben wird.

Wegen der festgestellten Verfassungswidrigkeit wurde mit Steueränderungsgesetz vom 26.07.1957 (BGBl. I 1957, 848) die Ehegattenbesteuerung für die Veranlagungsjahre 1949 bis 1957 neu geregelt (Pflüger in Herrmann/Heuer/Raupach, § 26 EStG, Anm. 3). Sie ließ den Eheleuten die Wahl zwischen getrennter oder gemeinsamer Veranlagung oder auch eingeschränkter Zusammenveranlagung (Vollmer 1998: 32).

Mit Steueränderungsgesetz vom 18.07.1958 (BGBl. I 1957, 473) wurde die Ehegattenbesteuerung in den §§ 26–26b EStG endgültig neu geregelt und das im Grundsatz bis heute geltende Ehegattensplitting eingeführt.

Das Bundesverfassungsgericht bestätigte in seiner Entscheidung vom 03.11.1982 – 1 BvR 620/78, 1335/78, 1104/79, 363/80, BVerfGE 61, 319) ausdrücklich die Verfassungsmäßigkeit des Ehegattensplittings. Es führt aus, „dass zusammenlebende Ehegatten eine Gemeinschaft des Erwerbs und Verbrauchs bilden, in der ein Ehegatte an den Einkünften und Lasten des anderen zur Hälfte teilhat...Damit knüpft das Splitting an die wirtschaftliche Realität der intakten Durchschnittsehe an, in der ein Transfer steuerlicher Leistungsfähigkeit zwischen den Partnern stattfindet." Die Richter gehen auch hier wieder von der formalen, grundgesetzlich verankerten Gleichheit von Mann und Frau aus und schließen daraus auf eine gleichberechtigte, nämlich hälftige Teilhabe an den Einkünften und Lasten des anderen Ehegatten, ohne dass dieses empirisch überprüft wurde. Das Bundesverfassungsgericht stellt gleichzeitig fest, „dass das Splittingverfahren nach seinem vom Gesetzgeber zugrunde gelegten Zweck unter anderem „eine besondere Anerkennung der Aufgabe der Ehefrau als Hausfrau und Mutter" bedeutet und damit auch Ausdruck ist der Gleichwertigkeit der Arbeit von Mann und Frau, ohne Rücksicht darauf, ob es sich um Haus- oder Berufsarbeit handelt." Anhand der Praxisfälle soll ergründet werden, ob sich in dem untersuchten Veranlagungszeitraum 2008 eine solche hälftige wirtschaftliche Teilhabe der Ehegatten tatsächlich nachweisen lässt und ob der nicht erwerbstätige Ehegatte oder die nichterwerbstätige Gattin auch einen gleichberechtigten Zugang dazu hat.

Im Zusammenhang mit der Rechtsentwicklung zum Ehegattensplitting ist ergänzend auf eine grundlegende Entscheidung des Bundesverfassungsgerichts hinzuweisen. So hat dieses mit Beschluss vom 07.05.2013 (2 BvR 909/06; 2 BvR 1981/06; 2 BvR 288/07, BGBl. I 2013, 2397) den Ausschluss eingetragener Lebenspartnerschaften vom Ehegattensplitting als verfassungswidrig eingestuft. Die Regelungen zu Ehegatten und Ehen im Einkommensteuerrecht sind deshalb nach einer entsprechenden Gesetzesänderung rückwirkend in allen noch nicht bestandkräftigen Fällen auf Lebenspartner und Lebenspartnerschaften ebenfalls anzuwenden (BStBl. I 2013, 898). Die Entscheidung des Bundesverfassungsgerichts verdeutlicht, dass auch bei der Rechtsfortschreibung gesellschaftliche Veränderungen von erheblicher Bedeutung sind und in diesem Fall der gesellschaftlichen und rechtlichen Akzeptanz der eingetragenen Lebenspartnerschaften auch im Steuerrecht gefolgt wird.

2.3 Gesellschaftlicher Hintergrund bei Einführung des Ehegattensplittings

Da das Ehegattensplitting an die „intakte Durchschnittsehe" anknüpft (Bundesverfassungsgericht vom 03.11.1982 – BvR 620/78, 1335/78, 1104/79, 363/80, BVerfGE 61, 319) ist zu fragen, welche gesellschaftlichen Vorstellungen von der Ehe bei Einführung des Ehegattensplittings im Jahr 1958 bestanden haben.

In den 1950er und 1960er Jahren war das „Goldene Zeitalter" der Familie (Sieder 1987: 243), the „golden age of marriage" (Tyrell 1988: 151). Die bürgerliche Familie war die Antwort auf die gesellschaftlichen Veränderungen im Übergang zur Industriegesellschaft und insbesondere die dadurch erfolgte Trennung von Erwerbs- und Wohnbereich (Liebold 2001: 25; von Trotha 1990: 452). Neben der Differenzierung in private, häusliche Lebensbereiche und Berufswelt (Burkart 2000: 189; Born 1993: 193; Sieder 1987: 132) erfolgte ein „sentimentale Auffüllung" des innerfamiliären Bereiches (Beck-Gernsheim 1986: 212). Sexualität und Erotik wurden in das bürgerliche Modell der Liebesheirat integriert (Sieder 1987: 131). Die bürgerliche Familie wurde im 19. Jhdt. herrschendes Familienleitbild, obwohl sie zunächst nur in bildungsbürgerlichen Schichten realisiert werden konnte, soweit die Einkünfte des Mannes allein zum Familienunterhalt ausreichten (Liebold 2001: 25ff.; F.-X. Kaufmann 1995: 21). Erst in den 1950er Jahren entwickelte sich aufgrund veränderter sozio-ökonomischer Strukturbedingungen (durch gestiegenes Einkommens- und Wohlstandsniveau der Mehrheit der Bevölkerung, relative Stabilität der Erwerbsbiographien und Lebensperspektiven) die bürgerliche Familie zum dominierenden Familienmodell in der Bundesrepublik (Liebold 2001: 27; Pfau-Effinger 1998: 175). Sie war nicht nur anerkanntes und allgemein angestrebtes Lebensmodell

(Beck-Gernsheim 1994: 115), sondern hatte explizit eine Monopolstellung (Tyrell 1988: 150).

Zu den Merkmalen der bürgerlichen Familie zählen insbesondere nachstehende Faktoren:

- Sie wird durch öffentliche Eheschließung begründet (F.-X. Kaufmann 1995: 25; von Trotha 1990: 453) und ist eine auf Dauer angelegte Gemeinschaft (Aries 1984: 174).
- Es erfolgt eine strikte geschlechtsspezifische Arbeitsteilung innerhalb der Kernfamilie (Liebold 2001: 29). Die Frau hat in der Sphäre des familialen Binnenraums die Rolle als Hausfrau und Mutter einschließlich der damit einhergehender emotionalen Funktionen (Liebold 2001: 29). Die Frau wird als „abhängig Unselbständige" mit der Familie identifiziert (Beck/Beck-Gernsheim 1990: 8). Der weibliche Lebenszusammenhang mit seiner Begrenzung auf den Binnenraum des Privaten (insbesondere die Gefühls- und Beziehungsarbeit) ist mit Erwartungen für das „Dasein für die Familie" verbunden (Beck-Gernsheim 1983: 309). Der Mann ist der Hauptermährer (Versorger) der Familie und das Bindeglied zwischen der Privatheit der Familie und der Arbeitswelt (Liebold 2001: 29). Mit der geschlechtsspezifischen Arbeitsteilung in Erwerbs- und Hausarbeit erfolgt eine Polarisierung der Geschlechterrollen (Herrmann 2002: 113; Eckert 1979: 241).

Zentrales Kennzeichen für die bürgerliche Familie ist weiter die „institutionelle Koppelung" von liebesfundierter Ehe und Elternschaft (Lenz 2006: 10). So wird die Ehe auch von dem Leitbild der „romantischen Liebe" bestimmt und insbesondere der Einheit von sexueller Leidenschaft und affektiver Zuneigung, der Einheit von Liebe und Ehe und der Integration der Elternschaft in die Ehe als letzte Vollendung der Liebe (Wimbauer 2003: 82ff.). Liebe, Ehe und Elternschaft werden vor allem zu einer Angelegenheit des persönlichen Glücks (Tyrell 1988: 152). Neben der Exklusivität der privaten Beziehungen zwischen den Ehepartnern und der bei ihnen in der Kernfamilie wohnenden Kinder (Liebold 2001: 28) besteht der Anspruch auf geistige Gemeinsamkeiten der Ehegatten, Interesse füreinander und an den Inhalt der ehelichen Kommunikation (Wahrnehmung und Schätzung der „Unverwechselbarkeit" (Individualität) des Ehepartners) (Sieder 1987: 131ff.)

Liebe und Sexualität werden zudem in die Ehe kanalisiert (Burkart/Koppetsch 2001: 438).

Die Differenzierung in private, häusliche Lebensbereiche und Berufswelt (Sieder 1987: 132) führt zu einer prinzipiellen Trennung von Privatheit und Öffentlichkeit (Hahn 2000: 261). Die Familie ist nicht nur Ort der wechselseitigen Unterstützung (Beck-Gernsheim 2000: 89) sondern auch eine in sich abgeschlossene „kleine Welt“ (Hahn 2008; Mitterauer 1978; Berger/Kellner 1965: 231).

Die bürgerliche Familie als vorherrschendes Lebensmodell in den 1950er und 1960er Jahren äußerte sich durch eine hohe Heiratsquote. So heirateten von den zwischen 1930 und 1945 Geborenen etwa 90 Prozent (Tyrell 1988: 151; Sieder 1987: 256). Das durchschnittliche Heiratsalter sank, ebenso das mittlere Alter der Eltern bei der Geburt des ersten Kindes (Sieder 1987: 256). Die Kernfamilie hatte durchschnittlich zwei Kinder (von Trotha 1990: 453). Weit über 90 Prozent der Kinder lebten mit beiden Elternteilen zusammen in vollständigen Familien (Tyrell 1988: 151). Die Zahl der nichtehelich geborenen Kinder nahm ab (Sieder 1987: 256). Die hohen Heirats- und Geburtenziffern sowie die gleichzeitig niedrigen Scheidungsraten belegen die hohe normative Verbindlichkeit des bürgerlichen Ehe- und Familienleitbildes auch auf der Verhaltensebene (Liebold 2001: 30). Eine Scheidung war gesellschaftlich geächtet, ebenso wie außereheliche Sexualbeziehungen und nichteheliche Lebensgemeinschaften sowie nicht verheiratete Mütter mit ihren nichtehelichen Kindern (Herrmann 2002: 114; Tyrell 1988: 154).

Das Modell der bürgerlichen Familie mit dem Ehemann als Versorger und der Ehefrau als nicht berufstätige Hausfrau und Mutter wurde außer durch Einführung des Ehegattensplittings durch zahlreiche gesetzliche Vorschriften, insbesondere aber auch durch das Familienrecht gestärkt. So wurde durch das Gleichberechtigungsgesetz 1957 in § 1356 Abs. 1 S. 2 BGB geregelt, dass die Frau „berechtigt ist, erwerbstätig zu sein, soweit dies mit ihren Pflichten in Ehe und Familie vereinbar ist“. Die Doppelbelastung berufstätiger Ehefrauen wurde hier gesetzlich verankert (Liebold 2001: 30). Trotz des Gleichstellungsgebotes wurde weiter an dem traditionellen Rollenverständnis der Ehefrau festgehalten; die Leistung der Hausarbeit wurde gesetzlich aber als gleichwertiger Beitrag zum Familienhaushalt angesehen (§ 1360 S. 2 BGB) (Limbach 1989: 225). Auch die Massenmedien, Kirchen und die Wissenschaft trugen zur Etablierung und ideologischen Stabilisierung der bürgerlichen Kleinfamilie bei (Liebold 2001: 27).

Kritisiert wird das bürgerliche Familienmodell als männliches Versorger-/ Ernährer- modell und die Hausfrauenehe insbesondere wegen der ökonomischen Abhängigkeit der Ehefrau von ihrem Ehemann durch die geschlechtsspezifische Arbeitsteilung in Produktions- und Reproduktionssphäre (Pfau-Effinger 1998: 171; Eckert 1979: 241). Da Haus- und Pflegearbeit nicht entlohnt und wenig anerkannt würden, könnten die finanziell abhängigen Frauen kaum eine eigenständige gesellschaftliche Stellung, Prestige oder Macht erzielen (Wimbauer 2006: 137).

Seine Legitimation erfährt dieses Modell durch das romantische Liebesideal, wonach sich das Ehepaar in emotionaler und persönlicher Hinsicht vergemeinschaftet in der als dauerhaft und exklusiv gedachten, wechselseitigen Aufeinanderbezogenheit zweier „höchstpersönlicher" Individuen (Wimbauer 2003: 88; Elias 1978).

2.4 Politische Zielsetzungen bei Einführung des Ehegattensplittings und politische Entwicklung bis heute

Die Bundesrepublik wurde bis in die 1970er Jahre von dem Leitbild der Hausfrauenehe geprägt (Nave-Herz 2012: 14). Vor diesem Hintergrund stellt sich daher die Frage, mit welchen politischen Zielsetzungen der Deutsche Bundestag am 18.07.1958 das Ehegattensplitting eingeführt hat und wie sich die politische Entwicklung bis heute darstellt.

Wie aus dem Wahlergebnis zum 3. Deutschen Bundestages hervorgeht (Bundeswahlleiter 1957) verfügte die konservative CDU/CSU mit 277 Sitzen in den Jahren 1957 bis 1961 über die absolute Mehrheit im Parlament, das das Ehegattensplitting beschloss.

In der Begründung zum Regierungsentwurf zu dieser Gesetzesänderung (Bundestagsdrucksache III/260, S. 34) geht der Gesetzgeber davon aus, dass die Ehe auf Grund ihrer gesellschaftlichen Funktion und ihrer grundgesetzlich verankerten Schutzwürdigkeit auch steuerlich als einheitliche Lebens- und Wirtschaftsgemeinschaft anzusehen sei (Wendt 1995). Es wird in der Gesetzesbegründung unterstellt, dass das während der Ehe Erworbene gemeinschaftlich erwirtschaftet werde und dass das Splittingverfahren „eine besondere Anerkennung der Aufgabe der Ehefrau als Hausfrau und Mutter" sei. Es sollte auch ein Anreiz für die Ehefrauen geschaffen werden, zu Hause zu bleiben. So heißt es im Sitzungsprotokoll des Deutschen Bundestages vom 13.03.1958, S. 808: „Vielleicht kann diese neue Art der Ehegattenbesteuerung ein wenig dazu verhelfen, daß die eine oder andere berufstätige Mutter die außerhäusliche Berufsarbeit aufgibt und erkennt, daß Ehefrau und Mutter sein nicht nur im Sinne des Steuergesetzes, sondern auch in Wirklichkeit ein das Leben voll ausfüllender Beruf ist" (Donath 1993: 408). Politisch wurde somit auch das gesellschaftliche Leitbild der Hausfrauenehe in die Steuergesetzgebung eingebracht.

Das Ehegattensplitting wurde auch politisch anschließend immer wieder kontrovers diskutiert. Mehrheiten für eine Einschränkung oder Abschaffung des Ehegattensplittings konnten sich bisher jedoch nicht durchsetzen. Dennoch sind sich heute alle politischen Parteien darüber einig, das ein gesellschaftlicher Wandel insbesondere auch im Hinblick auf die Erwerbstätigkeit der Frau und Rückgang der Geburten stattgefunden hat und wollen diesem in unterschiedlicher Weise Rechnung tragen:

Von der konservativen CDU/CSU- Bundestagsfraktion wird die Abschaffung des Ehegattensplittings weiter abgelehnt, u.a. in der Pressemitteilung vom 09.01.2013 (CDU/CSU-Bundestagsfraktion 2013), ebenso ablehnend ist auch die Frauen Union der CDU (Frauen Union 2011) In ihrem Wahlprogramm vom 23.07.2013 erklärt die CDU/CSU erneut ausdrücklich, dass sie das Ehegattensplitting erhalten will. Sie will aber zusätzlich im Sinne eines Familiensplittings Familien mit Kindern noch besser fördern. Deshalb will sie u.a. schrittweise die steuerliche Berücksichtigung von Kindern auf den für Erwachsene geltenden Freibetrag anheben (CDU/CSU 2013).

Die SPD will dagegen das Ehegattensplitting reformieren. Nach ihrem Wahlprogramm vom 14.04.2013 soll für zukünftige Ehen ab einem Stichtag das Ehegattensplitting abgeschafft werden und für diese stattdessen ein Partnerschaftstarif gelten, bei dem die Ehegatten individuell unter Berücksichtigung der gegenseitigen Unterhaltsverpflichtungen besteuert werden. Anstelle der Steuerklassenkombination III/V soll das Faktorverfahren bindend werden, bei dem beide Einkommen mit einem gleich hohen Durchschnittssteuersatz besteuert werden. Mit Rücksicht auf ihre bisherige Lebensplanung soll sich für bisher nach dem Ehegattensplitting besteuerte Eheleute nichts ändern (SPD 2013).

Die FDP hält das Ehegattensplitting für die gesellschaftspolitisch und verfassungsrechtlich richtige Besteuerung der Ehe und der eingetragenen Lebenspartnerschaften. Sie fordert in ihrem Wahlprogramm vom 05.05.2013 auch, das Institut der Verantwortungsgemeinschaft einzuführen unabhängig von Verwandtschaft oder Liebesbeziehungen mit Steuervorteilen, sofern die Partner volle Unterhalts- und Einstandspflichten wie Ehegatten übernehmen (FDP 2013).

Bündnis 90/Die Grünen halten das Ehegattensplitting für überholt und fordern seine Abschaffung oder zumindest vorerst eine Deckelung des Splittingvorteils. In ihrem Wahlprogramm vom 28.04.2013 betonen sie, dass sie statt der Ehe die Kinder fördern möchte. Das Ehegattensplitting soll durch eine Individualbesteuerung mit einem übertragbaren Existenzminimum ersetzt werden. Damit sollen als Beitrag zur eigenständigen Existenzsicherung Erwerbsanreize für Frauen geschaffen werden. Zudem sollen Kitas und Ganztagsschulen gefördert und eine Kindergrundsicherung eingeführt werden (Bündnis 90/Die Grünen 2013).

DIE LINKE fordert ebenfalls die Abschaffung des Ehegattensplittings als nicht mehr zeitgemäß und wendet sich in ihrem Wahlprogramm vom 16.06.2013 gegen „überkommende und real diskriminierende Privilegien der Ehe“. Sie will das Zusammenleben mit Kindern und tatsächlich erbrachte Betreuungs- und Pflegeleistungen steuerlich fördern und im Rentenrecht einen Ausgleich dafür schaffen (DIE LINKE 2013).

Die AfD (Alternative für Deutschland) will statt des Ehegattensplittings ein Familiensplitting einführen, um gezielt Familien zu fördern. Die Förderung soll dort ansetzen, wo Kinder vorhanden sind (Brück 2013).

Auch die Piratenpartei ist für die Abschaffung des Ehegattensplittings. Sie will steuerliche Vergünstigungen für Einzelpersonen oder Lebensgemeinschaften an die Versorgung von Kindern und schwachen Menschen knüpfen und setzt sich für die gleichwertige Anerkennung von selbstbestimmten Lebensmodellen ein, in denen Menschen füreinander Verantwortung übernehmen (Piratenpartei 2013).

Zusammenfassend ist festzustellen, dass sich in der Politik ein Trend zur Abkehr vom Ehegattensplitting hin zu einer Entlastung von Familien und Partnerschaften mit Kindern entwickelt.

2.5 Kritik am Ehegattensplitting und verfassungsrechtliche Bedenken

2.5.1 Kritik

Nicht nur in den politischen Parteien wird Kritik am Institut des Ehegattensplittings geäußert. So wird allgemein beanstandet, dass die Institution der Ehe durch das Ehegattensplitting gefördert werde (Vorwold 1992: 789; Riedmüller 1989: 653) und insbesondere die kinderlose Ehe davon profitiere (Spangenberg 2005: 21; Donath 1993: 409; Zeidler 1983: 601). Zeidler (1983: 594, 602) sieht in der Sonderstellung der Ehe eine Garantie- und Gewährleistungsfunktion für die Gesellschaftsordnung und weist insbesondere auf die Benachteiligung von Alleinerziehenden hin. Mit der Anknüpfung an die Institution Ehe finde keine Kompensation des Ehegattensplittings mit Kind bedingten Mehraufwendungen und damit eine Entlastung von Familien statt Das Ehegattensplitting sei daher kein familienförderndes Instrument (Riedmüller 1989: 653).

Der Steuervorteil sei umso größer, je weiter das Einkommen der Ehepartner auseinander liege, d.h. je stärker das Familieneinkommen überwiegend von einem Ehegatten bezogen werde (Donath 1993: 407; Wätzig 1982: 1839) und wachse mit steigendem Einkommen (Spangenberg 2005: 24; Paus 1992: 467; Wätzig 1982: 1839). Der Steuervorteil entfalle, wenn beide Ehepartner über etwa gleich hohe Einkünfte verfügen (Dingeldey 2000: 15; Donath 1993: 407; Paus 1992: 467; Vorwold 1992: 789). Dies fördere das Leitbild des Ernährermodells als familiales Erwerbsmuster (Dingeldey 2000: 15) und schaffe damit einen Anreiz zu Hause zu bleiben (Paus 1992: 467). Die Förderung des Ernährermodells und der Hausfrauenehe werde dadurch verstärkt, dass soziale Sicherungsfunktionen wie abgeleitete Rechte für die Kranken- und Rentenversicherung für nicht oder in geringem Umfang erwerbstätige Partner ebenfalls an den Bestand der Ehe geknüpft seien (Spangenberg 2005: 26; Dingeldey 2000: 39).

Ferner wird kritisiert, dass das Ehegattensplitting negative Folgen für das Erwerbsverhalten von verheirateten Frauen habe, da der bereits bei geringem Zuverdienst verloren gehende Splittingvorteil einen Anreiz schaffe, die Berufstätigkeit aufzugeben oder zu reduzieren (Spangenberg 2005: 25; Dingeldey 2000: 33; Donath 1993: 408). Verheiratete Frauen würden wegen der hohen Besteuerung des zweiten Einkommens häufig einer geringfügigen Beschäftigung nachgehen, die einer pauschalen Besteuerung unterliegen (Spangenberg 2005: 27). Zudem haben Nichterwerbszeiten von nicht erwerbstätigen Ehefrauen als Abschreibung von Bildungskapital negative Auswirkungen auf die Höhe des späteren Einkommens und hätten eine unzureichende eigene Existenzsicherung zur Folge (Spangenberg 2005: 26).

Es fehle auch eine Analyse, wem der Steuervorteil in der Ehe zu Gute komme (Spangenberg 2005: 20). So entfalle in der Regel eine Ausgleichspflicht, wenn bei intakter Ehe nur ein Ehegatte über Einkommen verfüge, während der andere die Haushaltsführung übernommen habe (Palandt/Grüneberg, BGB, § 426, Rz. 11). Der fehlende unmittelbare Zugang zu finanziellen Mitteln führe auch zu unterschiedlichen Machtpositionen über den Zugriff und die Verwendung des Geldes (Spangenberg 2005: 28). Auch Vorwold (1992: 789) hält es für fraglich, dass jeder Ehegatte entsprechend der oben dargestellten Auffassung des Bundesverfassungsgerichts vom 03.11.1982 wirtschaftlich an den Einkünften und Lasten des anderen zur Hälfte teilhat.

Das Ehegattensplitting trage auch nicht dem gesellschaftlichen Wandel Rechnung, wonach im Verständnis von Ehe und Familie und dem Selbstverständnis von Frauen erhebliche Veränderungen eingetreten sind (u.a. Vorwold 1992: 790; Zeidler 1983: 558). Es wird daher eine Neuordnung der Ehe- und Familienbesteuerung gefordert (u.a. Spangenberg 2005: 56ff; Dingeldey 2000: 43; Riedmüller 1989: 651; Tipke 1983: 39).

2.5.2 Verfassungsrechtliche Aspekte

Das Ehegattensplitting erfährt unter verfassungsrechtlichen Aspekten Zustimmung; es werden aber auch erhebliche Bedenken an der Verfassungsmäßigkeit dieser Rechtsvorschrift geäußert.

Im Schrifttum wird immer wieder darauf hingewiesen, dass das Ehegattensplittung verfassungsrechtlich zwar nicht geboten sei, aber trotz gewisser Nachteile als einzige Besteuerungsform angesehen wird, die mit der Verfassung im Einklang stehe bzw. vertretbar sei (u.a.: Blümich/Ettlich, § 26 EStG, Rz. 14; Tipke 1983: 39; Wätzig 1982: 1839).

Mit dem Ehegattensplitting sei bei seiner Einführung eine Entlastung der Familien geplant gewesen (Blümich/Ettlich, § 26 EStG, Rz. 16). Es erfolge aber keine Besteuerung der Familie als solcher, sondern es werde verfassungsrechtlich die Ehe bevorzugt (Wendt 1995: 47).

Birk (1984: 1325) sieht die steuerlichen Wahlrechte, zu denen auch die Wahl der Veranlagungsform der Ehegatten bei der Einkommensbesteuerung zählt, mit verfassungsrechtlichen Problemen behaftet. Borggreve (1983: 13) weist aber unter Hinweis auf die Entscheidung des Bundesverfassungsgerichts vom 03.11.1982 darauf hin, dass nicht das Ehegattensplitting selbst, sondern nur die einkommensteuerliche Mehrbelastung von Alleinstehenden mit Kindern gegenüber zusammenveranlagten Ehegatten verfassungswidrig sei. Die steuerliche Benachteiligung von Alleinerziehenden mit Kindern beanstanden auch Spangenberg (2005: 30) und Vollmer (1998: 110), können hier aber keinen Verfassungsverstoß feststellen.

Demgegenüber wird auch die Meinung vertreten, das Ehegattensplitting verstoße gegen den Gleichheitsgrundsatz (Artikel 3 I GG) und die Gleichberechtigung von Mann und Frau (Artikel 3 II GG) und sei daher verfassungswidrig: So führe das Ehegattensplitting zu Ungleichbehandlungen im Sinne von Artikel 3 GG und werde dem Maßstab einer gleichen Besteuerung nach der Leistungsfähigkeit nicht gerecht, da es u.a. die Einverdienst-Ehe mit höherem Einkommen bevorzuge und die Zweitverdienst-Ehe mit Kindern benachteilige durch Ausschluss von den Ehevergünstigungen und von den „Kompensationsregelungen“ zugunsten Unverheirateten mit Kindern (Vollmer 1998: 136). Auch die Anknüpfung an den familienrechtlichen Status der Ehe sei ein sachfremdes, verfassungswidriges Kriterium (Vorwold 1992: 789; Zeidler 1983: 603).

Das Ehegattensplitting sei auch verfassungswidrig, da es gegen das Verbot der mittelbaren Diskriminierung von Frauen gemäß Artikel 3 II GG verstoße. So schaffe es einseitig einen Anreiz für die arbeitsteilige Einverdienerehe und die Zurechnung des hälftigen Einkommens entspreche nicht der steuerlichen Leistungsfähigkeit (Spangenberg 2005: 31, 56). Die Ermöglichung und Förderung der Hausfrauenrolle bringe eine Benachteiligung der Frauenerwerbstätigkeit mit sich. Die gegenwärtige Protegierung der Einverdienerehe bei gleichzeitig mangelnder Absicherung der Hausfrauen bewirke eine mittelbare Diskriminierung (Vollmer 1998: 125). Das Ehegattensplitting werde auch nicht dem Verfassungsgebot der freien Entfaltung der Persönlichkeit der Frau nach Artikel 2 I in Verbindung mit Artikel 3 II GG gerecht (Zeidler 1983: 606). Diese Argumentation verdeutlicht, dass der gesellschaftliche Wandel und insbesondere die Erwerbstätigkeit von Frauen Eingang in die juristische Diskussion gefunden hat.

Zudem sei sei auch nicht mit Artikel 6 V GG vereinbar, dass das Ehegattensplitting die Funktion habe, familienbedingte Lasten auszugleichen und diesen Vorteil nichtehelichen Kindern vorzuenthalten (Donath 1993: 420).

Das Ehegattensplitting verstoße auch gegen das Sozialstaatsprinzip nach Artikel 20 I GG.

So ergebe sich aus der allgemeinen Förderungspflicht von Ehe und Familie nach Artikel 6 I GG in Verbindung mit dem Sozialstaatsprinzip eine konkrete Verpflichtung zum Familienlastenausgleich (Donath 1993: 421). Angesichts der heutigen Lebenswirklichkeit könne die Ehe nicht mehr als hervorgehobener Status das Privileg besonderer Förderung beanspruchen, Anknüpfungspunkt müsse vielmehr unmittelbar die Familie selbst sein, d.h. die Gemeinschaft von Eltern oder eines Elternteils mit Kindern, welche die Voraussetzungen für deren Heranwachsen bereitstellt (Zeidler 1983: 603).

Zusammenfassend ist festzustellen, dass das Ehegattensplitting und die damit verbundene Begünstigung der Ehe und insbesondere der Einverdienstehe im Hinblick auf den gesellschaftlichen Wandel nicht mehr für zeitgemäß und sogar für verfassungswidrig gehalten werden.

3 Die Entwicklung von Familie und Partnerschaften seit Einführung des Ehegattensplittings

Da die Kritik am Ehegattensplitting insbesondere auch daran anknüpft, das Ehegattensplitting werde dem zwischenzeitlichen gesellschaftlichen Wandel nicht gerecht und sei heute nicht mehr zeitgemäß (u.a. Spangenberg 2005; Vollmer 1998), wird nachfolgend zunächst der Frage nachgegangen, wie sich Familien und Partnerschaften seit Einführung des Gesetzes im Jahr 1958 entwickelt haben.

3.1 Ursachen und Kennzeichen für einen gesellschaftlichen Wandel

Seit den 1960er Jahren hat ein sozialer Wandel von Familien- und Partnerschaftsformen stattgefunden, der im Ergebnis nicht zu einer totalen Abkehr von der Familie, sondern zu einer Problematisierung bestimmter, historisch vorgegebener Lebensentwürfe geführt hat (Herrmann 2002: 114ff.). Die Ehe, die in den 1950er und 1960er Jahren kulturelle Selbstverständlichkeit war (Lenz 2006: 13), verlor an normativer Verbindlichkeit und Symbolwert (Lenz 2006: 14) und verliert ihre Monopolstellung (Tyrell 1988: 151; Sieder 1987: 278) als einzige legitime Form der Geschlechterbeziehung (Lenz 2006: 13).

Die Ursachen dafür sind vielfältig: So trat eine Wende mit der Bildungsexpansion der 1960er Jahre ein (Wimbauer 2006: 141; Beck-Gernsheim 1983: 311), u.a. durch die Verlängerung der Pflichtschulzeit bis zum 9. Schuljahr und Ende der 1970er Jahre bis zum 10. Schuljahr (Beck-Gernsheim 1983: 311). Der Anstieg der Bildungsbeteiligung und die deutliche Ausweitung der Bildungsgelegenheiten (Müller/Haun 1994: 1) sowie der Verlängerung der Ausbildungszeiten (Nave-Herz 2012: 22) wurde ergänzt durch die wirtschaftliche Unterstützung von Schülern und Studenten durch Ausbildungsbeihilfen und Stipendien und insbesondere 1971 durch Einführung des Bundesausbildungsförderunggesetzes (BaföG) (Beck-Gernsheim 1983: 311). Der Zugang zu Bildungsinhalten war zentrale Voraussetzung dafür, um bei den Frauen das Bewusstsein zu schärfen (Beck-Gernsheim 1983: 313) und förderte somit die Reflexion und

Diskussion über die Lage der Frauen in der Gesellschaft und in der Familie (Sieder 1987: 245) sowie deren Benachteiligung (Herrmann 2002: 127).

In den 1950er bis Anfang der 1970er Jahre führte das außergewöhnliche Wachstum der Wirtschaft zudem zu einem anhaltenden Bedarf an weiblichen Arbeitskräften und einer Zunahme der Erwerbstätigkeit auch von verheirateten Frauen (Sieder 1987: 243). Die vermehrte Berufsarbeit verheirateter Frauen ging auch auf einen wachsenden Anteil an Frauenberufen zurück, die eine höhere Qualifikation erforderten und ein höheres Maß an Identifikation erlaubten (Sieder 1987: 243). Das Wirtschaftswachstum mit den gestiegenen Einkünften führte zu einer allgemeinen Verbesserung der Lebensbedingungen (Müller/Haun 1994: 36). In den 1970er Jahren traten für die Erwerbstätigkeit von Frauen zusehends persönliche Motive in den Vordergrund, wie die Sicherung eigenen Einkommens, eine relative, auch wirtschaftliche Unabhängigkeit vom Ehemann, Freude am Beruf oder soziale Kontakte durch die Berufsarbeit (Sieder 1987: 244). Mitte der 1970er Jahre kam es zu einem Wiederbeleben der alten Strukturen, als im Zuge der wirtschaftlichen Krise weniger Arbeitskräfte benötigt wurden und die Frauen deshalb wieder vom Arbeitsmarkt verdrängt werden sollten (Beck-Gernsheim 1983: 323). Die Erwerbstätigkeit und das Verhältnis zur Hausarbeit von Frauen sowie die damit verbundenen Auswirkungen auf den gesellschaftlichen Wandel werden in Kapitel 3.3 vertieft.

Seit Mitte der 1960er Jahre hat ferner die Aufklärungswelle (Beck-Gernsheim 1983: 325) sowie die Verbreitung wirksamer Kontrazeptiva, besonders der „Pille" (Sieder 1987: 257) und die teilweise Freigabe des Schwangerschaftsabbruchs (Beck-Gernsheim 1983: 327) für einen weiteren Wandel durch eine wirksame Geburtenkontrolle gesorgt (Nave-Herz 2012: 22). Als Folge ist ein Rückgang der Geburten (Nave-Herz 2012: 29; Huinink/Konietzka 2007: 82; Tyrell 1988: 153; Sieder 1987: 255) und eine Verkleinerung der Kernfamilie (Von Trotha 1990: 454; Krüsselberg/Auge/Hilzenbecher 1986: 90) festzustellen auf 1-Kind- oder 2-Kinder-Kernfamilien (Nave-Herz 2012: 29; Huinink/Konietzka 2007: 85) bis hin zur völligen Kinderlosigkeit (Wimbauer 2006: 137; Von Trotha 1990: 454; Tyrell 1988: 153).

Neben dem Geburtenrückgang sind weitere demographische Veränderungen zu verzeichnen: So stiegen seit Mitte der 1960er Jahre die Scheidungsziffern (Huinink/Konietzka 2007: 80; Beck/Beck-Gernsheim 1990:

24; Höhn 1989: 200) und in Deutschland wurde jede dritte Ehe geschieden (Huinink/Konietzka 2007: 81; Herrmann 2002: 143). Die Zahl der Eheschließungen ging zurück (Nave-Herz 2012: 22; 1989: 216; Höhn 1989: 199; Sieder 1987: 255); das durchschnittliche Heiratsalter stieg seit den 1970er Jahren wieder an (Nave-Herz 2012: 22; 1997: 39; Lenz 2006: 13; Tyrell 1988: 153), ebenso vor das Geburtenalter von Frauen (Huinink/Konietzka 2007: 82), vor allem bei hoch qualifizierten Frauen (Wimbauer 2006: 139). Ebenso stieg die durchschnittliche Lebenserwartung (Nave-Herz 2012: 28; Sieder 1987: 244), wobei die Frauen zusätzlich im Durchschnitt älter als die Männer wurden (Höhn 1989: 205).

Auch die gesetzlichen Vorschriften zur Förderung von Ehe und Familie, die teilweise immer noch das Ernährer- bzw. Hausfrauenmodell begünstigen (Wimbauer 2006: 137), haben einen richtungsweisenden Wandel erfahren. So nahm das 1. Eherechtsreformgesetz 1976 Abschied vom Leitbild der Hausfrauenehe (Herrmann 2002: 140), indem u.a. in § 1356 Abs. 2 BGB das Recht beider Ehegatten auf Erwerbstätigkeit festgeschrieben wird (Beck/Beck-Gernsheim 1990: 27). Mit der Reform des Scheidungsrechts wurde 1977 das Verschuldensprinzip durch das Zerrüttungsprinzip (§ 1565 Abs. 1 BGB) ersetzt und damit das Scheidungsverfahren liberaler gestaltet (Herrmann 2002: 140). Mit der Reform des Nichtehelichen-Rechts wurde 1969 zudem die Rechtsstellung der nichtehelichen Kinder gestärkt (F.-X. Kaufmann 1995: 99). Seit den 1960er Jahren stieg die Zahl der nichtehelichen Geburten und ledigen Müttern (Sieder 1987: 258). Dem Staat wurde aber auch 1994 durch den Zusatz in Art. 3 II S. 2 GG der klare Auftrag erteilt, „die tatsächliche Durchsetzung der Gleichberechtigung von Frauen und Männern zu fördern und auf die Beseitigung bestehender Nachteile hinzuwirken“ (Wimbauer 2006: 136).

Des Weiteren sind ökonomische Veränderungen eingetreten, wie z. B. eine wachsende Mobilität und die Schaffung sozialstaatlicher Sicherungs- und Steuersysteme (Beck 1983: 38), eine Wohlfahrtssteigerung, die größere ökonomische Möglichkeiten für eine einverständlichen Scheidung zuließ und Änderung der Konsumstile durch neue Medien (F.-X. Kaufmann 1995: 103, 105).

Festzustellen ist auch ein „Zerfall der bisherigen Sinnwelten“ durch den Verlust von festen, in der Tradition und Religion verankerten Vorgaben (Beck-Gernsheim 2000: 17; Sieder 1987: 260), „in der alles unverrückbar seinen Platz hat (Lebensentwurf, Beruf, Ehe und Familie)“ (Herrmann 2002: 151). Ehe und Familie werden nicht mehr als vorgegeben, sondern als Gegenstand individueller bzw. paarhafter Entscheidung erlebt (F.-X. Kaufmann 1995: 10).

Die gesellschaftlichen Veränderungen wirken sich in unterschiedlicher Weise auf die Ehe und Familie und andere Paarbeziehungen aus und werden nachfolgend weiter vertieft.

3.2 Wandel von Lebens-, Familien- und Haushaltsformen

Der Anstieg der Scheidungen, der Rückgang der Eheschließungen, die Zunahme der Geburt nichtehelicher Kinder usw. zeigen dass die Akzeptanz der Ehe als Institution gesunken und das bürgerliche Familienmuster an Legitimität eingebüßt hat (Liebold 2001: 31; Tyrell 1988: 149). Diese „Deinstitutionalisierung“ von Ehe und Familie äußerte sich auch durch den Abbau elementarer Selbstverständlichkeiten, die das herkömmliche Familienmuster implizierte, vor allem durch die Auflösung des Sinn- und Verweisungszusammenhangs von Liebe, Ehe und Elternschaft (Tyrell 1988: 154). Die Folge war ein sozialer Wandel der Partnerschafts- und Familienformen (Herrmann 2002: 114) von der „bürgerlichen Normalfamilie“ zu vielfältigen Familienformen, der „postfamilialen Familie“ (Beck-Gernsheim 2000: 17). Diese Vielfalt wird auch als „Pluralisierung“ von Lebens- und Familienformen bezeichnet (u.a. Lenz 2006: 15; Huinink/Wagner 1998: 86ff.; F.-X. Kaufmann 1995: 96; Tyrell 1988: 154). Nave-Herz (2012: 28) weist darauf hin, dass die Variabilität von Familienformen nur geringfügig quantitativ angestiegen ist, während vor allem die Lebensformen ohne Kinder zugenommen haben.

Alternative Modelle zur Ehe werden insbesondere die folgenden Lebens- und Haushaltsformen (Huinink/Konietzka 2007: 75ff.; Lenz 2006: 15ff.; Herrmann 2002: 157ff.; Sieder 1987: 268ff.):

3.2.1 Singles

Singles leben und wirtschaften meistens allein in einem Haushalt (Herrmann 2002: 157). Das Alleinwohnen wurde bis in die 1970er Jahre meist als eine bloße Phase des Übergangs Jugendlicher zu Ehe und Familie oder die (Not-)Situation geschiedener oder verwitweter Menschen betrachtet (Herrmann 2002: 157). Die Zunahme der Ein-Personen-Haushalte beruhte auf der Zunahme Verwitweter (Liebold 2001: 33; Mitterauer 1989: 185) aufgrund der Alterung der Gesellschaft (Lewis 2003: 66) sowie dem Wandel der Familie (Lewis 2003: 66), der eine Zunahme von allein lebenden Personen jungen und mittleren Alters, Geschiedenen und Getrenntlebenden zur Folge hatte (Sieder 1987: 271). Alleinleben kann zudem unterschieden werden als freiwillige oder (situativ bedingte) unfreiwillige Lebensweise (Herrmann 2002: 157; Hradil 1998: 14) und nach Befristung bzw. Nichtbefristung (Herrmann 2002: 157). Auch die bzw. der Single kann eine Paarbeziehung haben, lebt aber mit ihrem Partner oder seiner Partnerin nicht in einer nichtehelichen Lebensgemeinschaft oder einer Patchwork-Familie zusammen (vgl. Huinink/Konietzka 2007: 88ff.).

Das Leben als Single wurde begünstigt durch verbesserte ökonomische Voraussetzungen (insbesondere Verdienstmöglichkeiten) und ein breiteres Wohnraumangebot (Mitterauer 1989: 185). (Zumeist freiwillige) Singles leben häufig in Großstädten, sind überdurchschnittlich gut ausgebildet und oft beruflich erfolgreich (Herrmann 2002: 157; Hradil 1998: 11). Dies gelte auch für Frauen (Hradil 1998: 12). Alleinleben wird als Freiheit im Sinne von Ungebundenheit, Selbstverwirklichung und Eigenständigkeit in beruflicher und privater Hinsicht gedeutet (Herrmann 2002: 157) und wird historisch zu einem neuen Phänomen (Hradil 1998: 1; Sieder 1987: 271).

3.2.2 Nichteheliche Lebensgemeinschaften/Partnerhaushalte

Nichteheliche Lebensgemeinschaften oder Partnerhaushalte sind Lebensgemeinschaften, die nicht in eine förmliche Ehe eingebunden sind (Herrmann 2002: 158). Hierzu zählen auch gleichgeschlechtliche Paarbeziehungen (Lenz 2006: 18). Letztere sowie deren mögliche institutionelle Absicherung durch das Lebenspartnerschaftsgesetz (dazu ausführlich Wimbauer 2003: 98) werden jedoch nicht weiter vertieft.

Lebensgemeinschaften von unverheirateten Paaren gab es bereits früher, wenn Partner aus wirtschaftlichen oder rechtlichen Gründen nicht heiraten konnten oder aus Standesgründen nicht wollten, insbesondere auch unter Älteren, für die eine Heirat zu finanziellen Nachteilen (Verlust von Versorgungsansprüchen) geführt hätte (Herrmann 2002: 158).

Nichteheliche Lebensgemeinschaften finden sich heute als Partnerschaften von Jugendlichen in ihrer Such- und Experimentierphase und als Lebensformen, die von Frauen und Männern jeden Alters als (alternatives)

Partnerschaftsmodell bewusst gewählt und für eine gewisse Dauer auch in Form einer Haushaltsgemeinschaft aufrechterhalten wird (Herrmann 2002: 158). Dabei handelt es sich um Paare, die ohne Trauschein zusammenleben und später heiraten („Ehe auf Probe") (Herrmann 2002: 158; Trost 1989: 371; Sieder 1987: 269) oder die eine lebensfähige Alternative zum Lebensentwurf der herkömmlichen Ehe und Familie anstreben (Lenz 2006: 16; Herrmann 2002: 158). Neu ist die gesellschaftliche Akzeptanz der nichtehelichen Lebensgemeinschaft (Herrmann 2002: 158; F.-X. Kaufmann 1995: 107; Trost 1989: 371).

Das Zusammenleben in dieser Lebensform wird unterschiedlich beurteilt: Nach Herrmann (2002: 158) zeichnet sich die nichteheliche Lebensgemeinschaft durch eine starke Individualisierung der Lebensführung, wie z. B. finanzielle Unabhängigkeit, verstärkte Gefühlsbindungen, Suche und Pflege von Außenkontakten und kommunikative Konfliktlösungen aus. Die rechtliche Absicherung werde vernachlässigt und es bestehe dadurch ein höheres Auflösungsrisiko als bei einer Ehe. Sie erfordere ein höheres Maß an Reflexivität und Aussprachefähigkeit (Sieder 1987: 270). Trost (1989: 372) sieht zwischen ehelichem und nichtehelichem Zusammenleben keine Unterschiede in den alltäglichen Verhaltensweisen und der Art ihrer Beziehungen zur sozialen Umwelt. Die Unterschiede seien nur juristischer Art im Falle der Auflösung, der Trennung oder bei Tod des Partners, z. B. im Hinblick auf das Sorgerecht der Kinder, die Aufteilung des Besitzes oder das Wohn- und Erbrecht. Für Nave-Herz (2012: 19; 1997: 47; 1989: 214) sind Ehe und nichteheliche Lebensgemeinschaft zwei Systeme mit gleicher spezialisierter Leistung, die sich nur durch ihren Gründungsanlass unterscheiden. Dieser sei bei der nichtehelichen Lebensgemeinschaft eine partnerbezogene Emotionalität und bei der Ehe eine emotionale Kind orientierte Partnerbeziehung, die zu einer Kind orientierten Einstellung junger Eltern führe. Auch nach Onnen-Isemann (2000: 73) wird heutzutage Kind orientiert geheiratet, so dass ein großer Teil der nichtehelichen Lebensgemeinschaften spätestens mit der Geburt des ersten Kindes in eine Ehe umgewandelt wird (Huinink/Konietzka (2007: 90).

3.2.3 Wohngemeinschaften

Bei dieser Lebensform schließen sich z. T. nicht verwandte Menschen, die regelmäßig nicht auf emotionaler Ebene miteinander verbunden sind, aus unterschiedlichen Motiven in einer Wohnung oder einem Haus zur gemeinsamen Haushaltsführung zusammen (Sieder 1987: 272). Besonders verbreitet sind studentische Wohngemeinschaften (Lenz 2006: 18), die nach Sieder (1987: 272ff.) neben finanziellen Vorteilen einen höheren Grad an Experimentierfähigkeit und gleichzeitig solidarischen Schutz der Gruppe böten. Ihre Sozialstruktur fördere den Anspruch nach egalitären Beziehungen und erleichtere die Überwindung traditioneller Formen geschlechtsspezifischen Rollenverhaltens, insbesondere bei der Hausarbeit und Kindererziehung, wodurch die Erwerbstätigkeit oder das Studium junger Mütter erleichtert und die Austragung persönlicher Schwierigkeiten und Beziehungsprobleme gefördert werde. Ein Vorteil sei auch, dass die gemeinsame Hausarbeit und Kindererziehung auf eine größere Zahl an Personen verteilt werde. Für einen Teil der in Wohngemeinschaften lebenden Personen habe diese Form lebensgeschichtlich, z. B. während der Dauer der Ausbildung oder des Studiums, als junge Erwachsene Übergangscharakter, so dass die meisten Wohngemeinschaften eine hohe Fluktuation ihrer Mitglieder verzeichnen würden.

3.2.4 Getrennt Zusammenlebende

Die Partner dieser Lebensform binden sich aneinander und leben insoweit zusammen und bleiben ebenso getrennt in zwei eigenständigen Haushalten, die vergleichsweise strikt voneinander getrennt und autonom geordnet sind (Herrmann 2002: 159). Dieses „Living-apart-together" entsteht z. B. durch erhöhte Anforderungen an die berufliche Mobilität eines Partners, der wegen eigener Berufstätigkeit den Wohnort nicht wechseln kann oder dass die Partner ein hohes Gewicht auf ihre fortgesetzte Selbst- und Eigenständigkeit legen (Lenz 2006: 17). Getrenntes Zusammenleben ist unabhängig vom Familienstand und kann auch in „Pendler-Ehen" mit Haupt- und Nebenwohnung oder bei „verdeckten" Zweierbeziehungen und Nebenbeziehungen auftreten (Lenz 2006: 17).

Wegen der fehlenden Wohn- und Wirtschaftsgemeinschaft entfallen alltägliche Absprachen und Rücksichtnahmen. Das Bedürfnis nach individueller Autonomie und Selbstentfaltung kann auf diese Weise mit den emotionalen Bedürfnissen in einer festen Paarbeziehung vereinbart werden (Herrmann 2002: 159).

3.2.5 Alleinerziehende/Ein-Eltern-Haushalte

Bei dieser Lebensform leben ein oder mehrere Kinder mit einem Elternteil im Haushalt zusammen. Im Verhältnis der Eltern zueinander und zu ihren Kindern bedeutet dies, dass nur die Beziehung zwischen den beiden Elternteilen beendet ist; nicht beendet ist jedoch die Beziehung zwischen den Kindern und den Eltern (nach Trennung oder Scheidung) oder nach dem Tod eines Elternteils zwischen Kind und überlebendem Elternteil (Herrmann 2002: 160).

Als Folge der Zunahme der Scheidungsrate ist auch der Anteil Alleinerziehender angestiegen (Lewis 2003: 65), ebenso ist auch ein Anstieg durch Getrenntleben und ledige Mütter zu verzeichnen (Nave-Herz 2012: 22). Die Sorge für die Kinder durch den anderen Elternteil ist unterschiedlich zwischen intensiv, Desinteresse und dessen bewusst verstärktem Ausschluss. Für den alleinerziehenden Elternteil bedeutet die vorrangig alleinige Sorge insbesondere im Falle der Erwerbstätigkeit auch das alleinige Tragen der damit verbundenen psychischen und zeitlichen Belastungen, die eine Tendenz zur Minimalisierung der Hausarbeit und eine Verlagerung der Kinderbetreuung nach außen begünstigt (Herrmann 2002: 160).

3.2.6 Patchwork-Familien

Patchwork-Familien sind Partnerschaften mit Kind oder mit Kindern, bei denen zumindest einer der Partner ein nicht leiblicher Elternteil ist z. B. durch Wiederverheiratung Geschiedener oder neue Lebensgemeinschaften (Herrmann 2002: 161; Sieder 1987: 258). Dabei können von einem oder von beiden Partnern Kinder in die neue Partnerschaft mitgebracht werden und evtl. auch gemeinsamer Nachwuchs dazukommen (Herrmann 2002: 161). Die biologisch-soziale Doppelnatur der Familie wird zugunsten bestimmter Formen fragmentierter Elternschaft aufgelöst und die soziale Elternschaft einer weiteren Person (Stiefmutter, Stiefvater, nichtehelicher Partner oder Partnerin) zugedacht (Herrmann 2002: 161; Sieder 1987: 258ff.). Nave-Herz (2012: 23) weist darauf hin, dass die Stieffamilien keine neuartigen Lebensformen seien, sondern dass diese in den vorherigen Jahrhunderten sogar verbreiteter waren als heute.

Insgesamt ist heute eine Vielfalt von Lebens- und Familienformen neben der bei der Einführung des Ehegattensplittings dominierenden bürgerlichen

Familie festzustellen sowie ein häufigerer Wechsel der verschiedenen Lebens- und Wohnformen im individuellen Lebenslauf des Einzelnen (F.-X. Kaufmann 1995: 106; Sieder 1987: 278). Die Zunahme von sog. „Lebensabschnittspartnern" spiegelt auch die fehlende Garantie auf lebenslange Beziehungen wider (Lenz 2006: 18). Das Ehegattensplitting findet wegen seiner Anknüpfung an eine formelle Eheschließung bei den alternativen Lebensmodellen keine Anwendung und ignoriert insoweit, wie damit zu recht kritisiert wird, den gesellschaftlichen Wandel.

3.3 Erwerbstätigkeit von Frauen und Verhältnis zur Hausarbeit

Wie bereits bei den Ursachen und Kennzeichen für einen gesellschaftlichen Wandel ausgeführt, ist dieser auch gekennzeichnet durch eine zunehmende außerhäusliche Erwerbstätigkeit verheirateter Frauen (Grunow 2013: 386; Nave-Herz 2012: 39; F.-X. Kaufmann 1995: 104; Beck-Gernsheim 1983: 316). Die Auswirkungen der zunehmenden Erwerbstätigkeit auf die Paarbeziehung sowie auf das Verhältnis zur Hausarbeit sollen nachfolgend betrachtet werden.

Im Zuge der bereits dargestellten Bildungsexpansion der 1960er Jahre und dem Abbau des Bildungsvorsprunges erhalten Frauen eine größere Chance auf eine inhaltlich befriedigende Tätigkeit und Sicherung des eigenen Lebensunterhalts (Beck-Gernsheim 1983: 314). Mit steigendem Ausbildungsabschluss ist auch eine zunehmende Motivation von Ehefrauen zur Erwerbstätigkeit festzustellen (Krüsselberg/Auge/Hilzenbecher 1986: 101; Beck-Gernsheim 1983: 317). Gerade bei niedrigem Haushaltseinkommen besteht aber oftmals auch ein ökonomischer Zwang zur Erwerbsaufnahme von Frauen (Krüsselberg/Auge/Hilzenbecher 1986: 103).

Die Erwerbstätigkeit von Frauen wird weiter begünstigt durch die mit der Geburtenkontrolle ermöglichte Beschränkung der Familiengröße (Krüsselberg/Auge/Hilzenbecher 1986: 90; Mitterauer 1977: 115) sowie die dadurch reduzierte Familienphase i.d.R. auf die ersten zwei Jahrzehnte der Ehe (Sieder 1987: 253). Daneben führen die gestiegene Lebenserwartung und die Reduktion der Kinderzahl nach dem Ausscheiden der Kinder noch zu einer Periode von mindestens 20 Jahren, die ebenfalls ein erhöhtes Berufsinteresse von Frauen und die Frage nach einer sinnstiftenden Tätigkeit begründet (Sieder 1987: 244).

Ferner hat die Frauenbewegung Ende der 1960er Jahre zu einer Bewusstseinsänderung geführt, in dem sie auf die systematische Benachteiligung von Frauen und der von ihnen geleisteten Hausarbeit hinwies und explizit die Gleichheit der Geschlechter einforderte (Wimbauer 2006: 138) sowie die Gleichberechtigung von Erwerbs- und Familienarbeit (Meuser 1998: 219ff.; F.-X. Kaufmann 1995: 123), wie sie formal 1976 auch Eingang in das Familienrecht gefunden hat (§ 1356 Abs. 2 BGB).

Im Verhältnis der Ehepartner zueinander bedeutet die Erwerbstätigkeit der Frau im Gegensatz zur Hausfrauenehe, dass die Frau über eigenes Einkommen verfügt. Dieses eigene Geld ermöglicht der Frau Selbständigkeit, ist Indikator für die Wichtigkeit des eigenen Tuns, des Wertes der Arbeit, schafft so Selbstbestätigung und Selbstbewusstsein und verleiht im direkten sozialen Umfeld Durchsetzungsvermögen und Macht (Beck-Gernsheim 1983: 318ff.). Diese Auffassung ist heute insoweit überholt, als dass die Erwerbstätigkeit nicht mehr zur Selbstbestätigung und Selbstfindung ausgeübt wird, sondern gleichberechtigt wie die Männer mit einer Selbstverständlichkeit des eigenen Tuns. Eine verstärkte Erwerbstätigkeit führt zudem zu Veränderungen in der Beziehung, da die Verhandlungsmacht mit der Höhe des jeweiligen Einkommensanteils steigt (Krüsselberg/Auge/Hilzenbecher 1986: 88). Es besteht auch ein Zusammenhang zwischen hohem Ausbildungsniveau, hohem Einkommen oder starker Bindung der Frau an das Berufsleben zu niedrigen Heiratsziffern und hohen Scheidungsraten sowie einem veränderten Rollenverständnis und ökonomischem Erfolg von Frauen (Krüsselberg/Auge/Hilzenbecher 1986: 87).

Das traditionelle Rollenverständnis stellt auch heute noch eine Beschränkung bei der Entscheidung zur Aufnahme einer Berufstätigkeit dar, da mit einer Erwerbstätigkeit die Arbeitsbelastung von Frauen durch die Hauptlast an der Hausarbeit ansteigt (Nave-Herz 2012: 50; Krüsselberg/Auge/Hilzenbecher 1986: 88). Auch die Kinder- und Altenpflege werden immer noch als typische „Frauenarbeit" angesehen (Beck-Gernsheim 2000: 86ff.), so dass die Erwerbstätigkeit der Frau häufig zu Konflikten führt zwischen den traditionellen Leitbildern und den neuen Lebensentwürfen mit dem Beruf als Bestandteil (Beck-Gernsheim 1992: 273ff.).

Huinink/Röhler (2005: 247) stellen fest, dass seit den 1960er Jahren die Arbeitsteilung im Haushalt weitgehend stabil geblieben und scheinbar resistent gegenüber dem nachweisbaren Wandel des Geschlechterverhältnisses ist.

Frauen fühlen sich für die Hausarbeit verantwortlich (Kratzer 2003: 187), obwohl der Beitrag zur Hausarbeit und Kinderbetreuung bei einer Berufstätigkeit beider Ehepartner eher verhandelbar ist (Lewis 2003: 63; Weiss 1995: 120). Selbst bei einer gleichberechtigten Aufgabenteilung ist insbesondere in Bezug auf die Hausarbeit weiter das Problem der Bewertung zu lösen (J.-C. Kaufmann 1994: 136). Auch wenn die Hausarbeit ohne Kinder etwas egalitärer aufgeteilt wurde, so ist im Verlauf der Beziehung oft eine Re-Traditionalisierung der Arbeitsteilung festzustellen; so werde mit der Geburt von Kindern häufig wieder das traditionelle Arbeitsteilungsmuster aufgenommen (Grunow 2013: 392ff.; Nave-Herz 2012: 50; Wimbauer 2006: 152; Schulz/Blossfeld 2006: 23) Das Erwerbsmuster von Frauen zeigt Veränderungen mit einer Tendenz zur Zweiverdienstehe und Expansion der Teilzeitarbeit (Tölke/Wirth 2013: 375; Nave-Herz 2012: 42; Spangenberg 2005: 29). Erst nach der Geburt ihres ersten Kindes geben Mütter ihre Erwerbstätigkeit i.d.R. auf (Huinink 1995: 352; Krüsselberg/Auge/Hilzenbecher 1986: 108). Da sich die Chancen des Wiedereinstiegs nach längerem Fernbleiben vom Arbeitsmarkt aufgrund des beschleunigten Wandels in der Berufswelt deutlich verschlechtern (Sieder 1987: 244), sehen sich viele Mütter veranlasst, zugunsten ihrer Erwerbstätigkeit insbesondere in einem qualifizierten Beruf auf weitere Kinder zu verzichten (Huinink 1995: 353).

Die Mütter sind regelmäßig zuständig für die mit ihrer Erwerbstätigkeit verbundenen Organisationsprobleme (Nave-Herz 2012: 50; Behnke/Meuser 2005: 137). Die Forderung nach der Vereinbarkeit von Berufstätigkeit und Mutterschaft ist daher ein zentrales Thema der Emanzipation der Frau (Sieder 1987: 248). Die Doppelorientierung auf Beruf und Familie wird integrativer Bestandteil des Lebensentwurfs von Frauen (Nave-Herz 2012: 40). Die Anforderungen an die Arbeitsorganisation (Verfügbarkeit) lässt sich teilweise schwer mit den familiären Verpflichtungen (Kinderbetreuung, Haushalt, Pflege) vereinbaren und wird durch unzureichende Betreuungsmöglichkeiten für die Kinder verstärkt (Onnen 2013: 345; Wimbauer 2006: 144, 150). Dieser Widerspruch und die Doppelbelastung durch die Mutter- und Berufsrolle zwingt Frauen zur Entlastung durch Verminderung der Berufstätigkeit oder der Suche nach Kinderbetreuung, wobei der Übertragung auf Dritte oft finanzielle Grenzen gesetzt sind und bedingt eine Zunahme der Teilzeitarbeit von Frauen (Zahlmann-Willenbacher 1979: 74). Dies führt insbesondere in den alten Bundesländern zu einer zunehmenden Verbreitung des „modifizierten Ernährermodells" mit der Frau als teilzeitbeschäftigter Zuverdienerin (Wimbauer 2006: 137) oder entsprechend des „Vereinbarkeitsmodells mit der Versorgerehe" (Pfau-Effinger 1998: 45); des „Eineinhalb-Verdiener-Modells" (Lewis 2003: 70) bzw. des „semi-traditionellen Erwerbsarrangements" (Tölke/Wirth 2013: 377). Die Teilzeitarbeit und die geringfügige Beschäftigung von Frauen werden dabei wiederum durch die steuerlichen und sozialstaatlichen Anreize für das Ernährermodell mit geringem weiblichem Zuverdienst gefördert (Wimbauer 2006: 143), deren steuerlichen Auswirkungen Gegenstand dieser Untersuchung sind. In den neuen Bundesländern ist dagegen weiterhin, geprägt von den gesellschaftspolitischen Zielen in der ehemaligen DDR, die Vollzeittätigkeit von Müttern das vorherrschende Muster, gefolgt von der Teilzeitbeschäftigung (Nave-Herz 2012: 39; Marold 2009: 66).

3.4 Wandel von Leitbildern

Neben der wachsenden Berufstätigkeit von Frauen geht mit dem gesellschaftlichen Wandel auch eine Änderung weiterer Leitbilder mit Auswirkungen auf die Paarbeziehungen einher, auf die nachfolgend näher eingegangen wird.

Der gesellschaftliche Wandel ist mit einer zunehmenden Individualisierung verbunden (u.a. F.-X. Kaufmann 1995: 86ff.; Hitzler/Honer 1994: 307ff.; Beck/Beck-Gernsheim 1990: 15ff.; Nave-Herz 1989: 218; Beck 1983: 38ff.). Unter Individualisierung ist eine zunehmende Herauslösung aus kulturell bedingten sozialen Bindungen zu verstehen (Huinink/Wagner 1998: 94). Männer und Frauen versuchen, unter den gegebenen politischen, sozialen, ökonomischen und neuen kulturellen Gegebenheiten die Familienbildung und das familiäre Leben in für sie optimaler Weise mit anderen Lebensbereichen zu vereinbaren (Huinink/Wagner 1998: 98). Individualisierung bedeutet auch den Anspruch auf „ein Stück eigenes Leben" mit dem Anspruch auf Verfügung über eigenes Geld, eigene Zeit, eigenen Wohnraum, den eigenen Körper usw. Dadurch eröffneten sich Möglichkeiten, sich teilweise der jeweils vorgegebenen materiellen Abhängigkeit, Enge, Fremdbestimmtheit und Kontrolle zu entziehen, eigene Sozialbeziehungen zu pflegen und so Perspektiven für eine eigene Lebensbiographie zu entwickeln und umzusetzen (Beck 1983: 44). Selbstverwirklichung und Selbstorganisation werden zum Motiv (F.-X. Kaufmann 1995: 100). Individualisierung bedeutet aber auch den Verlust von traditionellen Sicherheiten im Hinblick auf Handlungswissen, Glauben und leitende Normen (Beck 1986: 206), da die Modernisierung zwar einen Gewinn an Handlungsspielräumen und Wahlmöglichkeiten mit sich bringt, die es dem Einzeln erlaubt, seine Biographie offener und individuell differenzierter als früher zu gestalten, die aber einen Verlust an Verlässlichkeit und Sicherheit mit sich bringt (Herrmann 2002: 147). So geht auch die traditionelle Einbindung des Einzelnen verloren, der nicht mehr Teil einer (sakral gesicherten) Gesamtordnung ist und dessen Identität nicht mehr sozial und kulturell vorgegeben ist (Herrmann 2002: 152). Die in allen gesellschaftlichen Handlungsfeldern nunmehr möglichen Wahlentscheidungen führen aber auch zu Entscheidungszwängen und Belastungen (F.-X. Kaufmann 1995: 96; Tyrell 1988: 156; Beck 1986: 190), insbesondere da es für viele Entscheidungen keine Vorbilder gibt (Beck-Gernsheim 1994: 128). Auch für Paarbeziehungen entstehen daraus neue Bedeutungen und Belastungen, da sie ihre Gemeinsamkeit selbst entwerfen müssen (Beck-Gernsheim 1994: 126) und Ehe und Familie weniger als etwas Vorgegebenes, sondern als Gegenstand individueller bzw. gemeinsamerer Entscheidung des Paares erlebt werden (F.-X. Kaufmann 1995: 10).

Im Zuge des gesellschaftlichen Wandels hat sich neben der bürgerlichen Familie ein neuer Ehetypus entwickelt, in der die Ehe vorrangig zur „emotionalen Versorgungsinstanz“ wird zwischen zwei Partnern, die ihren Lebensunterhalt selbst verdienen können und im Partner vor allem die Erfüllung ihrer inneren Bedürfnisse suchen. Im Mittelpunkt der auf die Ehe ausgerichteten Erwartungen steht jetzt zunehmend die eigene Person, ihre Wünsche, Bedürfnisse, Vorstellungen und Zukunftspläne (das „persönliche Glück“ oder ein „eigener Anspruch an das Leben“) (Beck-Gernsheim 1983: 330ff.). Ehe und Familie haben somit zunehmend die Aufgabe nach Befriedigung der emotionalen Bedürfnisse und werden weiter überwiegend als zentrale Werte der Lebensplanung und der Sinngebung der Lebensführung in der Bevölkerung beurteilt (Nave-Herz 1989: 214). Liebe ist zum dominierenden Motiv für Partnerschaft und Ehe geworden, wobei die Qualität der Kommunikation, die Sexualität und die Gefühle im Mittelpunkt stehen (Lenz 1998: 75ff.; Weiss 1995: 122). Die Beziehungsqualität hat dabei Vorrang vor dem Verpflichtungscharakter einer Ehe (Nave-Herz

2012: 122; Weiss 1995: 134). Auf der Suche nach Geborgenheit und innerer Stabilität erfährt die Liebe teilweise einen derart hohen Stellenwert, dass Beck/Beck-Gernsheim von der „Liebe als irdische Religion“ bzw. der „Liebe als Nachreligion“ sprechen, wobei in der Realität die hohen Erwartungen an die Gefühle und gleichzeitig die Erwartungen an die Gleichheit schwer einlösbar sind (1990: 231ff.; Meuser 1998: 228). Die besondere Betonung des Gefühlsmoments führt aber auch zur Anfälligkeit der Ehe (Mitterauer 1989: 188). So werden unharmonische und zerrüttete Ehe heute nicht nur wegen einer erhöhten eheliche Konfliktwahrnehmung, sondern auch als Folge einer Erhöhung der Leistungsanforderungen (psychische Nutzungserwartungen) an die Ehe eher aufgelöst (Nave-Herz 2012: 122; 1989: 219; Burkart/Koppetsch 2004: 86).

Auch die Gleichberechtigung als allgemein anerkannter Leitwert für das Geschlechterverhältnis hat sich durchgesetzt (Wimbauer 2006: 136; Beck/Beck-Gernsheim 1990: 86). Trotzdem ist weiterhin eine Diskrepanz von formaler Rechtsgleichheit und der Rechtswirklichkeit festzustellen, da die gesellschaftlichen Einstellungen und das tatsächliche Verhalten im privaten Bereich oft auseinandergehen (Wimbauer 2006: 136; Limbach 1989: 228). So werden die Gleichheitserwartungen oft nicht erfüllt, wenn Frauen insbesondere seltener erwerbstätig sind als Männer, ihre Erwerbstätigkeit nach der Geburt von Kindern unterbrechen, die Hauptzuständigkeit für Familie und Kinder haben und beides miteinander zu vereinbaren haben (Wimbauer 2006: 137).

Aus dem Leitbild der Gleichberechtigung hat sich auch das Leitbild der Partnerschaft entwickelt. Partnerschaft betont die Individualität (Selbstverwirklichung) des Einzelnen (Burkart/Koppetsch 2001: 440) und unterstellt die Annahme, dass die Partner eher relativ unabhängig und interessegeleitet sind (Huinink/Röhler 2005: 19). Partnerschaft spielt für die Organisation des Alltags von Paarbeziehungen eine regulative Rolle und verlangt u.a. rationale Verhandlungen, eine Begründungspflicht und eine gerechte Tauschökonomie (Burkhart/Koppetsch 2001: 440). Giddens (1992) sieht in der Partnerschaft die „historische Nachfolgerin der Liebe“. Partnerschaftsnormen stehen in Konkurrenz zu den Geschlechtsnormen, da für beide Partner dieselben Regeln und Rechte gelten; das individualisierte Paar stellt daher die Geschlechterordnung in Frage (Burkart/Koppetsch 2001: 448).

Koppetsch (2005: 97) weist auf die Gegensätzlichkeit der Leitbilder der romantischen Liebe und der Partnerschaft hin: So ist die Liebe aus der Ökonomie der gesellschaftlichen Tauschrelationen ausgenommen durch ihren Anspruch auf Höchstrelevanz und Exklusivität der Paarbeziehung, die ihre eigene Wirklichkeit in Abgrenzung zu den gesellschaftlichen Normen und Werten schafft. Demgegenüber ist die Partnerschaft auf die Rationalisierung von Reziprozität und Gegenseitigkeit ausgerichtet und auf der Ebene diskursiver Aushandlungsprozesse und individueller Entscheidungen angesiedelt. Da beide Leitbilder gleichzeitig wirksam sind, führt dies in modernen Paarbeziehungen zu Ambivalenzen und zu Konflikten, z. B. beim Thema Geld, wo die Austauschbeziehungen nicht immer eindeutig abgrenzbar sind, wenn Dingen eine ökonomische und eine emotionale Bedeutung zukommen kann.

Bei der Untersuchung verschiedener soziokultureller Milieus stellen Burkart/Koppetsch (2004: 74ff.; 1999: 9ff.) fest, dass hier jeweils unterschiedliche Leitvorstellungen vorherrschen: Im familistischen Milieu, das sich stark am historischen Ideal der bürgerlichen Ehe und Familie orientiert, und im traditionellen Milieu, das von patriachalischen Leitvorstellungen mit einer hierarchischen Beziehung zwischen den Geschlechtern geprägt ist, dominiert die traditionelle Arbeitsteilung als Leitidee. Demgegenüber wird das individualisierte Milieu von der Idee der Partnerschaftlichkeit geprägt u.a. mit dem Anspruch auf eine Gleichverteilung der Aufgaben zwischen Mann und Frau, wobei Anspruch und Wirklichkeit oft auseinanderfallen würden, ohne dass dies von den Beteiligten erkannt werde. Insgesamt sei in der Alltagspraxis ein komplexes und widersprüchliches Bild festzustellen und zeige, dass in den Geschlechterbeziehungen vieles nur oberflächlich anders geworden sei.

Niekrenz (2008: 125) sieht die Bedeutung von Liebe und die Art, wie die Partner diese leben wollen, als prinzipiell verhandelbar an. Wenn sich die Verhandlungspartner einig werden, lässt dies die Möglichkeit zu, dass Liebe und Partnerschaft in ihren unterschiedlichen Varianten realisierbar sind.

Träger (2009: 131) stellt in ihren Untersuchungen fest, dass sich Männer häufiger als Frauen ein klassisches Familienleben bzw. das traditionelle Ernährermodell wünschen. Es existiert außerdem neben dem Geschlechtereffekt ein Generationeneffekt. So lehnen ältere Personen eher als die Jüngeren ein modernes familien- und berufsbezogenes Leitbild ab. Als

Indikatoren für dieses Leitbild erweisen sich ein hohes Haushaltseinkommen und ein hohes Bildungsniveau. In den neuen Bundesländern werde auch insgesamt zu fortschrittlicheren familien- und berufsbezogenen Ansichten tendiert.

Zusammenfassend ist festzustellen, dass seit Einführung des Ehegattensplittings im Zuge des gesellschaftlichen Wandels eine Vielzahl von Lebens- und Familienformen entstanden ist. Insbesondere durch die zunehmende Erwerbstätigkeit von Frauen und die damit verbundene ökonomische Unabhängigkeit ist ein neues, individualistisches, romantisches Liebes- und Partnerschaftsbild entstanden. Dazu gehören Bindung und Verpflichtung als „freies Vertragsprinzip“ zwischen gleichberechtigten Partnern und ein individualistisches Persönlichkeitskonzept auch für die Frau (Weiss 1995: 136). Bei der Umsetzung der neuen Leitbilder besteht jedoch weiterhin das Problem der latenten Wirksamkeit alter Geschlechtsnormen insbesondere bei der häuslichen Arbeitsteilung (Liebold 2001: 40).

4 Theorien zu den ehelichen Machtverhältnissen

Mit den unterschiedlichen Leitbildvorstellungen in der Paarbeziehung sind auch unterschiedliche Machtverhältnisse verbunden, die in der Soziologie ebenfalls diskutiert werden (Wimbauer 2003; Stalb 2000). Da das bürgerliche Familienmodell der Hausfrauenehe insbesondere wegen der ökonomischen Abhängigkeit der Ehefrau von ihrem Ehemann kritisiert wird (u.a.: Wimbauer 2006: 137; Pfau-Effinger 1998: 171; Bock 1987; Eckert 1979: 241) und das Ehegattensplitting das Leitbild des Ernährermodells als familiales Erwerbsmuster fördern soll (u.a. Spangenberg 2005: 24; Dingeldey 2000: 15), werden die grundlegenden Theorien zu den ehelichen Machtverhältnissen nachfolgend dargestellt.

4.1 Die Familienstrukturtypologie von Herbst (1952, 1954)

Herbst geht in seiner Untersuchung von der Annahme aus, dass das Ehe- und Familienleben ein Verhaltensfeld ist. Dieses Verhaltensfeld wird von den Dimensionen der Aktivität und der Entscheidungen bestimmt, wobei als Macht die Fähigkeit definiert wird, die Entscheidungsdimension zu kontrollieren. Er untersucht, wer in den familiären Bereichen „Haushalt", „Kinderbetreuung", „Soziales" und „Ökonomie" die Aktivitäten ausführt und wer darüber entscheidet.

Aus den Ergebnissen entwickelte er eine Familienstrukturtypologie, in der alle Aktivitäten vier Interaktionsmustern zugeordnet werden: Autonomie liegt vor, wenn die Aktivität von dem Ehepartner ausgeführt wird, der auch die Entscheidung darüber trifft. Autokratie ist gegeben, wenn ein Ehepartner über die Aktivitäten des anderen Ehepartners oder über gemeinsam durchgeführte Aktivitäten entscheidet (männliche oder weibliche Dominanz). Bei Synkratie entscheiden und handeln beide Ehepartner gemeinsam.

Held (1978: 105) stellt fest, dass die Kombination von gemeinsamem Entscheiden und getrennter Ausführung, eine synkratische Trennung der Funktionen, von Herbst empirisch nicht gefunden wurde. Dies weise auf einen Zusammenhang zwischen Arbeitsteilung und Machtstruktur hin: Ein relativ geringer Grad an Arbeitsteilung ist danach eine notwendige, wenn auch nicht hinreichende Bedingung für gemeinsames Entscheiden und damit für eine synkratische Machtverteilung. Demgegenüber ist ein hohes Maß an Arbeitsteilung mit einer autonomen Machtstruktur verbunden.

Stalb (2000: 77) weist darauf hin, dass von Herbst erstmals ein theoretisches Konzept von Macht in der Ehe entwickelt wurde.

4.2 Die Ressourcentheorie nach Blood und Wolfe (1960)

In ihrer Detroiter Untersuchung „Husbands & Wifes" unterscheiden Blood und Wolfe ebenfalls zwischen Entscheidungsmacht und Arbeitsteilung als Hauptdimensionen der sozialen Struktur der Familie.

Blood und Wolfe untersuchten acht Fragestellungen aus dem Bereich des Familienlebens und von welchem Ehepartner diese entschieden werden. Macht wird als potentielle Fähigkeit angesehen, das Verhalten eines anderen zu beeinflussen. In ihrer Untersuchung wird eheliche Macht methodisch jedoch als Entscheidungsmacht bzw. Entscheidungskompetenz definiert (Held 1978: 109). Dabei stellen sie im Wesentlichen eine männliche Dominanz fest.

Sie kommen dann zu dem Ergebnis, dass die Entscheidungsmacht des Ehemannes nicht von kulturell vorgegebenen Autoritätsmustern abhängig ist. So konnte auch in bäuerlichen, wenig gebildeten, katholischen und anderen traditionellen Familien keine vergleichsweise höhere Macht des Ehemannes als in den übrigen Bevölkerungskreisen festgestellt werden.

Als Quellen der ehelichen Macht sehen sie vielmehr die Ressourcen an, die die Ehepartner jeweils in die Ehe einbringen. Wer über die meisten Ressourcen in der Ehe verfügt, ist im Besitz der größeren Macht. Als Ressourcen untersuchen Blood und Wolfe im wesentlichen Bildung, Einkommen und die Mitgliedschaft in öffentlichen Bereichen und stellen eine dabei eine deutliche Wechselbeziehung zwischen dem gesellschaftlichen Status des Ehemannes, der insbesondere durch sein Einkommen geprägt ist, und seiner Macht in der Familie fest. Verfügt die Ehefrau über den gleichen oder einen höheren Status aufgrund ihrer Berufstätigkeit oder einer höheren Bildung, vermindert dies jedoch die Macht ihres Ehemannes. Dies ist nach ihrer Auffassung jedoch die Ausnahme.

Die Eingrenzung der Ressourcen auf statushaltige Ressourcen aus dem sozio-ökonomischen Bereich erklärt die von Blood und Wolfe im Wesentlichen festgestellte Dominanz des Ehemannes, da dieser aufgrund der gesellschaftlichen Arbeitsteilung einen größeren Zugang zu diesen Ressourcen hat und somit begünstigt ist (Stalb 2000: 81). Die Auswahl der statushaltigen Ressourcen wird als zu einseitig angesehen (Safilios-Rothschild 1975). Neben der begrenzten Auswahl an Ressourcen wird an der Ressourcentheorie weiter kritisiert, dass sie sich auf die Erklärung von Machtergebnissen beschränkt (Nauck 1989: 50).

4.3 Die Theorie der Ressourcen im kulturellen Kontext nach Rodman (1970)

Rodman (1970: 121) weist zunächst darauf hin, dass die Konzentration auf das Machtverhältnis zwischen Eheleuten nur die Erfassung eines Teilaspekts einer umfassenderen Beziehung bedeuten kann.

Er sieht die Ressourcentheorie von Blood und Wolfe (1960) und damit eine positive Korrelation zwischen dem Status des Ehemannes und seiner ehelichen Macht in industriell entwickelten Ländern wie den USA, Deutschland, Finnland, Japan und Dänemark bestätigt In diesen Gesellschaften stellen die Ausbildung, das Einkommen und der Berufsstatus Ressourcen dar und ihre relative Fülle bestimmt die Machtverteilung (Rodman 1970: 129). In Belgien, Dänemark, Deutschland, Frankreich und den USA sieht er ferner eine besondere Relevanz der Normen über die eheliche Entscheidungsgewalt. Diese bevorzugen eine egalitäre Ethik und seien flexibel im Hinblick auf die auszuübende eheliche Macht (Rodman 1970: 133).

Demgegenüber wird in Untersuchungen in Ländern wie Griechenland und Jugoslawien die Ressourcentheorie nicht bestätigt (Rodman 1970: 128). In diesen Ländern sieht Rodman die Normen über die eheliche Entscheidungsgewalt von patriarchalen Strukturen geprägt und als wenig flexibel an. Er schließt daraus, dass hier die normativen Vorgaben die möglichen Einflüsse der Ressourcen eingrenzen (Rodman 1970: 133).

Aus den beiden unterschiedlichen Ergebnissen schlussfolgert er, dass die eheliche Macht von der Interaktion der Ressourcen der Ehepartner und den kulturellen Normen zur Machtverteilung bestimmt wird.

Er stellt anschließend eine Typologie von Gesellschaftsformen auf, in denen sich die Ressourcen im normativ-kulturellen Kontext unterschiedlich auf die eheliche Machtstruktur auswirken (Rodman 1970: 135ff.):

1. Der erste Typ ist das Patriarchat, das durch eine starke, formale Autorität des Mannes gekennzeichnet ist. Ressourcen wirken sich hier nicht aus.

2. Den zweiten Typ kennzeichnet Rodman als das modifizierte Patriarchat, das durch patriarchalische Familiennormen geprägt ist, aber in den oberen sozialen Schichten durch egalitäre Formen modifiziert worden ist. Die männliche Autorität korreliert hier negativ mit den Ressourcen.
3. Typ drei kennzeichnet das Übergangsstadium zum Egalitarismus, das durch egalitäre Familienformen und eine hohe normative Flexibilität in Bezug auf die eheliche Macht gekennzeichnet ist. Da dem Mann hier sein Ansehen und seine Macht nicht mehr gesellschaftlich zugeschrieben wird, sondern er seinen Status durch Bildung, Beruf und Einkommen erst erwerben muss, kommen den Ressourcen eine hohe Bedeutung zu. In dieser Gesellschaft wird die Betonung auf die Rolle des Ehemannes und Vaters als Ernährer gelegt.
4. Der vierte Typ ist der Egalitarismus, der geprägt ist durch starke egalitäre Familiennormen und einem hohen Grad an Machtteilung zwischen Ehemann und Ehefrau. In dieser Gesellschaftsform ist keine Korrelation zwischen der ehelichen Macht des Mannes und seinem Status bzw. seiner Ressourcen zu finden.

Nach Rodmans Typologie sind die Ressourcen somit nur im modifizierten Patriarchat, wohin er Griechenland und Jugoslawien als weniger entwickelte Länder einordnet, und im Übergangsstadium zum Egalitarismus von Bedeutung. Im Übergangsstadium zum Egalitarismus sieht er die industrialisierten Länder. Die Ressourcen wirken sich nur in diesen Gesellschaftsformen aufgrund ihrer flexibleren Normen auf die ehelichen Machtverhältnisse aus (Rodman 1970: 139).

Kritisiert wird an Rodmans Theorie insbesondere, dass die normativen Faktoren evolutionistisch in Abhängigkeit von der jeweiligen kulturellen Entwicklung einer Gesellschaft und diese nivellierend summarisch angenommen werden. Der Machtprozess selbst wird nicht betrachtet (Stalb 2000: 86). Es wird auch nicht erklärt, warum unter den jeweiligen Kontextbedingungen ein Normkonformismus oder ein Wertewandel besteht (Nauck 1989: 50).

4.4 Die Austauschtheorie nach Heer (1963)

Im Gegensatz zu Blood und Wolfe (1960), die von einer absoluten Abhängigkeit der Ehepartner voneinander ausgehen und nur die Strukturen innerhalb der Beziehung untersuchen, meint Heer, dass auch der Wert außerehelicher Ressourcen einzubeziehen ist und die Abhängigkeit der Ehepartner variabel ist.

In seiner Austauschtheorie geht Heer davon aus, dass die eheliche Machtverteilung bestimmt wird durch den relativen Wert der innerhalb der Ehe erlangten Ressourcen im Vergleich zu den Ressourcen, die außerhalb der Ehe in einer anderen Beziehung erreicht werden können (Heer 1963: 138). Derjenige Ehepartner, der außerhalb der Ehe einen gleichwertigen oder höheren „Ertrag" aus seinen Ressourcen erzielen kann, ist unabhängiger und verfügt dadurch über mehr Macht.

Wie bereits bei Blood und Wolfe (1960) ist auch für Heer der Erfolg des Ehemannes der zentrale Ausgangspunkt. So werde die Ehefrau eines erfolgreichen Ehemannes nicht ohne weiteres eine Alternative zu ihrer Ehe finden und sich deshalb aus dieser Abhängigkeit heraus eher dem Ehemann anpassen. Dies gelte auch für eine Ehefrau mit kleinen Kindern in der Familienphase oder für ältere Frauen, deren Wiederverheiratungschancen oder Möglichkeiten der Arbeitsaufnahme altersbedingt sinken würden. Demgegenüber würden Ehefrauen nicht erfolgreicher Männer eher dazu neigen die Beziehung in Frage zu stellen. Auch berufstätige Ehefrauen, die auch bei einer Beendigung der Ehe für ihren Unterhalt selbst sorgen könnten, seien dadurch unabhängiger. Die Möglichkeiten der Auflösung der aktuellen Ehe und die Wiederverheiratung mit einem anderen Partner als Alternative hält Heer insbesondere wegen der hohen Scheidungsquoten für gegeben.

Die Austauschtheorie besagt zusammenfassend, dass je mehr Ressourcen einem Ehepartner zur Verfügung stehen, desto größer ist auch seine eheliche Macht. Gleichzeitig steigen damit aber seine Möglichkeiten, auch aus einem Austauschverhältnis außerhalb der Ehe mehr Gewinn zu erzielen, was wiederum seine eheliche Macht verstärkt (Held 1978: 128). Mit Heers Verknüpfung von ressourcen- und austauschtheoretischen Ansätzen kann erstmalig auch relativ schlüssig erklärt werden, warum die Entscheidungsmacht von Müttern mit Kindern in der Kleinkindphase oder mit vielen Kindern gering ist (Nauck 1989: 48).

An Heers Austauschtheorie wird insbesondere kritisiert, dass dieser zwar die geschlechtsspezifische Arbeitsteilung diskutiert, sie aber nicht als strukturelle Bedingung und Erklärungsfaktor für männlich dominierte eheliche

Machtverhältnisse benennt (Stalb 2000: 87). Auch wird der Machtprozess als solcher nicht konzeptualisiert (Stalb 2000: 88).

4.5 Die Theorie der Liebe und Bedürfnisse nach Safilios-Rothschild (1976)

Safilios-Rothschild (1976; 1970) sieht in der Ressourcentheorie eine beschränkte und inadäquate Ableitung aus der Austauschtheorie, die die Kosten der Eheleute im Zusammenhang mit dem Austausch der Ressourcen sowie alternative Ressourcenquellen im Umfeld von Ehe und Familie vernachlässigt (Held 1978: 129). Wie sie in ihrer Theorie der Liebe und Bedürfnisse (1976) ausführt, sind auch die affektiven Ressourcen der Eheleute wie Liebe, Sexualität, Freundschaft sowie Dienstleistungen in die Ressourcentheorie einzubeziehen. Sie entwickelt daraus ein Tauschmodell von Macht und Liebe (Stalb 2000: 88).

Safilios-Rothschild (1976: 356ff.) stellt fest, dass auch bei Einbeziehung der affektiven Ressourcen der Zugang und die Verteilung der Ressourcen zwischen den Ehegatten insgesamt ungleich sind. So ist insbesondere der Zugang von Frauen zu den höher bewerteten sozio-ökonomischen Ressourcen strukturell behindert. Aus dieser Ungleichheit resultiert zwischen den Eheleuten auch ein ungleiches Tauschverhältnis der Ressourcen. Sexualität kann gegen Geld und Liebe gegen Macht und Geld getauscht werden. Demgegenüber können die sozio-ökonomischen Ressourcen gegen alle anderen Ressourcen getauscht werden. Da regelmäßig der Ehemann über mehr sozio-ökonomische Ressourcen verfügt, die er gegen alle anderen Ressourcen eintauschen kann, wird seine eheliche Macht im Rahmen dieses Tauschverhältnisses strukturell gestärkt.

Demgegenüber kann der Ehefrau über ihre affektiven Ressourcen mehr Macht zu kommen, wenn diese vom Ehemann benötigt und von ihm entsprechend hoch bewertet werden. In diesem Fall werden die hochbewerteten affektiven Ressourcen gegen Entscheidungsmacht getauscht. Den affektiven Ressourcen kommt insbesondere dann ein besonderer Wert zu, wenn ein Ehepartner den anderen relativ mehr liebt, als dieser ihn, und er deshalb zu Zugeständnissen bereit ist.

Die Theorie von Safilios-Rothschild wird dahingehend kritisiert, dass sie von einer statischen Sicht sexistischer gesellschaftlicher Strukturen ausgeht,

Intentionen und Strategien der der Eheleute nur zuzureichend erfasst (Stalb 2000: 90) und sich schwer empirisch überprüfen lässt (Held 1978: 130).

4.6 Die Theorie der ehelichen Machtverhältnisse nach Held (1978)

Held untersucht die Machtverteilung in der traditionellen Ehe mit ihrer geschlechtstypischen Arbeitsteilung und nimmt an, dass die eingebrachten Ressourcen erst in ihrer jeweiligen Bewertung durch die Ehepartner zu einer bestimmten Machtstruktur führen. Die Gewichtung der Statuspositionen, die aus den Ressourcen abgeleitet werden, erfolgt durch den Bezug der Eheleute auf normative Vorstellungen. Dabei geht er von einer „relativen Autonomie" der Reaktionen der Ehegatten auf bestimmte Ressourcenkonstellationen aus (Held 1978: 134).

In seinem Modell geht er davon aus, dass die Individuen in „konzentrisch gelagerten sozialen Umgebungen" leben. Dieses sind insbesondere die Familie und die (nationale) Gesellschaft als globale Orientierungshorizonte. Den Orientierungshorizonten werden Rollenkonfigurationen nach dem Geschlecht normativ zugeschrieben: im familiären Orientierungshorizont der Frau als Hausfrau, Mutter und Ehefrau, dem Mann in der (nationalen) Gesellschaft die des berufstätigen Ernährers (Held 1978: 138). Dies entspricht einer geschlechtsspezifischen Differenzierung in einen Außen- und Binnenbereich (Held 1978: 140). Diese Bereiche stehen in einem asymmetrischen Verhältnis zueinander und werden durch den Ehemann miteinander verknüpft. Der daraus resultierende Statusunterschied beinhaltet nach Held eine gewisse „normale" und legitime Dominanz des Ehemannes (Held 1978: 143). So wird mit der Rolle des Ehemannes neben seiner gesellschaftlichen Position auch eine größere Ressourcenmenge (z. B. Einkommen) verbunden. Aus dem strukturellen Ressourcenunterschied erklärt sich die sozio-ökonomische Abhängigkeit der Ehefrau (Held 1978: 159).

Held betont, dass allein aus dem Statusverhältnis zwischen den Eheleuten nicht direkt auf die ehelichen Machtverhältnisse geschlossen werden kann. Er unterstellt vielmehr, dass nur eheliche Statusunterschiede, die vom (normalen) Statusvorsprung des Mannes in der traditionellen Familie abweichen, zu einem Interessenkonflikt der Ehegatten führen können (Held 1978: 172).

Nach Held entwickeln die Ehepartner zum Abbau von nicht normgerechten Statusunterschieden unterschiedliche Strategien, die auf der Einstellungsebene oder der Verhaltensebene der Ehegatten stattfinden oder zu einer partiellen oder gänzlichen Einstellung der ehelichen Interaktion führen (Held 1978: 176). Anhand dieser Reaktionen bzw. Strategien der Ehegatten auf die von der Norm abweichenden Statusdifferenzen (unterschieden nach Statusvorsprung oder Statusdefizit des Mannes) leitet er eine Typologie der ehelichen Machtverhältnisse ab (Held 1978: 199):

1. Strategien auf der Einstellungsebene: Die Ehegatten einigen sich auf eine neue, von der Gesellschaft abweichende Norm: Bei Statusvorsprung des Mannes führt dies zu einer patriarchalischen Ehe, bei einem Statusdefizit des Mannes zu einer matriarchalischen Ehe. Sie können stattdessen ihre Ressourcen auch neu bewerten: Bei einem Statusvorsprung des Mannes entsteht durch die Aufwertung der Rolle der Frau eine Familismus-Ehe, bei einem Statusdefizit des Mannes durch Abwertung der Rolle der Frau eine Machismo-Ehe.
2. Strategien auf der Verhaltensebene: Der statusunterlegene Ehegatte vergrößert seine geschlechtsspezifische Performanz und erhält dadurch die traditionelle Ehe aufrecht. Bei einem Statusvorsprung des Mannes kann die Frau auch ihren Status erhöhen, in dem sie ihren Status betont von dem externen Status des Mannes ableitet (pseudoegalitäre Ehe). Erweitert der statusunterlegene Gatte seine zugeschriebene Rollenkonfiguration durch Übernahme von Ressourcen des anderen Partners, entsteht bei einem Statusvorsprung des Mannes eine egalitäre Ehe (gesellschaftsorientiert), bei einem Statusdefizit des Mannes eine egalitäre Ehe (familienorientiert).
3. Einschränkung der Interaktion der Ehegatten: Der statusüberlegene Ehegatte erhöht seine Unabhängigkeit und das arbeitsteilige Tauschverhältnis wird mindestens teilweise aufgelöst. Bei einem Statusvorsprung des Mannes führt dies zu einer pseudomatrifokalen Familie, bei einem Statusdefizit des Mannes zu einer matrifokalen Familie.

Kritisiert wird die Theorie von Held insbesondere wegen seiner statischen Sicht auf die traditionelle Familie und der einseitigen Ausrichtung auf hypothetische Strategien des Umgangs mit einer traditionellen Verteilung der Ressourcen zwischen den Ehepartnern. Außerdem fehlt ein empirischer Nachweis zu seiner Familientypologie (Stalb 2000: 94).

4.7 Die Ressourcentheorie nach Foa/Foa (1974/1980)

Foa/Foa untersuchen Ressourcen und ihre Auswirkungen auf den ehelichen Austauschprozess. Dazu teilen sie die Ressourcen in 6 Klassen ein und unterscheiden zwischen Liebe, Status, Information, Geld, Güter und Dienstleistungen. Alle 6 Ressourcenklassen werden in einem Koordinatensystem zugeordnet, das durch die Achsen „konkret – symbolisch" und „partikularistisch – universalistisch" gebildet wird.

Dienstleistungen und Güter als greifbare Aktivitäten oder Produkte werden als „konkret" auf der ersten Achse klassifiziert. Status und Information werden wegen ihrer Symbolwirkung als „symbolisch" zugeordnet. Da Liebe und Geld in konkreter und in symbolischer Form getauscht werden können, werden sie der Mitte dieser Achse eingetragen.

Auf der Achse „partikularistisch – universalistisch" sind Liebe und Geld als extrem entgegengesetzt angeordnet. So ist für den Empfänger der Ressource Liebe wichtig, von wem er diese erhält. Geld hat dagegen einen stabilen Wert, ist unabhängig von den Partnern des Austauschverhältnisses und daher als universalistisch zu klassifizieren. Status und Dienstleistungen sind weniger partikularistisch als Liebe, aber partikularistischer als Güter und Dienstleistungen.

Foa/Foa kommen zu dem Ergebnis, dass je partikularistischer eine Ressource ist, es umso wahrscheinlicher ist, dass sie nur gegen die gleiche Ressource getauscht werden kann. Universalistische Ressourcen sind demgegenüber eher dazu geeignet, sie auch gegen andere Ressourcen zu tauschen. Dies bedeutet, dass Ressourcen wie Liebe nur eingeschränkt getauscht werden können. Im Gegensatz dazu eröffnen universalistische Ressourcen wie Geld eine höhere Tauschoption mit anderen Ressourcen.

Die eingeschränkte Tauschoption von partikularistischen Ressourcen führt zu einer Einschränkung von Wahlmöglichkeiten. Bezogen auf die eheliche Machtverhältnisse resultiert daraus, dass der Partner, der nur über Liebe und ähnlich strukturierte Ressourcen verfügt, tendenziell von dem anderen Partner abhängig ist (Stalb 2000: 70). Mit Hilfe dieser Annahmen von Foa/Foa lässt sich gut erklären, warum entsprechend der „klassischen" Ressourcentheorie externe Ressourcen wie Geld zu eindeutigen Machtresultaten führen und im Gegensatz dazu die innerfamiliären Beiträge wie Liebe nicht (Nauck 1989: 57).

4.8 „Familiy Decision-Making“ nach Scanzoni/Szinovacz (1980)

Scanzoni/Szinovacz sehen als Grundlage für die ehelichen Machtverhältnisse ebenfalls die zur Verfügung stehenden Ressourcen. Den greifbaren sozio-ökonomischen Ressourcen wie Bildung, Einkommen und Status kommt dabei eine hohe Interdependenz zu. Entscheidend für die Machtbeziehung sind für sie die aus den Ressourcen abgeleiteten Geschlechtsorientierungen.

Sie untersuchen, wie sich Geschlechtsrollen auf den Entscheidungsprozess auswirken. Die grundsätzliche Einstellung zur eigenen Geschlechterrolle folgt aus dem Grad an Traditionalität bzw. Modernität eines Ehepartners. Unter Traditionalität wird dabei die Akzeptanz der Kosten und Gewinne verstanden, die mit der geschlechtsspezifischen Arbeitsteilung verbunden sind. Sie stellen neben der traditionellen zunehmend auch eine moderne Geschlechtsrollenorientierung fest. Aus dem Grad an Traditionalität oder Modernität wird auf die persönliche Einstellung zur eigenen Rolle in der Ehe und Familie geschlossen.

Scanzoni/Szinovacz untersuchen weiter den Machtprozess zwischen Eheleuten. Neben den sozio-ökonomischen Ressourcen, der nicht greifbaren Ressource Selbstsicherheit insbesondere des statusunterlegenen Partners sind im Entscheidungsprozess auch die Religion, Rasse, der eheliche Status wie geschieden, wiederverheiratet, alleinerziehend, das soziale Umfeld und die derzeitige altersbedingte Lebensphase von Bedeutung. Auch Erfahrungen aus vergangenen Entscheidungsprozessen beeinflussen aktuelle Machtprozesse. Sie zerlegen die Machtprozesse in Einzelschritte und stellen immer wieder eine gegenseitige Abhängigkeit von Geschlechtsrollenpräferenzen und der Verfügbarkeit über Ressourcen fest. Die Fähigkeit der Machtausübung und damit das Durchsetzen der eigenen Interessen sind im Ergebnis meistens mit der Verfügbarkeit von Ressourcen verbunden.

Stalb (2000: 109) fasst zusammen, wie die Geschlechtsrollen die Art der Machtbeziehung entscheiden:

- Je moderner die beiden Partner eingestellt sind, desto eher ist eine symmetrische Machtbeziehung möglich, weil das Verhältnis ihrer Ressourcen tendenziell ausgeglichen ist.

- Je traditioneller beide Partner eingestellt sind, umso größer ist die Machtasymmetrie wegen der großen Disparität ihrer Ressourcen. Konflikte werden jedoch minimiert durch die Klarheit ihres Machtverhältnisses.
- Je größer die Disparität der Geschlechtsrollenpräferenzen zwischen den Partnern ist, insbesondere wenn er traditional und sie egalitär eingestellt ist, desto konflikthafter ist der Entscheidungsprozess. Das Ausmaß der Machtasymmetrie wird auch hier von der Disparität der Ressourcen bestimmt.

Stalb (2000: 110) kritisiert das Modell von Scanzoni/Szinovacz wegen seiner fehlenden empirischen Prüfung und der mangelnden Berücksichtigung der Aspekte „gender-stratification" und „gesellschaftliche Arbeitsteilung nach Geschlecht" auf der Makroebene.

Zusammenfassend ist festzustellen, dass die Ressourcen wie Status, Bildung, Einkommen, Liebe, Sexualität, Dienstleistungen usw. wesentliche Grundlagen für die ehelichen Machtverhältnisse sind. Den Theorien ist gemeinsam, dass sie die Machtunterschiede zwischen Ehepartnern auf deren Verfügung über bestimmte (knappe und im familiären Handlungskontext hochbewertete) Güter zurückzuführen suchen (Nauck 1989: 45). Von besonderer Bedeutung sind hier die sozio-ökonomischen Ressourcen wie Bildung, Einkommen und Status. So stellt auch die Berufstätigkeit der Frau eine wichtige Ressource dar (Lupri 1970: 341). In der bürgerlichen Familie ist die nicht berufstätige Ehefrau gegenüber ihrem berufstätigen Ehemann nicht nur wegen der unterschiedlichen Bewertung ihrer aus der traditionellen Arbeitsteilung folgenden Hausfrauentätigkeit strukturell benachteiligt, sondern auch finanziell von ihm abhängig (Lenz 2006: 93). Der Ehemann hat aufgrund der strukturellen Rahmenbedingungen durch seinen i.d.R. größeren Zugang zu den Ressourcen einen Status- und damit einen vorgegebenen Machtvorteil (Lenz 2006: 93; Herrmann 2002: 233; Fries 1986: 172).

Held (1978: 172) weist darauf hin, dass aus den Ressourcen als Machtgrundlagen nicht direkt auf die ehelichen Machtverhältnisse geschlossen werden kann. Wie Scanzoni/Szinovacz (1980) ausführen, sind zusätzlich auch der Entscheidungsprozess selbst von erheblicher Bedeutung sowie hier wiederum die Geschlechterrollenpräferenzen.

Der Machtprozess selbst, also die Interaktion der Ehepartner sowie die Austausch- und Aushandlungsprozesse im Entscheidungsprozess (Lenz

2006: 92; Grau 2004; Fries 1986) soll im Rahmen dieser Arbeit nicht weiter vertieft werden. Die Einkommensbesteuerung und das Ehegattensplitting knüpfen an das zu versteuernde Einkommen an. Es wird daher die sozio-ökonomische Ressource des Einkommens sowie das dahinterstehende ertragsbringende Vermögen als Grundlage für die ehelichen Machtverhältnisse weiter untersucht und inwieweit das Ehegattensplitting strukturelle Machtvorteile unterstützt.

5 Empirische Untersuchungen zum Thema Geld in Paarbeziehungen

Da das Einkommen als sozio-ökonomische Ressource nach den Theorien über die ehelichen Machtverhältnisse eine wesentliche Machtgrundlage darstellt, werden nachfolgend empirische Untersuchungen zum Thema Geld in Paarbeziehungen vorgestellt.

5.1 Blumstein/Schwartz (1983): American Couples: Money, Work, Sex

Blumstein/Schwartz untersuchten in ihrer Studie neben Fragestellungen zur Sexualität und Arbeit auch das Thema Geld in Paarbeziehungen. Dabei sind sie u.a. der Frage nach dem Zusammenhang von Einkommen und Macht nachgegangen. Sie stellten fest, dass der Partner in einer Paarbeziehung über relativ mehr Macht verfügt, der im Verhältnis zum anderen Partner ein höheres Einkommen erzielt. Der mit dem höheren Einkommen verbundene Machzuwachs wurde sowohl für Frauen als auch für Männer nachgewiesen. Etwas anderes gelte jedoch in Ehen, in denen mindestens ein Partner ein traditionelles Familienmodell vertrete. Dort sei für Frauen mit einem höheren Einkommen als Ihr Partner kein Machtvorteil feststellbar. Dies wird von Blumstein/Schwartz mit der Überlagerung von Geschlechtsrollenstereotypen erklärt (Wimbauer 2003: 118).

5.2 Geldverwaltung in Paarbeziehungen nach Pahl

Pahl (1980, 1983, 1988, 1989) hat die Geldverwaltung von Ehepaaren untersucht. Sie ist dabei der Frage nachgegangen, wie die Paare den Zugang zum Geld und die allgemeinen Geldverwaltung in der Haushaltsführung geregelt haben. Des Weiteren wird die Frage gestellt, wer in der Paarbeziehung die Kontrolle über das Geld ausübt, in dem er oder sie letztlich die Entscheidungsmacht über die finanziellen Mittel hat.

Pahl (1988, 1989) unterscheidet nach ihren Ergebnissen vier verschiedene Geldverwaltungsarrangements, die sich in der Verwaltung und Kontrolle des Einkommens unterscheiden. Wimbauer (2003: 120) fasst diese wie folgt zusammen:

1. Beim „whole wage/wife management system“ oder der Gesamtverwaltung wird das gesamte Einkommen von einer Person, regelmäßig der Frau, verwaltet. Der Partner erhält einen bestimmten Betrag zur individuellen Verfügung (personal-spending-money). Dieses System ist vor allem in unteren Einkommensgruppen zu finden und beinhaltet meist keine größere Verfügungsbefugnis der Frau über das verbliebende Einkommen. So kann der Mann über die für ihn bestimmte Geldmenge allein verfügen, während die Frau mit den knappen Ressourcen zurechtkommen muss und dafür zu sorgen hat, dass sämtliche finanziellen Verpflichtungen des Haushalts erfüllt werden (Ludwig-Mayerhofer 2006: 472).
2. Das „allowance system“ oder das Zuteilungssystem bedeutet, das der – in der Regel männliche – Hauptverdiener das Einkommen kontrolliert, indem er grundsätzlich selbst über das Einkommen verfügt und der Ehefrau nur einen im Allgemeinen von ihm selbst bestimmten Anteil für die Haushaltsführung abgibt. Der Frau obliegt mit dem ihr zugeteilten Haushaltsgeld die Verwaltung des laufenden Haushalts. Das Zuteilungssystem ist häufig bei finanziell gut situierten Paaren anzutreffen.
3. Beim „pooling system/shared management“ oder der gemeinsamen Verwaltung wird das Einkommen auf ein gemeinsames Konto eingezahlt und dieses von den Eheleuten gemeinsam verwaltet. Diesem Modell liegt der Gedanke zugrunde, dass das Geld beiden gemeinsam gehört und das Einkommen nicht dem jeweiligen Ehegatten zuzurechnen ist („It's our money“ (Pahl 1989: 71)). Dieses Geldverwaltungssystem ist überdurchschnittlich bei höher gebildeten und/oder Zweiverdiener-Ehen zu finden. Hier sind häufiger partnerschaftliche Konzepte von Ehe und Familie anzutreffen. Auch wenn zumindest im Prinzip beide Partner Zugriff auf das gesamte Familieneinkommen haben und beide für das Geldmanagement und die Entscheidungen über die Ausgaben verantwortlich sind, so bedeutet dies jedoch nicht, dass Ungleichheiten hinsichtlich der Kontrolle oder der Entscheidungsmacht über das Geld ausgeschaltet sind. Sie zeigen sich nur subtiler (Ludwig-Mayerhofer 2006: 472ff.). Die gemeinsame Geldverwaltung ist in der Hausfrauenehe am häufigsten anzutreffen (s. Kapitel 7.3 und 8.3).
4. Beim „independent management system“ oder der individuellen Verwaltung werden die Kontroll- und Managementaufgaben von beiden

Partnern gleichermaßen ausgeübt. Dieses System ist am häufigsten anzutreffen, wenn beide Partner über eigenes Einkommen verfügen. Keiner der Partner hat Zugriff auf das Einkommen des anderen Partners und somit auf das gesamte Haushaltseinkommen. Dies erfordert Absprachen zwischen den Partnern hinsichtlich der Sphären der finanziellen Zuständigkeiten (Ludwig-Mayerhofer 2006: 473). Wegen ihrer geringen empirischen Verbreitung von nur zwei Prozent wird das System der individuellen Verwaltung in späteren Analysen vernachlässigt (Pahl 1995: 366).

Im Hinblick auf die Fragestellungen dieser Arbeit ist festzustellen, dass nach den Ergebnissen von Pahl für die Wahl des Geldverwaltungsarrangements u.a. die sozio-ökonomischen Faktoren von hoher Relevanz sind (ebenso Boll/Beblo 2013: 25). Pahl (1989: 106) benennt hier insbesondere die Höhe des Haushaltseinkommens: Die Gesamtverwaltung durch die Frau dominiere in Haushalten mit niedrigem Einkommen, das Zuteilungssystem in Haushalten mit relativ hohem Einkommen und die gemeinsame Verwaltung wurde in allen Einkommensstufen gefunden. Auch der mit der unterschiedlichen Erwerbsbeteiligung verbundene Einkommensunterschied sei in diesem Zusammenhang bedeutsam. So übe ein Mann insbesondere in mittleren bis höheren Einkommensstufen eher Kontroll- und teilweise auch Verwaltungsfunktionen aus, wenn seine Frau über kein oder nur geringes Einkommen verfügen würde (Pahl 1989: 106). Da die Frau in diesen Fällen von ihrem Mann wirtschaftlich abhängig ist, ist das Geld hier zunächst eine Quelle persönlich zurechenbarer Macht (Schneider et al. 2005: 220). Das insbesondere kontrollierende Verhalten des Mannes ist aber auch Ausdruck eines geschlechtsspezifischen Zuschreibungsmusters, wonach ein positiver Umgang mit Geld, wie z. B. Geldbesitz und ein aktiver, rationaler und planmäßiger Umgang damit mit dem männlichen Geschlechtsrollenstereotyp korreliert und in diesem Zusammenhang uneingeschränkt positiv bewertet wird (Kuhlmann 1995: 389). Pahl (2001: 24) stellt in ihrer Untersuchung noch eine weitere Auswirkung bei unterschiedlicher Erwerbsbeteiligung der Partner fest. Danach verfügten bei vollzeitbeschäftigten Partnern beide etwa zu gleichen Anteilen über Kreditkarten, während nicht oder nur Teilzeit beschäftigte Frauen gegenüber ihren vollzeitbeschäftigten Ehemännern seltener Kreditkarten hatten. Insbesondere bei Paaren, die die dem männlichen

Ernährermodell folgen, werden somit über den Zugang und die Kontrolle des Geldes geschlechterspezifische Ungleichheiten transportiert und verfestigt (Ludwig-Mayerhofer/Allmendinger 2003: 88).

Ludwig-Mayerhofer (2006: 480) stellt auch fest, dass nach neueren Untersuchungen verheiratete Paare ihr Geld zu 74 Prozent gemeinsam, zu je 7 Prozent durch den Ehemann, die Ehefrau oder gemischt und nur zu 5 Prozent individuell verwalten. Auch Allmendinger et al. (2012: 29) bestätigen eine überwiegend gemeinsame Geldverwaltung. Schulden und Geldvermögen in Form von Ersparnissen werden aber etwa gleich häufig gemeinsam und getrennt betrachtet.

Wimbauer (2003: 123) kritisiert an Pahls Untersuchungen, dass diese lediglich die Geldströme in den Paarbeziehungen betrachten und die Aushandlungsprozesse sowie Veränderungen wie die Geburt eines Kindes oder die Aufgabe oder die Aufnahme einer Erwerbstätigkeit ausgeblendet würden. Der Kritik Wimbauers ist zuzustimmen, da Hauptgegenstand von Pahls Untersuchungen der Zugang der Partner zu den Haushaltseinkünften und insbesondere das aus der Erwerbsbeteiligung erzielte Einkommen sind. Aus den daraus resultierenden Geldverwaltungsarrangements und der Kontrolle über das Geld bzw. seine Verwendung leitet sie die Entscheidungsmacht eines Partners darüber ab. Es handelt sich daher bei Pahl eher um eine statische Betrachtungsweise der sozio-ökonomischen Ressource Einkommen. Für die Beantwortung der Frage nach der Entscheidungsmacht ist jedoch auch der Machtprozess selbst, also die Interaktion der Partner sowie die Austausch- und Aushandlungsprozesse im Entscheidungsprozess von erheblicher Bedeutung (Lenz 2006: 92; Grau 2004; Fries 1986; Scanzoni/Szinovacz 1980). Auch die Ressource Einkommen als Machtgrundlage unterliegt Veränderungen, wenn z. B. nach der Geburt eines Kindes die Erwerbstätigkeit eines Partners reduziert oder aufgegeben wird. Daraus resultierende Veränderungen im Geldverwaltungsarrangement und in den Entscheidungsprozessen werden von Pahl nicht diskutiert, worauf Wimbauer (2003: 123) zu Recht hinweist.

5.3 Kirchler et al. (2000): Liebe, Geld und Alltag

Kirchler et al. untersuchten in ihrer „Wiener Tagebuchstudie“ Faktoren, von denen der Einfluss eines Partner auf Kauf- und andere ökonomische und nicht-ökonomische Entscheidungen abhängt. Dazu führten 40 Paare mit mindestens einem schulpflichtigen Kind im gemeinsamen Haushalt ein Jahr lang täglich getrennt voneinander Tagebuch u.a. über ihre Meinungsverschiedenheiten, Diskussionen, ihr Interesse an einer Entscheidung, das Gesprächsklima, ihre angewendeten Taktiken, um einander zum Entgegenkommen zu bewegen sowie zu Fragen über die Fairness der Entscheidung und ihre Zufriedenheit mit dem Gesprächsausgang (Kirchler et al. 2000: 16).

Die ökonomischen Themen erwiesen sich in der Studie als besonders konfliktträchtig und waren häufig mit Sachkonflikten (43%) verbunden. Die Meinungsdifferenzen der Partner beruhten aber dennoch meistens auf unterschiedlichen Werteauffassungen (45%) (Kirchler et al. 2000: 147). Zu den häufigsten Streitinhalten zählten Ausgaben für Freizeitangelegenheiten (23%), Haushaltsausgaben (16%), Ausgaben für die Wohnung (12%), Ausgaben für die Kinder (Spiele, Schulgeld, Bekleidung usw.), für soziale Belange (Geschenke, Ausgaben für Festveranstaltungen usw.) sowie für Mobilität (Auto, öffentliche Verkehrsmittel usw.) mit jeweils 7% bis 8% (Kirchler et al. 2000: 146). Die unterschiedlichen Wertvorstellungen hinsichtlich dieser Ausgaben sind bei den Frauen mit einer eher traditionell höheren Gewichtung insbesondere der häuslichen, sozialen und Aufwendungen für die Kinder anzunehmen. Kirchler et al. (2000: 235) weisen aber darauf hin, dass Auskünfte häufig in sozial erwünschter Richtung verzerrt gewesen seien.

In ökonomischen Entscheidungen gaben die Frauen zu 46% und die Männer zu 54% an, die Entscheidung beeinflusst zu haben (Kirchler et al. 2000: 153), so dass den Männern hier etwas mehr Einfluss zugeschrieben wurde als den Frauen; im übrigen variierte der relative Einflussanteil der Partner um 50% (Kirchler et al. 2000: 235). Zudem wurde bestätigt, dass die geschlechtsspezifische Einflussverteilung herrschenden Rollenstereotypen folgen würde. So haben die Frauen an, mehr Einfluss auf Entscheidungen im Haushaltsbereich zu haben, Männer hingegen über technische Güter entschieden, der Urlaub aber wiederum Gegenstand gemeinsamer Entscheidung war (Kirchler et al. 2000: 235). Auch in diesem Zusammenhang wird von Kirchler et al. (2000: 235) kritisch angemerkt, dass zumindest ein Teil dieser Ergebnisse eher auf sozial erwünschte Antworttendenzen und Rollenklischees zurückzuführen sei und nicht den tatsächlichen häuslichen Entscheidungsprozessen entsprechen würde.

Es wurde auch untersucht, ob der Partner, der über mehr Ressourcen verfügt, eine größere Entscheidungsmacht in der Beziehung hat. Dies konnte in der Studie nicht bestätigt werden. Die relativen Ressourcenbeiträge der Partner erwiesen sich hier vielmehr als bedeutungslos (Kirchler et al. 2000: 161).

Kirchler et al. (2000: 234) gehen davon aus, dass Entscheidungen im Zusammenhang mit einem komplexen Alltag anzusehen sind und in Abhängigkeit zur Qualität der Paarbeziehung stehen. So stünde neben dem Wunsch nach einer aktuellen Entscheidung häufig auch der Wunsch nach einer beziehungsschonenden Entscheidung. Abhängig von der Beziehungsqualität würden deshalb auch unterschiedliche Taktiken zur Durchsetzung des eigenen Einflusses gewählt, die die Qualität der Paarbeziehung gleichzeitig entweder fördern oder schädigen würden (Kirchler et al. 2000: 237).

An dieser Studie wird kritisiert, dass sie zwar innerfamiliale Strukturen der Geldverwaltung aufzeige, aber nicht erkläre, wie diese zustande kämen und welche Bedeutung sie für die Partner hätten (Wimbauer 2003: 125).

5.4 Wimbauer (2003) zur symbolischen Bedeutung von Geld in Paarbeziehungen

Wimbauer untersuchte anhand von empirischen Fällen und theoretisch das Verhältnis von Geld und Liebe in der Paarbeziehung. Ziel der Untersuchung war die Frage nach den komplexen Verknüpfungen von Geld, Liebe und anderen Lebensbereichen. Im Fokus standen dabei die subjektiven und interaktiv hergestellten Bedeutungen von Geld innerhalb der Paarbeziehungen in ihren Verflechtungen mit Liebe. In den ausgewählten exemplarischen Fällen waren beide Partner erwerbstätig mit etwa gleich hohem Familieneinkommen, lehnten das klassische Familienmodell ab und waren auf eine gleichberechtigte Paarbeziehung ausgerichtet (Wimbauer 2003: 143).

Anhand der empirischen Fälle wird von Wimbauer (2003: 236ff.) verdeutlicht, dass Geld nicht nur als „Marktgeld“ (laufendes Einkommen, Transferleistungen des Staates oder in Form von Unterstützungsleistungen von Dritten (z. B. Eltern), angespartem Geldvermögen oder auch in Form von Schulden und Krediten), sondern in vielfältigen alltagspraktischen Konkretionen auftreten kann. So können auch Wertgegenstände oder mit Wert versehene Gegenstände, wie z. B. Immobilien, Kunstobjekte oder

Fahrzeuge, aber auch „virtuelles“ Geld, wie z. B. mögliche gegenwärtige oder zukünftige Erwerbschancen oder spezifische Kenntnisse, eine Bedeutung bei den finanziellen Arrangements in Paarbeziehungen haben.

Innerhalb der Paarbeziehung können dem Geld interaktiv vielfältige symbolische Bedeutungen beigemessen werden (Wimbauer 2003: 237ff.): Insbesondere das regelmäßige Einkommen dient wesentlich der Konstitution und Manifestation von Gemeinsamkeit innerhalb der Beziehung und dient damit symbolisch der Vergemeinschaftung des Paares. Geld kann aber auch Ungleichheiten und Differenzen aufdecken. So kann beispielsweise bei Kontrolle der weiblichen Geldverwaltung durch den Mann dem Geld eine „differenzierte, disziplinierende und kontrollierende Bedeutung“ zukommen. Geld kann auch als „emotionale Währung“ angesehen werden, die über die eigene Erwerbstätigkeit Wertschätzung und Liebe sowie die Anerkennung als gleichberechtigter Partner vermittelt und damit auch Ausdruck der Beziehungsstruktur sein. Der spezifische Wert des Geldes wird auch nicht nur durch seine Quantität bestimmt, sondern die subjektive und individuelle Bedeutungszumessung ist wiederum auch abhängig von individuellen, strukturellen und gesellschaftlichen Faktoren, wie z. B. individuellen Fähigkeiten, Interessen, gesellschaftlichen Strukturen oder geltenden Geschlechternormen und besonders von den paarspezifischen Beziehungsleibildern.

Obwohl in den empirischen Fällen das Leitbild der gleichberechtigten Partnerschaft vorherrscht, stellt Wimbauer (2003: 239ff.) hier trotzdem eine Koexistenz von partnerschaftlichen, romantischen und anderen Beziehungsleitbildern fest, die sich überlagern und auch geschlechtsspezifische Ungleichheiten beinhalten. So werden im Alltag und von den Partnern unbewusst Ungleichheiten praktiziert, die dem Leitbild der Partnerschaft zuwider laufen, in den Beispielsfällen etwa durch die neben dem Beruf freiwillige Übernahme des größten Teils der Kindesversorgung oder die Kontrolle des Partners über das Geldmanagement.

Wimbauer (2003: 283) kommt zu dem Ergebnis, dass wegen seiner Bedeutungszuschreibung innerhalb einer Paarbeziehung selbst bei Ressourcengleichheit Ungleichheiten bestehen können. In dem Fall, in dem die Frau über quantitativ mehr Geld als der Mann verfügt, könne dieses sogar als qualitativ weniger wert bewertet werden. Die Bedeutungszuschreibung von Geld in einer Paarbeziehung hänge insbesondere von dem jeweiligen

Liebeskonzept, den individuellen Ressourcen und den gesellschaftlichen Strukturen ab.

5.5 Bundesinstitut für Bevölkerungsforschung (2013) zum Beitrag von Frauen zum Haushaltseinkommen

Das Bundesinstitut für Bevölkerungsforschung hat auf Basis der Einkommens- und Verbrauchsstichprobe eine Sonderauswertung zu den Einkommensanteilen von Männern und Frauen in Paarhaushalten vorgenommen. Das Datenmaterial stammte aus Erhebungen in den Jahren 1998 und 2008 und wurde getrennt nach den alten und den neuen Bundesländern erfasst.

Es wurde festgestellt, dass im Jahr 2008 die Frauen in der Bundesrepublik durchschnittlich zu weniger als einem Viertel zum gesamten Einkommen eines Paarhaushaltes beigetragen haben. Ihr Beitrag stieg seit 1998 um insgesamt 4 Prozentpunkte auf 23%. Die Männer leisteten den Hauptanteil am Haushaltseinkommen mit durchschnittlich 51%. Die restlichen 26% stammten aus öffentlichen und nichtöffentlichen Transferleistungen.

Der geschlechterspezifische Unterschied wurde besonders deutlich nach der Familiengründung. So sank in Paarhaushalten mit mindestens einem Kind zwischen 3 und 6 Jahren der Anteil der Mütter am Haushaltseinkommen auf durchschnittlich 19% ab, während der Anteil der Väter auf 61% stieg. Grund dafür ist, dass Mütter noch der Geburt ihres ersten Kindes häufig ihre Erwerbstätigkeit reduzieren oder ganz aufgeben (Marold 2009: 61).

In der Untersuchung des Bundesinstituts für Bevölkerungsforschung (2013) wiesen die alten und die neuen Bundesländer in ihrer Struktur große Unterschiede auf. Während der Anteil der Mütter am Haushaltseinkommen mit mindestens einem Kind zwischen 3 und 6 Jahren in den neuen Bundesländern 1998 und 2008 gleichbleibend bei 32% lag, stieg der Anteil der Mütter in den alten Bundesländern in diesem Zeitraum von 13% auf 18%. Diese Unterschiede sind teilweise historisch bedingt. So ist in den alten Bundesländern die traditionelle Arbeitsteilung immer noch das dominierende Erwerbsmuster, wenn die im Haushalt lebenden Kinder noch nicht 3 Jahre alt sind. Das tradierte Leitbild der Versorgerehe mit Mann als (zumeist) Alleinverdiener wird u.a. mit steuerlichen Anreizen, wie die Privilegierung durch das Ehegattensplitting, fortgeschrieben (Träger 2009).

Ein Wandel ist jedoch einmal mit Kindern im Vorschulalter und anschließend mit Kindern im Schulalter festzustellen. Die Teilzeitbeschäftigung der Mütter nimmt im Alter dieser Kinder deutlich zu und entwickelt sich zum vorherrschenden Erwerbsmodell in den alten Bundesländern (Tölke/Wirth 2013: 375). Der in Kapitel III. bereits dargestellte gesellschaftliche Wandel wird hier insoweit sichtbar.

Demgegenüber ist die Erwerbstätigkeit von Müttern in den neuen Bundesländern geprägt von den gesellschaftspolitischen Zielen in der ehemaligen DDR, in der die Erwerbsbeteiligung von Müttern normativ für selbstverständlich erachtet wurde und institutionell gefördert wurde. Die kontinuierliche Vollzeittätigkeit von Müttern war unabhängig vom Alter der Kinder der gesellschaftliche Regelfall und das flächendeckende öffentliche Angebot an Kinderbetreuung blieb dort als Voraussetzung für die Erwerbstätigkeit von Müttern auch mit Kleinstkindern blieb dort weitgehend erhalten (Tölke/Wirth 2009: 367ff.). Die Vollzeittätigkeit von Müttern ist in den neuen Bundesländern weiterhin das vorherrschende Muster, gefolgt von der Teilzeitbeschäftigung (Marold 2009: 66). Traditionelle Erwerbsarrangements sind hier wenig anzutreffen und haben ihre Ursachen häufig in der Arbeitslosigkeit der Mütter (Tölke/Wirth 2003: 374).

Als Ergebnis der empirischen Untersuchungen zum Thema Geld in Paarbeziehungen lässt sich zusammenfassend feststellen, dass die sozioökonomischen Ressourcen und insbesondere das laufenden Haushaltseinkommen für die Wahl des Geldverwaltungsarrangements von hoher Relevanz sind (Boll/Beblo 2013: 25; Pahl 1989: 106). Mit dem größeren Zugang zu den sozio-ökonomischen Ressourcen ist häufig auch eine höhere Entscheidungsmacht des Partners verbunden (Boll/Beblo 2013: 25; Pahl 1988, Blumstein/Schwartz 1983; 1989; nicht bestätigt von Kirchler et al. 2000: 161). Wimbauer (2003) kommt zu dem Ergebnis, dass selbst bei etwa gleich hohen Einkünften der Partner und bei auf Gleichberechtigung ausgerichteten Paarbeziehungen aufgrund der Bedeutungszuschreibungen des Geldes Ungleichheiten zwischen den Partnern auftreten. Neben den Beziehungskonzepten und Leitbildern (Schneider et al. 2005: 213) sind die Ungleichheiten zwischen den Partnern insbesondere auch durch Geschlechtsrollenstereotypen begründet (Wimbauer 2003: 239ff.; Kuhlmann 1995: 395). Ferner wurde empirisch belegt, dass Frauen in der Bundesrepublik nur zu einem Viertel zum Haushaltseinkommen des

Paares beitragen und insbesondere in den alten Bundesländern bei Müttern mit kleinen Kindern dieser Anteil auf 19% sinkt. Dies weist auf eine hohe Stabilität des Leitbildes der bürgerlichen Familie mit dem Ehemann als Ernährer hin (Bundesinstitut für Bevölkerungsforschung 2013; Tölke/Wirth 2013: 374).

6 Methoden

Ziel der Arbeit ist es, zu untersuchen, ob die Annahme des Bundesverfassungsgerichts in seiner Entscheidung vom 03.11.1982 im Zusammenhang mit der Rechtmäßigkeit des Ehegattensplittings zutreffend ist, „dass zusammenlebende Ehegatten eine Gemeinschaft des Erwerbs und Verbrauchs bilden, in der ein Ehegatte an den Einkünften und Lasten des anderen zur Hälfte teilhat" (BStBl. II 1982, 717). Dabei geht es um die Frage, ob sich eine solche hälftige wirtschaftliche Teilhabe tatsächlich nachweisen lässt. Dabei ist auch zu klären, ob jeder Ehegatte einen gleichberechtigten Zugang zum Erwerbseinkommen und Vermögen des anderen Ehegatten hat und wie die Geldverwaltung in der Paarbeziehung geregelt ist. Wie bereits im theoretischen Teil zu den ehelichen Machtverhältnissen und den dazu vorliegenden empirischer Untersuchungen dargestellt wurde, bilden die sozio-ökonomischen Ressourcen und insbesondere das Erwerbseinkommen eine wesentliche Machtgrundlage. Es wird daher auch die Annahme geprüft werden, das Ehegattensplitting fördere das traditionelle Ernährermodell und hindere mit dieser Steuervergünstigung von Eheleuten insbesondere Frauen an der Aufnahme oder Ausweitung einer eigenen beruflichen Tätigkeit.

Anhand von konkreten Lebenssachverhalten wird zusammenhängend untersucht, ob sich diese Annahmen im Lebensalltag von Eheleuten betätigen lassen. Dazu werden Einkommensteuererklärungen und Einkommensteuerbescheide von verheirateten Paaren einschließlich ergänzender Sachverhaltsfragen analysiert.

Das Ehegattensplitting wurde 1958 eingeführt mit dem Ziel, die bürgerliche Familie und insbesondere die Hausfrauenehe zu stärken (Donath 1993: 408). Zur Prüfung der Annahme, dass Ehegattensplitting begünstige zusammenveranlagte Ehegatten wird zunächst berechnet, wie hoch die Einkommensteuerersparnis bei Anwendung des Splittingtarifs pro Steuerfall tatsächlich ist durch eine Vergleichsrechnung mit dem Grundtarif. Um die dahinter stehenden familiären Strukturen zu erkennen, wird anschließend untersucht, worauf der Splittingvorteil im Einzelnen zurückzuführen ist durch eine Differenzierung der Höhe nach und nach dem Geschlecht, dem Alter, Bildung und Beruf, zeitlichem Umfang der Berufstätigkeit, Verhältnis des Einkommens zum Gesamteinkommen jedes Ehegatten sowie der Kinderzahl. Damit soll die Annahme geprüft werden, der Splittingvorteil stehe in einem Zusammenhang mit der Anzahl der unterhaltsberechtigten Kinder und einer dadurch verminderten oder aufgegebenen Berufstätigkeit der Mutter. Die Untersuchung von Alter, Bildung und Beruf bzw. des zeitlichen Umfangs der Erwerbstätigkeit soll zudem der Annahme nachgehen, dass das traditionelle Familienmodell Abhängigkeiten zu diesen Komponenten zeigt und insbesondere bei jüngeren und gut ausgebildeten Ehefrauen eine zunehmende Erwerbstätigkeit zu verzeichnen ist.

Wie in Kapitel 2.3 ausgeführt, impliziert das Leitbild der bürgerlichen Familie mit dem Ehemann als Ernährer, dass der Ehemann als Allein- bzw. Hauptverdiener der Familie auch über höhere Einkünfte als seine Ehefrau verfügt. Zur Belegung der Annahme, dass die Ehemänner regelmäßig über höhere wirtschaftliche Ressourcen verfügen, werden die jeweiligen Einkünfte der Ehegatten sowie die dahinterstehenden Vermögen im Einzelnen untersucht. Dazu zählen die Einkünfte als Arbeitnehmer sowie die Wahl der Steuerklassen, da sie sich unmittelbar auf die Höhe des jeweiligen Nettoeinkommens auswirken, die Einkünfte aus selbständiger oder gewerblicher Tätigkeit sowie der Umfang des Betriebsvermögens, die Einkünfte aus Vermietung und Verpachtung sowie der Umfang des Immobilienvermögens, die Einkünfte aus Kapitalvermögen sowie der Umfang des Kapitalvermögens, Renten und sonstige steuerpflichtige Einkünfte sowie das Kindergeld und andere staatliche Leistungen.

Obwohl die bürgerliche Familie durch eine geschlechtsspezifische Arbeitsteilung in Erwerbs- und Hausarbeit gekennzeichnet ist, unterstellt das Bundesverfassungsgericht in seiner Entscheidung vom 03.11.1982, „dass zusammenlebende Ehegatten eine Gemeinschaft des Erwerbs und Verbrauchs bilden, in der ein Ehegatte an den Einkünften und Lasten des anderen zur Hälfte teilhat" (BStBl. II 1982, 717). Zur Prüfung dieser Annahme werden anschließend die Verfügungsmacht über die Ressourcen und die Verwendung des Familieneinkommens untersucht. Dazu wird analysiert, wie der (rechtliche) Zugriff auf das Familieneinkommen geregelt wird auf die Konten (Einzelkonten, gemeinsame Konten), Zugriff auf das Kindergeld (auf wessen Konto gezahlt), Zugriff auf das Kapital und Immobilienvermögen sowie auf die evtl. Steuererstattung aus der gemeinsamen Veranlagung der Eheleute (auf welches Konto). Danach wird untersucht, wie die tatsächliche Abwicklung der einzelnen Haushalte/der Lebensführung erfolgt, nämlich wer trägt welche Kosten, von welchem Konto sowie Regelungen für die Zuständigkeiten. Dabei geht es um die Kosten der laufenden Haushaltsführung, Kosten der Kinderbetreuung, Urlaube und größere Anschaffungen, Steuerzahlungen, Kosten der Altersvorsorge, Tilgung gemeinsamer oder eigener Schulden eines Ehegatten sowie die Verwendung einer evtl. Steuererstattung. Um die Annahme zu prüfen, die Wahl des Geldverwaltungsarrangements sei abhängig von dem Alter, dem Bildungsstand und der Höhe des Gesamteinkommens werden die Ergebnisse anschließend entsprechend weiter differenziert.

Sowohl in der Erhebungs- als auch in der Auswertungsphase wird mit einem Methodenmix gearbeitet, der im Folgenden skizziert wird.

In der Arbeit werden 47 selbst erhobene Einkommensteuerfälle von miteinander verheirateten Paaren aus einer Steuerberatungspraxis in einer norddeutschen Großstadt untersucht. Da weiteres Datenmaterial von verheirateten Steuerpflichtigen wegen der Spezialisierung der Praxis nicht zugänglich war und andere Steuerberatungspraxen unter Hinweis auf das Steuerberatungsgeheimnis ihre Unterstützung verweigert haben, können die Ergebnisse aufgrund der Fallzahlen nicht verallgemeinert werden, sondern allenfalls einen Trend aufzeigen. Zudem ist zu berücksichtigen, dass insbesondere verheiratete Paare mit niedrigen Einkünften als Arbeitnehmer häufig die Kosten eines Steuerberaters einsparen und die Steuererklärungen selbst anfertigen oder Unterstützung bei günstigeren Institutionen wie Lohnsteuerhilfevereinen suchen. Das Aktenmaterial bezieht sich daher auf Klientel, das entweder zusätzlich oder alternativ über andere als Arbeitnehmereinkünfte verfügt oder aus persönlichen oder wegen besonderer steuerrechtlicher Fragestellungen eine Steuerberatungspraxis aufgesucht hat. Basis für die Untersuchung ist der Veranlagungszeitraum 2008, da in diesem Jahr letztmalig für alle Steuerpflichtigen die steuerpflichtigen Einkünfte aus Kapitalvermögen erfasst wurden und damit einen Einblick in die vollständige Höhe dieser Einkünfte und das dahinter stehende Kapitalvermögen für jeden Ehegatten erlauben.

Das Datenmaterial gibt Auskünfte u.a. über das Geschlecht, den Personenstand als Verheiratete, das Alter und den Beruf, die Art und Höhe der Einkünfte, zur Lohnsteuerklasse, zum Alter und Anzahl der unterhaltsberechtigten Kinder, zum vorhandenen Vermögen, Art und Höhe der

Vorsorgeaufwendungen, die Höhe der Steuervorauszahlungen einschließlich Höhe der vom Arbeitslohn einbehaltenen Lohnsteuer, der festzusetzenden Einkommensteuer sowie die daraus resultierenden Steuererstattungen bzw. -nachzahlungen.

Soweit es aus dem vorliegenden Datenmaterial nicht ersichtlich war, erfolgten standardisierte Nachfragen bei den Steuerpflichtigen u.a. zu den Steuerzahlungen, dem vorhandenen weiteren Vermögen, vorhanden Schulden, zu gemeinsamen und getrennten Konten, zur Zahlung von Kindergeld, wer in einer Paarbeziehung welche Kosten trägt einschließlich der Kosten für die private Lebensführung, wer die Steuernachzahlung begleicht oder wie die Steuererstattung verwendet wird sowie wie größere Anschaffungen finanziert werden. Nachdem mehrere Befragte erhebliche Bedenken wegen der möglichen Nichtwahrung ihres Steuerberatungsgeheimnisses geäußert hatten, erfolgte die Befragung der weiteren Eheleute mittels narrativer Interviews. Bei der Frage nach der Kostentragung, soweit diese nicht durch Bankbelege gesichert waren, waren die Antworten teilweise mehrdeutig und zeigten auch, dass die Geldverwaltung teilweise variabel bzw. nach kurzfristigem Bedarf unterschiedlich gehandhabt wurde (s. Erhebungsbogen und Auswertung im Anhang).

Die Untersuchung beschränkt sich auf die der Einkommensteuer zugrundeliegende Fakten, auf formelle rechtliche Zugangsmöglichkeiten zum Einkommen und Vermögen des anderen Ehegatten sowie auf die Geldflüsse im Rahmen des laufenden Haushalts. Die Aushandlungsprozesse selbst werden im Rahmen der Geldverwaltung in der Paarbeziehung nicht untersucht.

Zu den steuerlich Daten, die aus jeder Akte erhoben werden zählen insbesondere:

- das Alter der Steuerpflichtigen,
- die Einkünfte aus den einzelnen Einkunftsarten,
- Wahl von Einzel- oder Zusammenveranlagung,
- Gesamtbetrag der Einkünfte,
- zu versteuerndes Einkommen,
- Höhe der Einkommensteuer und Solidaritätszuschlag,
- Kirchenzugehörigkeit und Höhe evtl. Kirchensteuer,
- Beiträge für die einzelnen Vorsorgeaufwendungen,
- Zahl und Alter der Kinder,
- Freibeträge,

- Steuerzahlungen (Einkommensteuer und Lohnsteuer),
- Steuerklassenwahl.

Aus den Ergebnissen der Arbeit werden u.a. durch Konfigurationsfrequenzanalysen Schlussfolgerungen gezogen, welche strukturellen Benachteiligungen durch das Ehegattensplitting gestärkt werden und wie das Einkommensteuerrecht an geänderte gesellschaftliche Realitäten angepasst werden könnte. Zur Beseitigung der Ungleichheiten beim Zugang zu den sozio-ökonomischen Ressourcen und der damit verbundenen Auswirkungen auf die ehelichen Machtverhältnisse sind zudem auch gesellschaftspolitische Folgen zu ziehen.

7 Empirische Ergebnisse

Zur Auswertung des empirischen Materials, bestehend aus den Daten der 47 Steuerakten von miteinander verheirateten Paaren sowie den Ergebnissen der ergänzenden standardisierten Nachfragen bzw. narrativen Interviews in einem Erhebungsbogen (Anlage 1), wurde ein Katalog mit 280 Einzelfragen entwickelt. Der Fragenkatalog ist als Anlage 2 beigefügt und fragt systematisch alle für diese Untersuchung relevanten Daten, wie z. B. die Höhe des Splittingvorteils, die Höhe der Einkünfte, das Alter und den Beruf der Eheleute, die Zahl der Kinder, die (rechtlichen) Zugriffsmöglichkeiten auf das Einkommen und das Vermögen oder die Kostentragung in der Familie ab.

7.1 Häufigkeitsauswertung

Das Datenmaterial der 47 Steuerfälle wurde anschließend an diesen Fragenkatalog angelegt. Mittels Auszählung der Ergebnisse wurde eine Häufigkeitsauswertung vorgenommen, deren Ergebnis in dem als Anlage 2 beigefügten Fragenkatalog ebenfalls enthalten ist. Im Rahmen dieser Auswertung sind die folgenden Häufigkeiten und Korrelationen auffällig:

7.1.1 Splittingvorteil durch Zusammenveranlagung

In 43 der 47 Fälle haben die Ehegatten im Falle der Zusammenveranlagung und Anwendung des Ehegattensplittings einen rechnerischen Vorteil zur getrennten Veranlagung.

Im Falle der Zusammenveranlagung haben neun Paare einen rechnerischen Steuervorteil zwischen € 1,-- und € 499; zehn Paare haben einen Steuervorteil zwischen € 3.001,-- und € 5.000,--.

Zwischen der Höhe des Steuervorteils durch das Ehegattensplitting und dem Umfang der Erwerbstätigkeit der Ehefrau ist ein Zusammenhang zu sehen. So beträgt der Steuervorteil bei voller Erwerbstätigkeit der Ehefrau nur in einem Fall mehr als € 5.001,--, bei teilweiser Erwerbstätigkeit in drei Fällen mehr als € 5.001,-- und in zwei Fällen mehr als € 7.501,--. Ist die Ehefrau nicht erwerbstätig oder Rentnerin (14 Fälle), ist der Steuervorteil am größten und beträgt in zwei Fällen mehr als € 5.001,--, in einem Fall mehr als € 7.501,-- und in zwei Fällen mehr als € 10.001,--.

7.1.2 Umfang der Berufstätigkeit

Ist der Ehemann kein Rentner (zehn Fälle), dann ist der Ehemann in 31 Fällen voll erwerbstätig, in fünf Fällen teilweise erwerbstätig und in einem Fall nicht erwerbstätig.

Demgegenüber ist die Ehefrau, wenn sie keine Rentnerin ist (sieben Fälle), in 17 Fällen voll erwerbstätig, in 16 Fällen teilweise erwerbstätig und in sieben Fällen nicht erwerbstätig.

Es ist auch eine Korrelation zwischen dem Alter der Ehefrau und ihrer Berufstätigkeit festzustellen. So sind die Ehefrauen im Alter zwischen 20 und 30 Jahren in zwei Fällen teilweise erwerbstätig. Im Alter zwischen 31 und 40 Jahren sind sie in acht Fällen teilweise erwerbstätig und in drei Fällen voll erwerbstätig; im Alter zwischen 41 und 50 Jahren sind sie in fünf Fällen voll erwerbstätig und in drei Fällen teilweise erwerbstätig. In allen drei Altersgruppen ist nur eine Frau nicht erwerbstätig. Im Alter zwischen 51 und 65 Jahren nimmt die Berufstätigkeit der Ehefrau weiter zu oder sie ist nicht erwerbstätig. So ist sie in neun Fällen voll erwerbstätig, in drei Fällen teilweise erwerbstätig und in vier Fällen nicht erwerbstätig.

Eine weitere Korrelation besteht zwischen dem Ausbildungsstand des Ehemannes und dem Umfang der Berufstätigkeit der Ehefrau. Mit einem Ehemann, der einen Ausbildungsberuf hat, sind die Ehefrauen in zehn Fällen teilweise und sechs Fällen voll berufstätig; in sieben Fällen ist die Ehefrau nicht berufstätig. Wenn der Ehemann eine akademische Ausbildung hat, steigt auch der Umfang der Berufstätigkeit der Ehefrau. Sie ist dann in elf Fällen voll und in sechs Fällen teilweise erwerbstätig.

Ein Zusammenhang ist auch zwischen dem Ausbildungsstand und dem Umfang der Berufstätigkeit der Ehefrau sichtbar. Hat die Ehefrau einen Ausbildungsberuf, so ist sie in 14 Fällen teilweise, in neun Fällen voll und in sieben Fällen nicht erwerbstätig. Demgegenüber sind die Ehefrauen mit einer akademischen Ausbildung alle erwerbstätig und zwar in acht Fällen Vollzeit und in zwei Fällen Teilzeit.

Auch zwischen dem Ausbildungsstand der Ehefrau und dem Umfang ihrer Berufstätigkeit mit Kindern unter 18 Jahren im Haushalt ist eine Verbindung erkennbar. So reduzieren Ehefrauen mit einem Ausbildungsberuf und mit Kindern unter 18 Jahren in elf Fällen ihre Erwerbstätigkeit und geben sie in zwei Fällen auf. Demgegenüber hat nur in einem Fall eine Ehefrau mit akademischer Ausbildung ihre Erwerbstätigkeit reduziert.

7.1.3 Einkommen

Auch bei der Höhe der Einkünfte besteht eine Korrelation zwischen dem Ausbildungsstand der Eheleute und der Höhe ihrer Einkünfte. So verdient der Ehemann mit einem Ausbildungsberuf in 26 Fällen mehr als seine Ehefrau. Der Ehemann mit einer akademischen Ausbildung verdient in zehn Fällen mehr als seine Ehefrau.

Eine Ehefrau mit einem Ausbildungsberuf verdient dagegen in 26 Fällen weniger als ihr Ehemann und in fünf Fällen mehr als ihr Ehemann. Die Ehefrau mit einer akademischen Ausbildung verdient in sechs Fällen mehr als ihr Ehemann.

Haben die Eheleute unterhaltspflichtige Kinder ist ebenfalls ein Zusammenhang zwischen dem Einkommen eines Ehepartners und dem Ausbildungsstand der Ehefrau festzustellen. So verdient der Ehemann in acht Fällen mehr als seine Ehefrau mit einem Ausbildungsberuf. Hat die Ehefrau eine akademische Ausbildung, so verdient der Ehemann nur in einem Fall mehr als seine Ehefrau. In drei Fällen hat die Ehefrau höhere Einkünfte als ihr Ehemann.

7.1.3.1 Einkünfte als Arbeitnehmer

Der Ehemann verdient als Arbeitnehmer (19 Fälle) insbesondere in vier Fällen zwischen € 30.001,-- und € 50.000,--, in vier Fällen zwischen € 50.001,-- und. € 60.000,-- und in sieben Fällen zwischen € 70.001,-- und € 150.000,--.

Die Ehefrau hat als Arbeitnehmerin (24 Fälle) insbesondere in sechs Fällen Einkünfte zwischen 1,-- und € 10.000,--, in sieben Fällen zwischen € 10.001,-- und € 20.000,--, in je drei Fällen zwischen € 40.001,-- und € 50.000,-- und zwischen € 50.001,-- und € 60.000,-- und in zwei Fällen zwischen € 60.001,-- und € 80.000,--.

Leben im Haushalt Kinder, besteht eine Korrelation zwischen der Höhe der Einkünfte der Ehefrau und ihrem Ausbildungsstand. Hat die Ehefrau einen Ausbildungsberuf verdient sie in neun Fällen zwischen € 1,-- bis € 20.000,--. Die Ehefrau mit akademischer Ausbildung verdient in drei Fällen zwischen € 40.001,-- und € 80.000,--.

Bei der Wahl der Steuerklassen ist auffällig, dass in sieben Fällen der Ehemann als Arbeitnehmer die Lohnsteuerklasse III und die Ehefrau die Lohnsteuerklasse V hat. In allen Fällen arbeitet die Ehefrau Teilzeit. Arbeitet die Ehefrau nicht als Arbeitnehmerin, liegt die Steuerklassenkombination III/V in zehn Fällen vor.

Ist nur die Ehefrau Arbeitnehmerin, so wird in fünf Fällen die Lohnsteuerklasse III für die Ehefrau und Lohnsteuerklasse V für den Ehemann gewählt, in vier Fällen haben beide Ehegatten die Lohnsteuerklasse IV und in zwei Fällen hat der Ehemann die Steuerklasse V und die Ehefrau Steuerklasse III.

7.1.3.2 Einkünfte aus Gewerbebetrieb/selbständiger Arbeit und Betriebsvermögen

Bei den Einkünften aus Gewerbebetrieb/selbständiger Arbeit ist ein Zusammenhang zwischen dem Geschlecht, dem Ausbildungsstand und der Höhe der Einkünfte zu erkennen. Hat der Ehemann einen Ausbildungsberuf, so beträgt sein Gewinn in sieben Fällen zwischen € 30.001,-- und € 60.000,-- und in zwei Fällen zwischen 150.001,-- und € 300.000,--. Ist der Ehemann Akademiker, betragen seine Gewinne zwischen € 60.001,-- und € 200.000,-- (drei Fälle).

Bei den selbständigen Ehefrauen beträgt der Gewinn in acht Fällen zwischen € 1,-- und € 15.000,-- (drei mit Ausbildungsberuf, fünf Akademikerinnen). Ist die Ehefrau mit einem Ausbildungsberuf selbständig, beträgt ihr Gewinn in vier Fällen zwischen € 15.001,-- und € 45.000,--. Hat die Ehefrau eine akademische Ausbildung, beträgt ihr Gewinn in zwei Fällen zwischen 30.001,-- und 60.000,--.

Bei dem Wert des geschätzten Betriebsvermögens (Substanzvermögen) ist eine Häufung bei den selbständigen Ehemännern mit einem Ausbildungsberuf zwischen € 100.001,-- und 250.000,-- festzustellen (fünf Fälle) sowie in zwei Fällen ein Wert zwischen € 2.500.001,-- und € 5.000.000,--. Hat der Ehemann eine akademische Ausbildung beträgt der Wert seines Betriebsvermögens maximal zwischen € 250.001,-- und € 500.000,-- (zwei Fälle).

Der Wert des Betriebsvermögens liegt bei den Ehefrauen schwerpunktmäßig zwischen € 50.001,-- und € 100.000,-- (fünf Fälle) und in je vier Fällen zwischen € 1,-- und € 20.000,-- sowie zwischen € 20.001,-- bis € 50.000,--.

7.1.3.3 Einkünfte aus Vermietung und Verpachtung und Anzahl der Objekte

Hat der Ehemann Einkünfte aus Vermietung und Verpachtung erzielt er in sechs Fällen daraus negative Einkünfte (Verluste). In sechs Fällen betragen die Einkünfte zwischen € 1.001,-- und € 5.000,-- und in 4 Fällen mehr als € 10.000,--.

Die Ehefrauen erzielen in vier Fällen negative Einkünfte (Verluste) aus Vermietung und Verpachtung und in drei Fällen zwischen € 1.001,-- und € 5.000,-- und nur in einem Fall mehr als € 10.000,--.

Der Ehemann ist in 14 Fällen alleiniger Eigentümer eines oder mehrerer Vermietungsobjekte und die Ehefrau in vier Fällen. In acht Fällen sind die Eheleute gemeinsame Eigentümer eines oder mehrerer Vermietungsobjektes.

7.1.3.4 Einkünfte aus Kapitalvermögen

Der Ehemann erzielt insbesondere in acht Fällen Einkünfte aus Kapitalvermögen zwischen € 1,-- und € 500,--, in sechs Fällen zwischen € 3.001,-- und € 5.000,-- und in fünf Fällen zwischen € 1.001,-- und € 3.000,--. Die Einkünfte der Ehefrau betragen insbesondere in je fünf Fällen zwischen € 1,-- und € 500,-- und zwischen € 1.001,-- und € 3.000,-- und in vier Fällen zwischen € 3.001,-- und € 5.000,--.

Das Kapitalvermögen des Ehemannes beträgt in acht Fällen schwerpunktmäßig zwischen € 100.001,-- und € 500.000,--, in fünf Fällen zwischen € 10.001,-- und € 20.000,-- und in je drei Fällen zwischen € 50.001,-- und € 100.000,-- und zwischen € 500.001,-- und € 1.000.000,--. Die Ehefrau verfügt schwerpunktmäßig in acht Fällen über Kapitalvermögen zwischen € 100.001,-- und € 500.000,-- und in je drei Fällen zwischen € 50.001,-- und € 100.000,--. und zwischen € 10.001,-- und € 20.000,--.

7.1.3.5 Renten und sonstige Einkünfte

Zwischen der Höhe der Einnahmen und dem Geschlecht ist eine Korrelation festzustellen. Die Renteneinkünfte des Ehemannes betragen insbesondere in sechs Fällen zwischen € 10.001,-- und € 20.000,-- und in vier Fällen zwischen € 20.001,-- und € 30.000,--. Die Renteneinkünfte der Ehefrau betragen in allen fünf Fällen zwischen € 1,-- und € 10.000,--.

7.1.3.6 *Kindergeld*

Die Eheleute erhalten in 22 Fällen Kindergeld. In neun Fällen wird durch den Ansatz des Kinderfreibetrages (€ 5.808,-- pro Kind) aufgrund der Höhe des Gesamteinkommens ein zusätzlicher Steuervorteil erzielt.

7.1.4 Rechtlicher Zugriff auf das Einkommen und Vermögen

Der Ehemann hat in 43 Fällen ein Bankkonto als alleiniger Kontoinhaber. Seine Ehefrau hat in elf Fällen dafür eine Kontovollmacht.

Die Ehefrau hat in 27 Fällen ein alleiniges Bankkonto. Ihr Ehemann hat dafür in neun Fällen Kontovollmacht.

Die Eheleute haben in vier Fällen ausschließlich gemeinsame Bankkonten (Oder-Konten).

Haben die Eheleute ein oder mehrere gemeinsame Bankkonten, hat der Ehemann in 12 Fällen zusätzlich noch ein alleiniges Konto und in elf Fällen haben beide Eheleute noch ein alleiniges Konto.

Hat der Ehemann Betriebsvermögen, ist seine Ehefrau in drei Fällen zu Verfügungen darüber berechtigt (Vollmacht, Prokura o.ä.) und hat in zwei Fällen Bankvollmacht für seine Geschäftskonten.

Nur in einem Fall ist der Ehemann berechtigt, über das Betriebsvermögen seiner Ehefrau zu verfügen.

Bei alleinigem Immobilienvermögen ist keiner der Ehegatten zu Verfügungen über das Vermögen des anderen Ehegatten bevollmächtigt.

7.1.5 Ort des Zuflusses der Einkünfte

7.1.5.1 *Einkünfte aus nichtselbständiger Arbeit*

Beim Zufluss der Einkünfte aus nichtselbständiger Arbeit ist ein Zusammenhang zwischen dem Ausbildungsstand und dem Eingang auf einem gemeinsamen Konto der Eheleute oder einem alleinigen Konto eines Ehegatten erkennbar. So fließen die Einkünfte als Arbeitnehmer bei einem Ehemann mit einem Ausbildungsberuf in sieben Fällen auf ein gemeinsames Konto der Ehegatten und in zwei Fällen auf ein alleiniges Konto des Ehemannes. Ist der Ehemann Akademiker, so fließen seine Einnahmen in neun Fällen auf sein alleiniges Konto und in einem Fall auf ein gemeinsames Konto.

Hat die Ehefrau einen Ausbildungsberuf, so gehen ihre Einkünfte in acht Fällen auf ein gemeinsames Konto und in zehn Fällen auf ein alleiniges Konto der Ehefrau. Bei einer Akademikerin fließen die Einkünfte in vier Fällen auf ihr alleiniges Konto und in zwei Fällen auf ein gemeinsames Konto.

7.1.5.2 Einkünfte aus Gewerbebetrieb/selbständiger Arbeit

Bei den Einkünften aus Gewerbebetrieb und aus selbständiger Arbeit besteht ebenfalls eine Korrelation zwischen dem Ausbildungsstand und dem Konto, auf dem die die Gewinnanteile bzw. Privatentnahmen eingehen. Bei einem Ehemann mit einem Ausbildungsberuf fließen diese Einnahmen in acht Fällen auf ein gemeinsames Konto der Eheleute und in sechs Fällen auf ein alleiniges Konto des Ehemannes. Hat der Ehemann eine akademische Ausbildung erfolgen die Zahlungen in vier Fällen ausschließlich auf ein alleiniges Konto des Ehemannes.

Die Einkünfte einer Ehefrau mit einem Ausbildungsberuf fließen in sechs Fällen auf ihr alleiniges Konto und nur in einem Fall auf ein gemeinsames Konto. Hat die Ehefrau eine akademische Ausbildung, erfolgen die Zahlungen in sechs Fällen auf ihr alleiniges Konto und nur in einem Fall auf ein gemeinsames Konto.

7.1.5.3 Einkünfte aus Vermietung und Verpachtung

Auch bei den Einkünften aus Vermietung und Verpachtung ist der Ort des Zuflusses der Miet-/Pachteinnahmen nach dem Ausbildungsstand der Eheleute unterschiedlich. Bei einem Ehemann mit einem Ausbildungsberuf fließen seine alleinigen Einnahmen daraus in sieben Fällen auf sein alleiniges Konto und in vier Fällen auf ein gemeinsames Konto der Eheleute. Bei einem Ehemann mit akademischer Ausbildung werden diese Einnahmen in allen drei Fällen auf sein alleiniges Konto gezahlt.

Hat die Ehefrau einen Ausbildungsberuf fließen ihre alleinigen Einnahmen in drei Fällen auf ein gemeinsames Konto und in einem Fall auf ihr alleiniges Konto. Für eine Ehefrau mit akademischer Ausbildung liegt kein Fall vor.

Haben die Eheleute gemeinsame Einkünfte aus Vermietung und Verpachtung gehen sämtliche Einkünfte unabhängig vom Bildungsstand der Eheleute in acht Fällen auf ein gemeinsames Konto.

7.1.5.4 Einkünfte aus Kapitalvermögen

Die Einkünfte aus Kapitalvermögen gehen überwiegend auf das alleinige Konto des Ehegatten, der über das Kapitalvermögen verfügt. Dies ist in elf Fällen bei einem Ehemann mit einem Ausbildungsberuf und in acht Fällen bei einem Ehemann mit akademischer Ausbildung der Fall. Bei einer Ehefrau mit einem Ausbildungsberuf fließen die Zinserträge in elf Fällen und bei einer Ehefrau mit einer akademischen Ausbildung in drei Fällen auf deren alleiniges Konto.

7.1.5.5 Einkünfte aus Renten und sonstige Einkünfte

Bei den Einkünften aus Renten und sonstigen Einkünften besteht eine Korrelation zwischen dem Ausbildungsstand und dem Zufluss. So gehen bei einem Ehemann mit einem Ausbildungsberuf seine Einkünfte in sechs Fällen auf sein alleiniges und in fünf Fällen auf ein gemeinsames Konto der Eheleute. Bei einer Ehefrau mit diesem Ausbildungsstand fließen die Einkünfte in zwei Fällen auf ein gemeinsames Konto und in zwei Fällen auf ihr alleiniges Konto.

Haben die Eheleute eine akademische Ausbildung, wird die Rente des Ehemannes in zwei Fällen auf sein alleiniges Konto und die Rente der Ehefrau in einem Fall auf ihr alleiniges Konto gezahlt.

7.1.5.6 Kindergeld

Das Kindergeld wird in 15 von 22 Fällen auf ein gemeinsames Konto der Eheleute gezahlt.

7.1.5.7 Einkommensteuererstattungen

Von den 25 Erstattungsfällen fließt die Einkommensteuererstattung in 15 Fällen auf ein gemeinsames Konto der Eheleute und in fünf Fällen auf ein Geschäftskonto des Ehemannes.

7.1.6 Verwendung des Familieneinkommens

7.1.6.1 Kosten der laufenden Haushaltsführung

Die Bezahlung der Kosten für die laufende Haushaltsführung steht in Korrelation zum Ausbildungsstand der Eheleute. Hat der Ehemann einen

Ausbildungsberuf, so werden unabhängig von seinem Alter in 21 Fällen die Kosten vom gemeinsamen Konto der Eheleute bezahlt. Hat die Ehefrau einen Ausbildungsberuf, so erfolgt die Zahlung in 18 Fällen vom gemeinsamen Konto.

Verfügt der Ehemann über eine akademische Ausbildung, werden die Kosten des laufenden Haushalts von unterschiedlichen Konten gezahlt u.a. in je vier Fällen vom alleinigen Konto des Ehemannes, vom alleinigen Konto der Ehefrau und von beiden Konten. Hat die Ehefrau eine akademische Ausbildung erfolgt die Kostentragung ebenfalls von unterschiedlichen Konten u.a. in je zwei Fällen vom alleinigen Konto des Ehemannes, vom alleinigen Konto der Ehefrau, von einem gemeinsamen Konto und von dem gemeinsamen und den beiden alleinigen Konten der Eheleute.

Wenn im Haushalt Kinder leben, werden die Kosten des laufenden Haushalts in gleicher Weise unterschiedlich je nach dem Ausbildungsstand getragen. Haben die Eheleute beide einen Ausbildungsberuf werden in acht Fällen die Kosten vom gemeinsamen Konto getragen. Eheleute mit einer akademischen Ausbildung zahlen die Kosten unterschiedlichen Konstellationen.

Ist der Ehemann mit einem Ausbildungsberuf Alleinverdiener, wird der laufende Haushalt in sieben Fällen vom gemeinsamen Konto finanziert und in drei Fällen vom alleinigen Konto des Ehemannes. Mit akademischer Ausbildung gibt es nur einen Fall, in dem die Ehefrau Alleinverdienerin ist und die Kosten der laufenden Haushaltsführung vom gemeinsamen Konto beglichen werden.

Auch wenn der Ehemann über ein höheres Einkommen als seine Ehefrau verfügt, ist eine Korrelation zwischen dem Ausbildungsstand und der Übernahme der Kosten für die laufende Haushaltsführung festzustellen. Hat der Ehemann einen Ausbildungsberuf, werden diese Kosten überwiegend vom gemeinsamen Konto (in 12 Fällen) oder vom alleinigen Konto des Ehemannes (drei Fälle) bezahlt. Ist der Ehemann Akademiker, werden diese Kosten in drei Fällen von seinem alleinigen Konto beglichen, in zwei Fällen von den beiden alleinigen Konten der Eheleute und im Übrigen in unterschiedlichen einzelnen Kontokombinationen.

Verfügt die Ehefrau über ein höheres Einkommen, werden die Kosten der laufenden Haushaltsführung überwiegend in drei Fällen von dem alleinigen Konto der Ehefrau und in je zwei Fällen vom gemeinsamen oder den beiden alleinigen Konten der Eheleute gezahlt.

7.1.6.2 Urlaube und größere Anschaffungen

Ist der Ehemann Alleinverdiener mit einem Ausbildungsberuf, werden die Kosten für Urlaube und größere Anschaffungen in sechs Fällen vom gemeinsamen und in vier Fällen von seinem alleinigen Konto beglichen. Es gibt keinen Fall, in dem die Ehefrau mit einem Ausbildungsberuf oder ein Ehemann mit einer akademischen Ausbildung Alleinverdiener ist. In dem einen Fall der Alleinverdienerin mit einer akademischen Ausbildung werden die Kosten für Urlaube und größere Anschaffungen vom gemeinsamen Konto bezahlt.

Verfügt der Ehemann mit einem Ausbildungsberuf über ein höheres Einkommen als seine Ehefrau, werden die Kosten für Urlaube und größere Anschaffungen in fünf Fällen vom alleinigen Konto des Ehemannes und in acht Fällen vom gemeinsamen Konto beglichen. Soweit der Ehemann mit einer akademischen Ausbildung über höhere Einkünfte verfügt, werden die Kosten für Urlaube und größere Anschaffungen in fünf Fällen von seinem alleinigen Konto gezahlt und in drei Fällen in einer unterschiedlichen Kontokombination.

Hat demgegenüber die Ehefrau mit einem Ausbildungsberuf höhere Einkünfte als ihr Ehemann, werden die Kosten für Urlaube und größere Anschaffungen in drei Fällen von ihrem alleinigen Konto bezahlt, in zwei Fällen von den beiden alleinigen Konten der Eheleute und in einem Fall vom gemeinsamen Konto.

Soweit die Eheleute über ein etwa gleich hohes Einkommen verfügen, werden die Kosten für Urlaube und größere Anschaffungen bei Eheleuten mit einem Ausbildungsberuf in einem Fall vom gemeinsamen Kono bezahlt, bei Eheleuten mit akademischer Ausbildung in einem Fall von den beiden alleinigen Konten.

7.1.6.3 Kosten der Kinderbetreuung

Die Kosten der Kinderbetreuung werden in den Fällen, in denen der Ehemann mit einem Ausbildungsberuf Alleinverdiener ist, in je einem Fall von seinem alleinigen und von dem gemeinsamen Konto gezahlt.

Verfügt der Ehemann mit einem Ausbildungsberuf über ein höheres Einkommen als seine Ehefrau, werden die Kinderbetreuungskosten in drei Fällen vom gemeinsamen Konto und in einem Fall vom alleinigen Konto des Ehemanns beglichen.

7.1.6.4 Private Altersvorsorge (Lebens-, Renten- und sonstige Vorsorgeversicherungen oder -verträge)

Bei den privaten Vorsorgeaufwendungen ist eine Korrelation zwischen dem Ausbildungsstand und der Erzielung eigener Einkünfte festzustellen. Ein Ehemann mit eigenen Einkünften und einem Ausbildungsberuf zahlt die Kosten für seine private Altersvorsorge in vier Fällen von seinem alleinigen Konto und in sechs Fällen vom gemeinsamen Konto. Ein Ehemann mit akademischer Ausbildung und eigenen Einkünften zahlt diese Kosten in sechs Fällen ausschließlich von seinem alleinigen Konto. In diesem Zusammenhang ist anzumerken, dass es sich bei dem alleinigen Konto hier in allen Fällen um ein Privat- oder ein Geschäftskonto des Ehegatten handeln kann.

Verfügt die Ehefrau mit einem Ausbildungsberuf über eigene Einkünfte, werden die Kosten für die private Altersvorsorge in vier Fällen von ihrem alleinigen Konto ausgeglichen, in drei Fällen vom gemeinsamen Konto und in einem Fall vom alleinigen Konto des Ehemannes. Hat die Ehefrau eine akademische Ausbildung, werden diese Kosten in allen sieben Fällen vom alleinigen Konto der Ehefrau bezahlt.

Sofern die Ehefrau keine eigenen Einkünfte hat, werden für sie in fünf Fällen keine Kosten für ihre private Altersvorsorge gezahlt und in zwei Fällen vom gemeinsamen Konto.

7.1.6.5 Verbindlichkeiten (Zins- und Tilgungsleistungen)

Bei den Verbindlichkeiten besteht eine Korrelation zwischen der Erzielung eigener Einkünfte der Ehegatten und welchem Ehegatten die Schulden zuzurechnen sind. Verfügt der Ehemann über eigene Einkünfte werden seine Schulden überwiegend in zehn Fällen vom alleinigen Konto des Ehemannes getilgt und in drei Fällen vom gemeinsamen Konto.

Erzielt die Ehefrau eigene Einkünfte, zahlt sie ihre Verbindlichkeiten in allen vier Fällen von ihrem alleinigen Konto.

Handelt es sich bei dem Ehemann um einen Alleinverdiener, werden gemeinsame Verbindlichkeiten der Eheleute in allen vier Fällen vom gemeinsamen Konto beglichen. Wenn beide Ehegatten Einkünfte haben, werden gemeinsame Schulden in drei Fällen vom gemeinsamen Konto und in zwei Fällen von den beiden alleinigen Konten der Ehegatten gezahlt.

7.1.6.6 *Einkommensteuerzahlungen (festgesetzte Steuervorauszahlungen und Steuernachzahlungen)*

Bei den Einkommensteuerzahlungen ist ein Zusammenhang zwischen der Höhe der Einkünfte eines Ehegatten im Verhältnis zum anderen Ehegatten und dem Konto des Zahlungsabflusses zu erkennen. Ist der Ehemann Alleinverdiener, erfolgen die Steuerzahlungen in drei Fällen vom alleinigen Privatkonto des Ehemannes, in zwei Fällen vom Geschäftskonto des Ehemannes und in einem Fall vom gemeinsamen Konto.

Verdient der Ehemann mehr als seine Ehefrau, werden die Steuerzahlungen in 12 Fällen vom Geschäftskonto des Ehemannes, in fünf Fällen vom alleinigen Privatkonto des Ehemannes und in drei Fällen vom gemeinsamen Konto geleistet sowie in einem Fall vom Geschäftskonto der Ehefrau.

Verfügt die Ehefrau über höhere Einkünfte als ihr Ehemann, werden die Steuerzahlungen in je drei Fällen vom Geschäftskonto der Ehefrau und von ihrem alleinigen Privatkonto gezahlt.

7.1.6.7 *Geplante Verwendung der Einkommensteuererstattung für 2008*

Bei den 25 Erstattungsfällen sind folgende Häufigkeiten zu erkennen: Im Falle der der selbständigen Tätigkeit des Ehemannes soll die Steuererstattung in vier Fällen auf dem Geschäftskonto des Ehemannes verbleiben. In fünf Fällen ist eine Verwendung der Erstattung für eine Investition im Haus oder der Wohnung der Eheleute und in sechs Fällen das Sparen des Erstattungsbetrages geplant. Die Finanzierung eines gemeinsamen Urlaubs ist in vier Fällen vorgesehen. In fünf Fällen ist mit der Steuererstattung eine Tilgung von Verbindlichkeiten geplant. Nur in einem Fall soll die Steuererstattung zur Hälfte geteilt und für eigene private Zwecke der Ehegatten verwendet werden.

7.2 Themenzentrierte Auswertung

7.2.1 Hypothesen

Gegenstand der themenzentrierten Auswertung ist die Zuordnung der 47 Fälle zu den vier Haupthypothesen der Arbeit, die dem Fragebogen zugrunde liegen. Sie orientieren sich an der Reihenfolge der darin enthaltenen Fragen.

Hypothese 1: Das Ehegattensplitting begünstigt das traditionelle Familienmodell.
Hypothese 2: Der Ehemann verfügt über höhere Einkünfte und ein höheres Vermögen als seine Ehefrau.
Hypothese 3: Der Ehemann hat einen größeren Zugriff auf die Ressourcen.
Hypothese 4: Der Ehemann hat bei der Geldverwendung eine stärkere Position.

Anhand der Häufigkeiten der Fälle soll festgestellt werden, ob sich diese Haupthypothesen bestätigen lassen.

7.2.2 Hypothese 1: Das Ehegattensplitting begünstigt das traditionelle Familienmodell

Wie in Kapitel 2.3 und 2.4 ausgeführt wurde, war die traditionelle, bürgerliche Familie bei Einführung des Ehegattensplittings das vorherrschende Familienmodell und das erklärte Ziel des Ehegattensplittings, durch den Splittingvorteil einen finanziellen Anreiz dafür zu schaffen, dass die Ehefrauen keiner Erwerbstätigkeit nachgingen. Die Hypothese geht davon aus, dass der Steuervorteil durch das Ehegattensplitting in den untersuchten Fällen auch heute noch höher ist, wenn die Ehefrau nicht oder nur Teilzeit beschäftigt ist und dadurch das traditionelle Familienmodell weiterhin finanziell begünstigt wird.

Das Ehegattensplitting führt in 43 Fällen zu einem Steuervorteil. Von den restlichen vier Fällen hat der Splittingvorteil in drei Fällen keine Auswirkung, da die Einkommensteuer aufgrund der niedrigen Einkünfte € 0,-- beträgt. Damit fördert die Zusammenveranlagung deutlich die Institution der Ehe.

Betrachtet man das klassische Familienmodell, in dem der Ehemann voll erwerbstätig ist und die Ehefrau nicht oder nur Teilzeit arbeitet, ist hier ein Steuervorteil in 22 Fällen festzustellen. In sieben Fällen davon arbeitet die Ehefrau nicht und in 15 Fällen Teilzeit. Werden die Fälle des Rentenbezugs von Frauen (sieben Fälle) einbezogen, führt dies in weiteren vier Fällen zu einem Steuervorteil. Der Steuervorteil ist in den Fällen betragsmäßig am größten, wenn die Ehefrau nicht arbeitet oder Rentnerin ist (in einem Fall mehr als € 7.501,-- und in zwei Fällen mehr als € 10.001,--). Arbeitet die Ehefrau Teilzeit, beträgt der Steuervorteil in drei Fällen mehr als € 5.001,-- und in zwei Fällen mehr als € 7.501,--. Der Umfang der Erwerbstätigkeit und die Höhe des Einkommens der Ehefrau wirken sich somit auf die Höhe des Steuervorteils direkt aus.

In den Fällen, in denen das klassische Familienmodell vorzufinden ist, ist auch festzustellen, dass, wenn der Ehemann einen Ausbildungsberuf hat, hier alle sieben Fälle zu finden sind, in denen die Ehefrau nicht berufstätig ist; in zehn Fällen ist sie teilweise berufstätig. Hat der Ehemann eine akademische Ausbildung, ist seine Ehefrau nur in sechs Fällen teilzeitbeschäftigt. Die nicht berufstätige Ehefrau hat in allen sieben Fällen wiederum ebenfalls einen Ausbildungsberuf. Die teilzeitbeschäftigten Ehefrauen haben in 14 Fällen einen Ausbildungsberuf und in zwei Fällen eine akademische Ausbildung.

Das klassische Familienmodell ist insbesondere auch festzustellen, wenn die Eheleute Kinder unter 18 Jahren im Haushalt haben. In diesen Fällen reduziert die Ehefrau mit einem Ausbildungsberuf in elf Fällen ihre Berufstätigkeit oder hat sie in zwei Fällen aufgegeben, während nur in einem Fall die Ehefrau mit akademischer Ausbildung den Umfang ihrer Berufstätigkeit reduziert hat. Das klassische Familienmodell findet sich danach schwerpunktmäßig in Familien, in denen die Eheleute einen Ausbildungsberuf haben.

In den 17 Fällen, in denen das klassische Familienmodell durch eine Vollzeittätigkeit der Ehefrau abgelöst wird, ist der Steuervorteil durch das Ehegattensplitting insgesamt am geringsten. Nur in einem Fall, in dem der Ehemann nicht berufstätig ist, beträgt der Steuervorteil mehr als € 5.001,--.

Zwischen der Vollzeitbeschäftigung der Ehefrau und dem Ausbildungsstand der Eheleute ist ebenfalls ein Zusammenhang zu erkennen. Hat der Ehemann einen Ausbildungsberuf, so ist seine Ehefrau in sechs Fällen vollzeitbeschäftigt; verfügt dieser über eine akademische Ausbildung in elf Fällen. Von den 30 Ehefrauen, die keine Rentnerinnen sind und einen Ausbildungsberuf haben, sind neun Frauen Vollzeit tätig; mit einer akademischen Ausbildung sind es acht von zehn Ehefrauen. Mit zunehmender beruflicher Qualifikation, insbesondere der Ehefrau, steigt somit auch der Umfang ihrer Erwerbstätigkeit. Gleichzeitig reduziert sich durch die Einkünfte der Ehefrau der Steuervorteil durch das Ehegattensplitting.

Zusammenfassend ist festzustellen, dass das Ehegattensplitting in den Fällen, in denen die Ehefrau nicht oder nur teilweise erwerbstätig ist, insgesamt zu höheren Steuervorteilen bei der Einkommensbesteuerung führt und damit die These bestätigt, dass es das klassische Familienmodell besonders begünstigt. Dabei werden Paare, die beide einen Ausbildungsberuf haben, häufiger begünstigt, da hier die Fälle anzutreffen sind, in denen die Ehefrau nicht arbeitet oder – öfter als eine Ehefrau mit akademischer Ausbildung – nur Teilzeit arbeitet. Das Ehegattensplitting fördert somit insbesondere das traditionelle Familienmodell von Paaren mit einer nichterwerbs- tätigen Ehefrau oder einer Ehefrau mit einem Ausbildungsberuf.

7.2.3 Hypothese 2: Der Ehemann verfügt über höhere Einkünfte und ein höheres Vermögen als seine Ehefrau

Das Leitbild der bürgerlichen Familie impliziert, wie in Kapitel 2.3 ausgeführt, dass der Ehemann als Allein- bzw. Hauptverdiener höhere Einkünfte als seine Ehefrau erzielt und damit verbunden auch über ein höheres Vermögen verfügt.

Bezogen auf die jährlichen Gesamteinkünfte verfügt der Ehemann in 36 Fällen über ein höheres Bruttoeinkommen als seine Ehefrau, Davon haben 26 Ehemänner einen Ausbildungsberuf und zehn Ehemänner sind Akademiker. In elf Fällen hat die Ehefrau höhere Einkünfte. Davon haben fünf Ehefrauen einen Ausbildungsberuf und sechs Frauen eine akademische Ausbildung.

Wenn im Haushalt unterhaltspflichtige Kinder leben, verdient der Ehemann in neun Fällen mehr als seine Ehefrau. Von diesen Frauen haben acht Frauen einen Ausbildungsberuf und eine Ehefrau ist Akademikerin. Die Ehefrau mit einer akademischen Ausbildung und Kindern verfügt dagegen in drei von vier Fällen über höhere Einkünfte als ihr Ehemann.

Im Einzelnen zeigen sich bei den unterschiedlichen Einkunftsarten die folgenden Ergebnisse:

7.2.3.1 Einkünfte aus nichtselbständiger Arbeit

Erzielt der Ehemann als Arbeitnehmer Einkünfte aus nichtselbständiger Arbeit so hat er in 17 von 19 Fällen ein insgesamt höheres Einkommen als seine Ehefrau. Der Ehemann hat dabei in zehn Fällen einen Ausbildungsberuf und in sieben Fällen eine akademische Ausbildung.

Wenn die Ehefrau als Arbeitnehmerin tätig ist, erzielt sie daraus in neun von 24 Fällen ein insgesamt höheres Einkommen als ihr Ehemann. Sie hat hier in vier Fällen einen Ausbildungsberuf und in fünf Fällen eine akademische Ausbildung. Bezieht der Ehemann Versorgungsbezüge aus nichtselbständiger Arbeit, so sind seine daraus bezogenen Einkünfte in einem Fall höher als die Einkünfte der Ehefrau. Es handelt sich dabei um einen Ehemann mit einem Ausbildungsberuf.

Bei den Einkünften aus nichtselbständiger Arbeit ist auffällig, dass der Ehemann nicht nur häufiger über höhere Bruttoeinnahmen daraus verfügt, sondern auch, dass die Einkünfte der Ehemänner als Arbeitnehmer in der Gesamtbetrachtung der Höhe nach deutlich über dem Verdienst der Ehefrauen als Arbeitnehmerinnen liegen. So beträgt das Bruttoeinkommen der Ehemänner (19 Fälle) schwerpunktmäßig in sieben Fällen zwischen € 40.001,-- und € 150.000,-- und in je vier Fällen zwischen € 30.001,-- und € 50.000,-- und zwischen € 50.001,-- und € 60.000,--. Bei den Ehefrauen (24 Fälle) liegt das Bruttoeinkommen schwerpunktmäßig in sieben Fällen zwischen € 10.001,-- und € 20.000,-- sowie in sechs Fällen zwischen € 1,-- und € 10.000,--. In je drei Fällen ist ein Einkommen zwischen € 40.001,-- und € 50.000,-- und zwischen € 50.001,-- und € 60.000,-- sowie in zwei Fällen zwischen € 60.001,-- und € 80.000,-- festzustellen.

Wenn im Haushalt Kinder leben, verdient die Ehefrau mit einem Ausbildungsberuf in neun Fällen zwischen € 1,-- und € 20.000,--. Demgegenüber beträgt das Bruttoeinkommen einer Ehefrau mit akademischer Ausbildung in dieser Konstellation in drei Fällen zwischen € 40.001,-- und € 80.000,--.

Arbeitet die Ehefrau Teilzeit als Arbeitnehmerin (sieben Fälle) oder ist sie nicht als Arbeitnehmerin erwerbstätig (zehn Fälle), haben die Eheleute für den Ehemann die Steuerklasse III und für die Ehefrau die Steuerklasse V gewählt mit der Folge, dass der in der Steuerklasse III enthaltene Splittingvorteil dem Ehemann direkt in Form eines niedrigeren Lohnsteuerabzugs und damit eines höheren Nettoeinkommens zugute kommt.

Sind beide Ehegatten Vollzeit als Arbeitnehmer tätig, haben sie in vier Fällen beide die Steuerklasse IV und damit gleiche Bedingungen für den Lohnsteuerabzug. Nur in einem Fall eines Akademikerpaares hat der Ehemann die Steuerklasse V und die Ehefrau die für den Lohnsteuerabzug günstigere Steuerklasse III. Erzielt demgegenüber nur die Ehefrau Einkünfte als Arbeitnehmerin, hat sie nur in zwei Fällen die für sie höhere Steuerbelastung durch die Steuerklasse V und ihr Ehemann die Steuerklasse III. In vier Fällen haben beide Ehegatten die Steuerklasse IV. In fünf Fällen hat die Ehefrau die für den Lohnsteuerabzug günstigere Steuerklasse III und ihr Ehemann die Steuerklasse V.

7.2.3.2 Einkünfte aus Gewerbebetrieb/selbständiger Arbeit

Bei den Einkünften aus Gewerbebetrieb/selbständiger Arbeit ist festzustellen, dass der Ehemann in 14 Fällen ein höheres Gesamteinkommen als seine Ehefrau erzielt. Der Ehemann hat in elf Fällen einen Ausbildungsberuf und in drei Fällen eine akademische Ausbildung. Drei Ehemänner haben zusätzliche Einkünfte als Arbeitnehmer (zwei Ehemänner mit Ausbildungsberuf und ein Akademiker). Demgegenüber haben nur drei Ehefrauen aus ihrem Gewerbebetrieb oder aus selbständiger Arbeit ein höheres Einkommen als ihr Ehemann. Eine Akademikerin verfügt über zusätzliche Einkünfte als Arbeitnehmerin.

Auch bei den Einkünften aus Gewerbebetrieb/selbständiger Arbeit ist festzustellen, dass die Gewinne der Ehemänner regelmäßig höher sind als die der selbständigen Ehefrauen. So beträgt der Gewinn des Ehemannes mit einem Ausbildungsberuf in sieben Fällen zwischen € 30.001,-- und € 60.000,-- und in zwei Fällen zwischen € 150.001,-- und € 300.000,--. Ist der Ehemann mit einer akademischen Ausbildung selbständig tätig, so sind in drei Fällen Gewinne zwischen € 60.001,-- und € 200.000,-- zu verzeichnen.

Demgegenüber beträgt der Gewinn bei den selbständigen Frauen insgesamt in acht Fällen zwischen € 1,-- und € 15.000,--, wobei drei Frauen einen Ausbildungsberuf und fünf Frauen eine akademische Ausbildung haben. Hat die Ehefrau einen Ausbildungsberuf, beträgt ihr Gewinn in vier weiteren Fällen zwischen € 15.001,-- und € 45.000,--. Ehefrauen mit akademischer Ausbildung verfügen in zwei Fällen über einen Gewinn zwischen € 30.001,-- und € 60.000,--.

In drei Fällen leben Kinder im Haushalt der selbständig tätigen Ehefrau. Die Ehefrau (je eine Ehefrau mit Ausbildungsberuf und eine Akademikerin) haben in diesen zwei Fällen einen Gewinn zwischen € 1,-- und € 15.000,--. Eine weitere Akademikerin verfügt über einen Gewinn zwischen € 45.000,-- und € 60.000,--.

7.2.3.3 Einkünfte aus Vermietung und Verpachtung

Der Ehemann erzielt bei den Einkünften aus Vermietung und Verpachtung im direkten Vergleich mit seiner Ehefrau in zehn Fällen höhere Einkünfte als seine Ehefrau. Der Ehemann hat in neun Fällen einen Ausbildungsberuf und ist in einem Fall Akademiker. In keinem Fall erzielt die Ehefrau höhere Einkünfte als ihr Ehemann. In vier Fällen sind die Einkünfte der Ehegatten bei der Vermietung ausschließlich gemeinsamer Immobilien gleich hoch.

In sechs Fällen erzielt der Ehemann und in vier Fällen hat die Ehefrau negative Einkünfte (Verluste), die regelmäßig aus Abschreibungen und größeren Erhaltungsaufwendungen für die Immobilien resultieren. Wenn die Ehegatten positive Einkünfte aus Vermietung und Verpachtung haben, ist auch in dieser Einkunftsart festzustellen, dass der Ehemann häufiger über höhere Einkünfte daraus verfügt. So hat der Ehemann in sechs Fällen Einkünfte zwischen € 1.001,-- und € 5.000,-- und in vier Fällen mehr als € 10.000,--. Drei Ehefrauen erzielen dagegen Einkünfte zwischen € 1.001,-- und € 5.000,-- und nur eine Ehefrau mehr als € 10.000,--.

7.2.3.4 Einkünfte aus Kapitalvermögen

Der Ehemann verfügt im direkten Vergleich mit seiner Ehefrau in 16 Fällen über höhere Einkünfte aus Kapitalvermögen. Er hat in zehn Fällen einen Ausbildungsberuf und in sechs Fällen eine akademische Ausbildung. Die Ehefrau wiederum verfügt in sieben Fällen über höhere Einkünfte aus Kapitalvermögen. Dabei handelt es sich um fünf Frauen mit einem Ausbildungsberuf und zwei Akademikerinnen. In vier Fällen sind diese Einkünfte bei den Ehegatten etwa gleich hoch.

Von den 23 Fällen, in denen der Ehemann Kapitaleinkünfte hat, betragen diese in 14 Fällen zwischen € 1,-- und € 3.000,--, in sechs Fällen zwischen € 3.001,-- und € 5.000,--, in zwei Fällen zwischen € 10.001,-- und € 20.000,-- und in einem Fall zwischen € 50.001,-- und € 100.000,--. Demgegenüber haben die Ehefrauen in 17 Fällen Einkünfte aus Kapitalvermögen und zwar in 13 Fällen zwischen € 1,-- und € 3.000,-- und in vier Fällen zwischen € 3.001,-- und € 5.000,--. Insgesamt betrachtet, sind auch die Einkünfte des Ehemannes aus Kapitalvermögen höher als die der Ehefrauen.

7.2.3.5 Einkünfte aus Renten und sonstigen Einkünften

Bei den Einkünften aus Renten und sonstigen steuerpflichtigen Einkünften, insbesondere aus staatlichen und privaten Renten, hat der Ehemann in elf Fällen höhere Einkünfte als seine Ehefrau.

Auch bei dieser Einkunftsart ist festzustellen, dass der Ehemann der Höhe nach durchschnittlich über höhere Einkünfte verfügt. So hat der Ehemann in zwei Fällen Einkünfte zwischen € 1,-- und € 10.000,--, in sechs Fällen zwischen € 10.001,-- und € 20.000,--, in vier Fällen zwischen € 20.001,-- und € 30.000,-- und in einem Fall zwischen € 30.001,-- und € 40.000,--. Die Ehefrau als Rentnerin erzielt in allen fünf Fällen Einkünfte zwischen € 1,-- und € 10.000,--.

Als Zwischenergebnis ist festzuhalten, dass in allen Einkunftsarten die Ehemänner überwiegend über höhere Einkünfte als ihre Ehefrauen verfügen. Innerhalb der einzelnen Einkunftsarten ist zudem zu erkennen, dass die Einkünfte der Ehemänner auch der Höhe nach über denen der Ehefrauen liegen, d.h. dass ihre Tätigkeit als Arbeitnehmer z. B. besser bezahlt wird oder ihre Gewinne aus Gewerbebetrieb oder selbständiger Arbeit teilweise deutlich höher sind.

Auch hinsichtlich des Vermögens der Ehegatten ist festzustellen, dass die Ehemänner im Ergebnis insgesamt über eine größere Vermögenssubstanz verfügen. Bezogen auf die verschiedenen Einkunftsarten zeigen sich die folgenden Ergebnisse über das dahinter stehende Vermögen:

7.2.3.6 Betriebsvermögen

In 12 Fällen hat der gewerblich oder selbständig tätige Ehemann ein deutlich höheres (geschätztes) Betriebsvermögen (Substanzvermögen). Der Ehemann hat in je zwei Fällen ein geschätztes Betriebsvermögen zwischen € 0,-- und € 20.000,-- und zwischen € 20.001,-- und € 50.000,--. In zwei Fällen beträgt das Betriebsvermögen zwischen € 50.001,-- und € 100.000,-- sowie in fünf Fällen zwischen € 100.001,-- und € 250.000,--. In vier Fällen verfügt der Ehemann über ein Betriebsvermögen zwischen € 250.001,-- und € 500.000,--, in einem Fall über ein Betriebsvermögen zwischen € 500.001,-- und € 1.000.000,-- sowie in zwei Fällen über ein Betriebsvermögen zwischen € 2.500.001,-- und € 5.000.000,--.

Demgegenüber haben die gewerblich oder selbständig tätigen Ehefrauen in vier Fällen ein geschätztes Betriebsvermögen zwischen € 1,-- und € 20.000,-- und in vier Fällen ein Betriebsvermögen zwischen € 20.001,-- und € 50.000,--. In fünf Fällen beträgt das Betriebsvermögen zwischen € 50.001,-- und € 100.000,-- und nur in einem Fall zwischen € 250.001,-- und € 500.000,--. In drei Fällen leben davon im Haushalt Kinder. In diesen Fällen hat eine Ehefrau mit einem Ausbildungsberuf ein Betriebsvermögen zwischen € 1,-- und € 20.000,--. Je eine Ehefrau mit akademischer Ausbildung hat ein Betriebsvermögen zwischen € 20.001,-- und € 50.000,-- und ein Betriebsvermögen zwischen € 50.001,-- und € 100.000,--.

7.2.3.7 Vermietete Immobilien

Der Ehemann ist in zehn Fällen häufiger Alleineigentümer eines oder mehrerer Vermietungsobjekte. In sieben Fällen ist er Eigentümer eines Vermietungsobjektes und in drei Fällen von drei bis fünf Immobilien. In je zwei Fällen hat er zwei Vermietungsobjekte und mehr als fünf Immobilien.

Bei den Ehefrauen hat nur eine Ehefrau ein alleiniges Vermietungsobjekt. In drei Fällen ist sie Eigentümerin von drei bis fünf Objekten.

Demgegenüber sind die Eheleute in acht Fällen je zur Hälfte Miteigentümer eines gemeinsamen Vermietungsobjektes. In je einem Fall sind sie gemeinsame Eigentümer von zwei vermieteten Immobilien und von mehr als fünf vermieteten Immobilien.

7.2.3.8 Kapitalvermögen

Die Ehemänner verfügen in sechs Fällen häufiger über Kapitalvermögen als die Ehefrauen. Ihr Kapitalvermögen beträgt in drei Fällen zwischen € 1,-- und € 5.000,--, in fünf Fällen zwischen € 10.001,-- und € 20.000,--, in drei Fällen zwischen € 50.001,-- und € 100.000,--, in acht Fällen zwischen € 100.001,-- und € 500.000,--, in drei Fällen zwischen € 500.001,-- und € 1.000.000,-- und in einem Fall mehr als € 2.000.000,--.

Demgegenüber hat in je einem Fall die Ehefrau ein Kapitalvermögen zwischen € 1,-- und € 5.000,--, zwischen € 5.001,-- und € 10.000,-- sowie zwischen € 20.001,-- und € 50.000,--. In je drei Fällen beträgt ihr Kapitalvermögen zwischen € 10.001,-- und € 20.000,-- und zwischen € 50.001,-- und € 100.000,-- sowie in acht Fällen zwischen € 100.001,-- und € 500.000,--.

Von allen Fällen haben nur in einem Fall die Eheleute ein ausschließlich gemeinsames Kapitalvermögen zwischen € 50.001,-- und € 100.000,--.

Bei der Höhe des Kapitalvermögens ist auffällig, dass die Ehefrauen, sofern sie Kapitalvermögen besitzen, in elf von 17 Fällen über ein Kapital zwischen € 50.001,-- und € 500.000,-- verfügen und damit ebenso häufig wie die Ehemänner. Gleichwohl stehen in vier Fällen die noch höheren Kapitalvermögen ausschließlich Ehemännern zur Verfügung.

Zusammenfassend ist festzustellen, dass der Ehemann überwiegend über höhere Einkünfte und ein höheres Vermögen als seine Ehefrau verfügt und die Hypothese 2 insoweit bestätigt wird. Bei einzelnen Einkunftsarten, nämlich den Einkünften aus nichtselbständiger Arbeit, aus Gewerbebetrieb/selbständiger Arbeit und bei den Einkünften aus Kapitalvermögen, hat jedoch auch die Ehefrau teilweise höhere Einkünfte als ihr Ehemann und insoweit ein entsprechend höheres Betriebs- bzw. Kapitalvermögen. Insbesondere bei berufstätigen Ehefrauen ist deshalb zu differenzieren und wird die Hypothese nur eingeschränkt bestätigt.

7.2.4 Hypothese 3: Der Ehemann hat einen größeren Zugriff auf die Ressourcen

Die sozio-ökonomischen Ressourcen und insbesondere das laufende Haushaltseinkommen stellen, wie in Kapitel 4 und 5 dargestellt, eine wesentliche Grundlage für die ehelichen Machtverhältnisse dar. So ist mit dem größeren Zugang zu den sozio-ökonomischen Ressourcen häufig auch eine höhere Entscheidungsmacht des Partners verbunden (Pahl 1988, 1989; Blumstein/Schwartz 1983). Da die geschlechtsspezifische Arbeitsteilung dem Ehemann den Zugang zu diesen Ressourcen erleichtert (Stalb 2000: 115), hat er auch häufiger einen unmittelbaren Zugriff darauf (Spangenberg 2005: 28).

In der Hypothese geht es um die Frage, welcher Ehegatte einen direkten (rechtlichen) Zugang zu den einzelnen Ressourcen bestehend aus dem Einkommen und dem Vermögen des einzelnen Ehegatten hat, d.h. über diese verfügen kann und die Annahme, dass der Ehemann hier wegen seiner meistens regelmäßigen Vollzeiteinkünfte einen größeren unmittelbaren Zugang hat. Zivilrechtlich verfügungsberechtigt ist z. B. der Eigentümer oder Miteigentümer eines Bankkontos oder eines Vermögensgegenstandes oder derjenige, der mit einer entsprechenden Vollmacht zu Verfügungen darüber ausgestattet ist. Dazu ist anzumerken, dass im Rahmen dieser Arbeit nicht festgestellt werden kann, ob es sich bei den Bankvollmachten für den anderen Ehegatten um reine Vollmachten für den Fall der Not bzw. der Verhinderung des Kontoinhabers handelt oder damit beabsichtigt ist, dass der andere Ehegatte im Rahmen der Geldverwaltung des Paares laufend auf das Konto seines Ehepartners zugreifen soll oder darf. Insoweit wird mit der Vollmacht allein die rechtliche Möglichkeit des Zugriffs durch den anderen Ehepartner erfasst.

7.2.4.1 Zugriff auf Bankkonten/Kapitalvermögen

In 43 Ehen ist der Ehemann alleiniger Inhaber eines Bankkontos, von denen in elf Fällen die Ehefrau eine Bankvollmacht besitzt. Der Ehemann hat somit in 32 Fällen allein Zugriff auf sein Bankkonto.

In 27 Ehen hat die Ehefrau ein alleiniges Bankkonto, für das der Ehemann in neun Fällen eine Kontovollmacht hat. In 18 Fällen hat damit die Ehefrau ein alleiniges Verfügungsrecht über ihr Bankkonto.

In vier Fällen haben die Eheleute ausschließlich gemeinsame Bankkonten, über die jeder Ehegatte ohne Zustimmung des anderen allein verfügen kann (Oder-Konten).

Zudem gibt es Mischfälle, in denen die Ehegatten ein oder mehrere gemeinsame Bankkonten haben und der Ehemann in 12 Fällen zusätzlich ein alleiniges Konto hat und elf Fälle, in denen beide Eheleute noch über ein alleiniges Konto verfügen. Die Einzelkonten sind bereits in den vorstehenden Ausführungen dazu miterfasst.

Bezogen auf die Bankkonten ist festzustellen, dass insgesamt mehr Ehemänner (32 Fälle) ein alleiniges Zugriffrecht auf ihre alleinigen Bankkonten haben; dies gilt für Ehefrauen nur in 18 Fällen.

Mit der Verfügungsmacht über die jeweiligen Konten ist auch der Zugriff der Ehegatten auf das jeweils auf den Konten befindliche Kapitalvermögen und die auf diesen Konten eingehenden, laufenden Einkünfte verbunden.

7.2.4.2 Ort des Zuflusses der laufenden Einkünfte

Da die Zugriffsmöglichkeit der Eheleute auf die laufenden Einkünfte davon abhängig ist, ob diese auf einem gemeinsamen Konto oder dem alleinigen

Konto eines Ehegatten eingehen und ob Bankvollmachten für den anderen Ehepartner für das alleinige Konto vorliegen, wird der Ort des Zuflusses der Einkünfte weiter nach den verschiedenen Einkunftsarten differenziert. Soweit dem anderen Ehegatten für das alleinige Konto des Geldzuganges eine Kontovollmacht eingeräumt ist, wird darauf gesondert hingewiesen.

Bei den Einkünften aus nichtselbständiger Arbeit fließen die Einkünfte des Ehemannes in elf Ehen auf ein alleiniges Konto des Ehemannes, für das die Ehefrau in drei Fällen Kontovollmacht hat, sowie in acht Ehen auf ein gemeinsames Konto. Unterschieden nach dem Ausbildungsstand des Ehemannes gehen seine Einkünfte bei einem Ausbildungsberuf in sieben Fällen auf ein gemeinsames Konto und in zwei Fällen auf sein alleiniges Konto. Hat der Ehemann eine akademische Ausbildung, so fließt sein Einkommen nur in einem Fall auf ein gemeinsames Konto und in neun Fällen auf sein alleiniges Konto, für das die Ehefrau in drei Fällen bevollmächtigt ist.

Bei den Ehefrauen erfolgt die Gehaltszahlung in 14 Fällen auf ein alleiniges Konto der Ehefrau, für das dem Ehemann in vier Fällen Bankvollmacht besitzt, und in zehn Fällen auf ein gemeinsames Konto der Eheleute. Bezogen auf den Bildungsstand fließen die Einkünfte der Ehefrau mit einem Ausbildungsberuf in zehn Ehen auf ihr alleiniges Konto, für das der Ehemann in drei Fällen Bankvollmacht hat, sowie in acht Ehen auf ein gemeinsames Konto. Das Gehalt einer Akademikerin wird in vier Ehen auf ihr alleiniges Konto gezahlt, wobei nur ein Konto mit einer Vollmacht zugunsten des Ehemannes ausgestattet ist, sowie in zwei Ehen auf ein gemeinsames Konto.

Die Versorgungsbezüge als ehemaliger Arbeitnehmer/Beamter gehen für den Ehemann in zwei Fällen auf das gemeinsame Konto und in einem Fall auf sein alleiniges Konto. Die Versorgungsbezüge der Ehefrau werden in einem Fall auf deren alleiniges Konto, für das der Ehemann bevollmächtigt ist, ausgezahlt.

Die Einkünfte aus nichtselbständiger Arbeit fließen somit bei beiden Ehegatten überwiegend auf deren alleiniges Konto. In zehn Fällen hat der Ehemann keinen Zugriff auf diese Einkünfte und in acht Fällen ist die Ehefrau davon ausgeschlossen. Hat der Ehemann einen Ausbildungsberuf, gehen seine Arbeitnehmereinkünfte jedoch mehrheitlich auf ein gemeinsames Konto der Eheleute; hat die Ehefrau einen Ausbildungsberuf geht ihr Gehalt in acht von 18 Fällen ebenfalls auf ein gemeinsames Konto.

Die Einkünfte eines Ehemannes aus Gewerbebetrieb/selbständiger Arbeit (Gewinnanteile bzw. Privatentnahmen) fließen in zehn Fällen auf ein alleiniges Konto des Ehemannes, für das in drei Fällen eine Bankvollmacht für die Ehefrau vorliegt, und in acht Fällen auf ein gemeinsames Konto. In allen Fällen des Zugangs auf einem gemeinsamen Konto der Eheleute hat der Ehemann einen Ausbildungsberuf.

Demgegenüber gehen diese Einkünfte bei den Ehefrauen in 12 Fällen auf deren alleiniges Konto, für das der Ehemann in drei Fällen bevollmächtigt ist, und nur in zwei Fällen auf ein gemeinsames Konto. Sofern der Zufluss auf dem gemeinsamen Konto erfolgt, hat die Ehefrau in je einem Fall einen Ausbildungsberuf und eine akademische Ausbildung.

Bei den Einkünften aus Gewerbebetrieb/selbständiger Arbeit haben somit die Ehefrauen insgesamt einen größeren, alleinigen Zugriff auf ihre Einkünfte, während bei den Ehemännern mit einem Ausbildungsberuf der Zufluss auf dem gemeinsamen Konto der Eheleute dominiert.

Die alleinigen Einkünfte aus Vermietung und Verpachtung eines Ehemannes fließen in zehn Fällen auf sein alleiniges Konto und in vier Fällen auf ein gemeinsames Konto. Bei den Eingängen der Einkünfte auf dem gemeinsamen Konto hat der Ehemann wiederum in allen Fällen einen Ausbildungsberuf.

In vier Fällen hat eine Ehefrau mit einem Ausbildungsberuf alleinige Einkünfte aus Vermietung, die in einem Fall auf ihrem alleinigen Konto und drei Fällen auf dem gemeinsamen Konto der Eheleute eingehen.

In allen acht Fällen, in denen die Eheleute aus gemeinsamen Objekten Einkünfte aus Vermietung und Verpachtung erzielen, fließen diese auch auf ein gemeinsames Konto.

Bei den alleinigen Einkünften des Ehemannes aus Vermietung und Verpachtung ist ein größerer Zufluss auf dem alleinigen Konto des Ehemannes festzustellen, wobei auch hier bei Ehemännern mit einem Ausbildungsberuf die Teilhabe der Ehefrau über ein gemeinsames Konto sichtbar wird. Die Einkünfte der Ehefrauen gehen mehrheitlich auf ein gemeinsames Konto. Bei der Erzielung von Einkünften aus gemeinsamen Immobilien der Eheleute erfolgt in allen Fällen der Zugang der Einnahmen auf einem gemeinsamen Konto.

Die Einkünfte des Ehemannes aus Kapitalvermögen gehen in 19 Ehen auf sein alleiniges Konto, das in drei Fällen mit einer Kontovollmacht zugunsten der Ehefrau ausgestattet ist, sowie in vier Ehen auf ein gemeinsames Konto der Eheleute. Bei den Ehefrauen werden diese Einkünfte in 14 Fällen auf deren alleiniges Konto gezahlt, für das in vier Fällen der Ehemann bevollmächtigt ist, und in drei Fällen auf ein gemeinsames Konto der Eheleute.

Im Ergebnis verfügt der Ehemann häufiger über Einkünfte aus Kapitalvermögen. Es ist auch festzustellen, dass die Einkünfte aus Kapitalvermögen zumeist auf dem alleinigen Konto des Ehegatten ankommen, der sie auch erzielt hat. Unter Berücksichtigung der vorliegenden Bankvollmachten hat in 16 Ehen der Ehemann den alleinigen Zugriff auf seine Kapitaleinkünfte sowie die Ehefrau in 10 Ehen auf ihre alleinigen Kapitaleinkünfte.

Die Einkünfte aus Renten des Ehemannes fließen in acht Fällen auf sein alleiniges Konto, für das in zwei Fällen eine Bankvollmacht für die Ehefrau vorliegt, und in fünf Fällen auf ein gemeinsames Konto der Eheleute. Wird die Rente auf ein gemeinsames Konto gezahlt, handelt es sich in allen Fällen um einen Ehemann mit einem Ausbildungsberuf. Die Renten der Ehefrauen gehen in drei Fällen auf ein alleiniges Konto der Ehefrau, für das der Ehemann in zwei Fällen bevollmächtigt ist, sowie in zwei Fällen auf ein gemeinsames Konto. Davon gehen in dem Fall, in dem die Ehefrau eine akademische Ausbildung hat, die Einkünfte auf ihr alleiniges Konto.

Der Zugang der Renteneinkünfte des Ehemannes erfolgt somit knapp mehrheitlich über sein alleiniges Konto, wobei festzustellen ist, dass bei den Ehemännern mit einem Ausbildungsberuf die Hälfte der Zahlungen auf ein gemeinsames Konto der Eheleute erfolgt. Bei den Ehefrauen mit einem Ausbildungsberuf geht die Rente in zwei von vier Fällen auf ein gemeinsames Konto. Nach Berücksichtigung der erteilten Bankvollmachten verfügen sechs Ehemänner und eine Ehefrau allein über ihre Renteneinkünfte.

Das Kindergeld wird in 15 Ehen auf ein gemeinsames Konto der Eheleute gezahlt, in sechs Ehen auf ein alleiniges Konto des Ehemannes, für das in drei Fällen eine Bankvollmacht für die Ehefrau vorliegt, sowie in einer Ehe auf ein alleiniges Konto der Ehefrau. Es unterliegt somit überwiegend dem gemeinsamen Zugriff beider Eheleute. In den restlichen drei von vier Fällen hat der Ehemann den größeren Zugriff auf das Kindergeld über sein alleiniges Konto.

Die Einkommensteuererstattungen gehen in fünf Fällen auf ein Geschäftskonto des Ehemannes und in einem Fall auf ein Geschäftskonto der Ehefrau und sind insoweit dem Zugriff des anderen Ehegatten entzogen. In 19 Fällen gehen die Einkommensteuererstattungen auf Privatkonten der Eheleute und zwar in 15 Fällen auf ein gemeinsames Konto der Eheleute, in zwei Fällen auf ein alleiniges Konto des Ehemannes und in zwei Fällen auf ein alleiniges Konto der Ehefrau, für das ein Ehemann bevollmächtigt ist. Bei der Zahlung auf die Privatkonten ist somit ein etwa gleicher Zugang beider Eheleute festzustellen.

7.2.4.3 Zugriff auf sonstiges Vermögen

Der Ehemann besitzt in 18 Fällen Betriebsvermögen. Seine Ehefrau ist in drei Fällen zu Verfügungen berechtigt (Vollmacht, Prokura o.ä.) und hat in zwei Fällen Vollmacht für seine Geschäftskonten. Der Ehemann hat somit in 13 Fällen einen alleinigen Zugriff auf sein Betriebsvermögen.

Die Ehefrau hat in 14 Fällen Betriebsvermögen. Ein Ehemann ist bevollmächtigt, über das Betriebsvermögen Verfügungen zu treffen, so dass die Ehefrau in 13 Fällen den alleinigen Zugriff auf ihr Betriebsvermögen hat.

Der Ehemann ist in 14 Fällen Alleineigentümer von einer oder mehreren Vermietungsimmobilien. Die Ehefrau ist in vier Fällen Alleineigentümerin von einer oder mehreren Vermietungsimmobilien. In keinem Fall ist der andere Ehegatte durch Vollmacht o.ä. zu Verfügungen über die Immobilien seines Ehegatten berechtigt.

Auch wenn der Ehemann häufiger Eigentümer von Betriebsvermögen oder Vermietungsimmobilien ist und daher zahlenmäßig einen größeren Zugang zu diesen Vermögensarten hat, ist festzustellen, dass Ehefrauen, die über Betriebsvermögen oder Immobilien verfügen, sich in der Regel ebenfalls den alleinigen Zugang zu diesem Vermögen sichern.

Zusammenfassend lässt sich somit die Hypothese, dass der Ehemann über einen größeren Zugang zu den Ressourcen verfügt, nur bedingt bestätigen. Der Ehemann hat in 32 Fällen bezüglich seiner Bankkonten ein deutlich höheres, alleiniges Zugriffsrecht auf seine Einkünfte und sein Kapitalvermögen als seine Ehefrau. Aber auch die Ehefrauen verfügen in 18 Fällen allein über ihre Einkünfte und ihr Kapitalvermögen. Bei den Einkünften aus nichtselbständiger Arbeit gehen sowohl beim Ehemann als auch bei der Ehefrau die Gehaltszahlungen überwiegend auf ein alleiniges Konto des Ehegatten. Insbesondere bei Ehegatten mit einem Ausbildungsberuf ist jedoch auch eine deutliche Tendenz zur Zahlung auf ein gemeinsames Konto der Ehegatten und damit eine gemeinsame Verfügungsbefugnis beider Ehegatten erkennbar. Bei den Einkünften aus Gewerbebetrieb/selbständiger Arbeit haben die Ehefrauen einen größeren Zugriff auf ihre Einkünfte, während bei den Ehemännern mit einem Ausbildungsberuf wiederum ein stärkerer Zufluss auf dem gemeinsamen Konto der Eheleute zu verzeichnen ist. Über die Einkünfte aus Vermietung und Verpachtung verfügt der Ehemann häufiger allein. Auch hier lässt sich aber feststellen, dass bei Ehegatten mit einem Ausbildungsberuf ein größerer Zufluss auf dem gemeinsamen Konto stattfindet. Betriebs- und Immobilienvermögens befindet sich in größerem Umfang beim Ehemann, der insoweit einen größeren Zugang zu diesen Ressourcen hat. Sofern Ehefrauen über diese Ressourcen verfügen, haben sie aber auch regelmäßig die alleinige Verfügungsberechtigung darüber.

Bezogen auf die sozio-ökonomischen Ressourcen als eine wesentliche Grundlage für die ehelichen Machtverhältnisse bedeutet dies, dass der Ehemann, insbesondere bezogen auf sein alleiniges Zugriffsrecht, insgesamt einen größeren Zugang zu den Ressourcen hat als seine Ehefrau. Sofern die Einkünfte eines Ehegatten auf ein gemeinsames Konto fließen, ist der rechtliche Zugriff von beiden Ehepartnern gegeben. Auffällig ist jedoch, dass sich auch viele Ehefrauen mit eigenen Einkünften und eigenem Vermögen den alleinigen Zugriff darauf erhalten und sich diese Ressourcen somit ebenfalls als Machtgrundlage sichern. Der in Kapitel 3 dargestellte gesellschaftliche Wandel mit einer zunehmenden Erwerbstätigkeit der Ehefrauen führt somit auch zu einer zunehmenden Teilhabe der Ehefrauen an den sozio-ökonomischen Ressourcen als eheliche Machtgrundlage.

7.2.5 Hypothese 4: Der Ehemann hat bei der Geldverwendung eine stärkere Position

Wie bereits vorstehend ausgeführt, stellen die sozio-ökonomischen Ressourcen eine wesentliche Grundlage für die ehelichen Machtverhältnisse dar. Da der Ehemann nach den bisherigen Ergebnissen insgesamt über ein höheres Einkommen und Vermögen als seine Ehefrau verfügt und auch häufiger ein alleiniges Zugriffsrecht darauf hat, wird die Annahme aufgestellt, dass dem Ehemann dadurch bei der Geldverwendung eine größere Machtposition zukommt.

Bei der Verwendung des Familieneinkommens werden verschiedene Kostenblöcke danach untersucht, von wessen Konto diese Kosten gezahlt werden. Aus der bereits dargestellten Verfügungsbefugnis über die Konten sollen Rückschlüsse über die Einflussmöglichkeiten der Ehegatten bei der Verwendung des Familieneinkommens gezogen werden. Soweit dem anderen Ehegatten eine Bankvollmacht für das alleinige Konto seines Partners erteilt wurde, von dem einzelne Kosten beglichen werden, wird dies ebenfalls dargestellt. An dieser Stelle sei noch einmal darauf hingewiesen, dass im Rahmen dieser Arbeit nicht geklärt werden kann, inwieweit der bevollmächtigte Ehegatte seine rechtliche Verfügungsbefugnis über das alleinige Konto seines Partners im Rahmen der Geldverwendung auch tatsächlich ausübt oder nur im Fall der Not oder bei Verhinderung des Kontoinhabers.

Die Kosten der laufenden Haushaltsführung werden in sechs Ehen vom alleinigen Konto des Ehemannes bezahlt, für das die Ehefrau in drei Fällen bevollmächtigt ist. In 23 Ehen werden diese Kosten vom gemeinsamen Konto der Eheleute beglichen. In sechs Fällen erfolgt die Zahlung vom alleinigen Konto der Ehefrau, für das dem Ehemann in zwei Fällen Bankvollmacht eingeräumt wurde, sowie in 12 Fällen gemischt vom gemeinsamen und/oder den alleinigen Konten der Eheleute. Aus dieser Verteilung lässt sich insgesamt keine Dominanz eines Ehegatten ableiten. Die Kostentragung für den laufenden Haushalt stellt sich differenziert nach dem Ausbildungsstand der Eheleute jedoch unterschiedlich dar: Hat der Ehemann einen Ausbildungsberuf, so werden die Kosten des laufenden Haushalts in 21 Fällen vom gemeinsamen Konto bezahlt. Die überwiegende Zahlung vom gemeinsamen Konto ist hier auch festzustellen, wenn im Haushalt Kinder leben, der Ehemann Alleinverdiener ist oder über ein höheres Einkommen als seine Ehefrau verfügt. Hat die Ehefrau einen Ausbildungsberuf werden in 18 Fällen die Kosten vom gemeinsamen Konto der Eheleute bezahlt und leben im Haushalt Kinder in acht Fällen. Mit der Zahlung vom gemeinsamen Konto und der mit diesem Konto verbundenen gleichberechtigten Verfügungsbefugnis kann für keinen der beiden Ehepartner eine stärkere Position begründet werden. Haben die Eheleute eine akademische Ausbildung lässt sich kein Konto eines oder beider Ehegatten für die bevorzugte Kostentragung des laufenden Haushalts feststellen. Vielmehr werden die Kosten gleichermaßen in unterschiedlichen Kontokombinationen der Ehegatten aus ihren Einzel- und/oder gemeinsamen Konten beglichen. Durch die Einzelkonten der Ehegatten bleibt die rechtliche Autonomie des Kontoinhabers über sein Konto erhalten, die dem jeweiligen Ehepartner insoweit eine stärkere Entscheidungsposition einräumt. Diese wird in drei Fällen lediglich durch die der Ehefrau und in zwei Fällen dem Ehemann erteilten Bankvollmachten über das alleinige Konto begrenzt.

Die Kosten für Urlaube und größere Anschaffungen werden in 19 Ehen vom gemeinsamen Konto beglichen und in 16 Ehen vom alleinigen Konto des Ehemannes, für das in drei Fällen für die Ehefrau Bankvollmachten vorliegen. Lediglich in vier Ehen werden die Kosten vom alleinigen Konto der Ehefrau, für das der Ehemann in zwei Fällen bevollmächtigt ist, und in acht Ehen in Kombinationen von den Einzel- und Gemeinschaftskonten der Ehepartner bezahlt. In diesem Zusammenhang ist auffällig, dass die Kosten für Urlaube und größere Anschaffungen bei einem Ehemann mit einem Ausbildungsberuf, der Alleinverdiener ist oder über höhere Einkünfte als seine Ehefrau verfügt, in 14 Fällen vom gemeinsamen Konto und in neun Fällen von seinem alleinigen Konto, für das die Ehefrau in drei Fällen bevollmächtigt ist, beglichen werden. Erzielt ein Ehemann mit akademischer Ausbildung höhere Einkünfte als seine Ehefrau, gehen diese Kosten in fünf Fällen von seinem alleinigen Konto, für das nur in einem Fall eine Bankvollmacht zugunsten der Ehefrau vorliegt, und in drei Fällen von verschiedenen Konten der Ehegatten. Somit verfügt der Ehemann in zehn Fällen, in denen der Kostenausgleich über sein alleiniges Konto erfolgt, für das es keine Vollmacht für die Ehefrau gibt, über die alleinigen Einnahmen oder über höhere Einkünfte und damit über eine stärkere wirtschaftliche Position. Bei der Bezahlung vom gemeinsamen Konto ist wiederum eher von einer gleichberechtigteren Verfügungsbefugnis der Ehepartner auszugehen. Ist die Ehefrau Alleinverdienerin oder hat sie höhere Einkünfte, so erfolgt die Kostentragung für Urlaube und größere Anschaffungen in vier Fällen von dem alleinigen Konto der Ehefrau, für das nur ein Ehemann bevollmächtigt ist, und in zwei Fällen vom gemeinsamen Konto. Mit den höheren Einkünften der Ehefrau nimmt im Gegenzug auch ihre wirtschaftliche Macht zu, die sich durch die alleinige Verfügung über ihr Konto in drei Fällen oder einen gleichmäßigen Zugang beider Eheleute zum gemeinsamen Konto äußert.

Die Kosten der Kinderbetreuung werden in vier Fällen vom gemeinsamen Konto der Ehepartner und in zwei Fällen vom alleinigen Konto des

Ehemannes gezahlt, für das eine Bankvollmacht für die Ehefrau gegeben ist. Der Ehemann hat in allen Fällen einen Ausbildungsberuf und ist Alleinverdiener oder verfügt über ein höheres Einkommen als seine Ehefrau. Bei der überwiegenden Zahlung vom gemeinsamen Konto sowie der Zahlung vom alleinigen Konto mit Kontovollmacht des Ehegatten ist formal von einem gleichen Einfluss der Ehegatten auf die Geldverwendung auszugehen. In dem Fall der Zahlung der Kinderbetreuungskosten vom alleinigen Konto des Ehemannes, der in einem Fall Alleinverdiener ist, ist bei dem Ehemann von einer stärkeren wirtschaftlichen Position auszugehen.

Die Kosten für die private Altersvorsorge (Beiträge zu Lebens-, Renten- und sonstigen Vorsorgeversicherungen und -verträgen) zugunsten des Ehemannes zahlt der Ehemann mit eigenen Einkünften in zehn Ehen von seinem alleinigen Konto, für das die Ehefrau in fünf Fällen bevollmächtigt ist, sowie in sechs Ehen vom gemeinsamen Konto. Davon gehen die Kosten eines Ehemannes mit akademischer Ausbildung in allen sechs Fällen von seinem alleinigen Konto. Die Beiträge zur privaten Altersvorsorge zugunsten der Ehefrau werden von der Ehefrau mit eigenen Einkünften in elf Ehen von ihrem alleinigen Konto, für das in fünf Fällen der Ehemann bevollmächtigt ist, in drei Ehen vom gemeinsamen Konto und in einer Ehe vom alleinigen Konto des Ehemannes, für das die Ehefrau bevollmächtigt ist, beglichen. Davon gehen diese Kosten einer Ehefrau mit akademischer Ausbildung in allen sieben Ehen von ihrem alleinigen Konto, für das dem Ehemann in drei Fällen Bankvollmacht vorliegt. In den sieben Fällen, in denen die Ehefrau nicht erwerbstätig und keine Rentnerin ist, werden in fünf Fällen keine Kosten für eine private Altersvorsorge aufgewendet. In zwei Fällen, in denen der Ehemann einen Ausbildungsberuf hat, werden zugunsten der nicht berufstätigen Ehefrau Beiträge vom gemeinsamen Konto geleistet. Bei den Kosten für die private Altersversorgung zeigt sich, dass der erwerbstätige Ehegatte meistens die Kosten für seine Altersvorsorge selbst trägt. Dies deutet auf eine selbstbestimmte und unabhängige Beitragszahlung der erwerbstätigen Ehegatten hin. Nur bei Ehegatten mit einem Ausbildungsberuf erfolgt die Zahlung teilweise auch vom gemeinsamen Konto. Da in insgesamt höhere Beitrage für Altersvorsorgezahlungen zugunsten des Ehemannes erbracht werden, die für den Ehemann in der Zukunft wieder zusätzliche Einkünfte begründen, ist hier dennoch eine wirtschaftlich stärkere Position des Ehemannes anzunehmen. Diese wird dadurch verstärkt, dass nur in zwei von sieben Fällen für die nicht erwerbstätige Ehefrau von dem Ehemann über das gemeinsame Konto Beiträge für deren Altersabsicherung erbracht werden und dadurch in den übrigen Fällen die wirtschaftliche Abhängigkeit der Ehefrau auch für die Zukunft erhalten bleibt.

Die alleinigen Verbindlichkeiten (Zins- und Tilgungsleistungen) des berufstätigen Ehemannes zahlt dieser in zehn Ehen von seinem alleinigen Konto, für das in drei Fällen eine Kontovollmacht für die Ehefrau besteht. In drei Ehen werden diese vom gemeinsamen Konto und in je einem Fall vom alleinigen Konto der Ehefrau und von den alleinigen Konten beider Ehegatten beglichen. Die Ehefrau mit eigenen Einkünften tilgt ihre alleinigen Verbindlichkeiten in allen vier Fällen von ihrem alleinigen Konto, für das nur in einem Fall der Ehemann bevollmächtigt ist. Gemeinsame Verbindlichkeiten der Ehepartner werden in sieben Fällen vom gemeinsamen Konto und in zwei Fällen von den alleinigen Konten beider Ehegatten beglichen. In allen vier Ehen, in denen der Ehemann Alleinverdiener ist, fließen die Zins- und Tilgungsleistungen vom gemeinsamen Konto der Eheleute. Die Ehepartner sind damit überwiegend für ihre alleinigen Verbindlichkeiten allein verantwortlich und wirtschaftlich dazu in der Lage, diese auch allein zu finanzieren. Sie verfügen über ihre Einnahmen damit auch über die Entscheidungsmacht zur Aufnahme und Tilgung von Verbindlichkeiten. Nur in zwei Fällen werden Verbindlichkeiten des Ehemannes durch die Ehefrau getilgt bzw. mitgetragen. In diesen Fällen verfügt die Ehefrau über höhere Einnahmen bzw. ein höheres Vermögen. Gemeinsame Verbindlichkeiten der Eheleute werden von den Ehepartnern gemeinsam getilgt. In den Fällen, in denen die Ehefrau keine Einnahmen hat, werden die Leistungen vom gemeinsamen Konto der Eheleute erbracht. Auch wenn der alleinverdienende Ehemann die dafür notwendigen finanziellen Mittel auf dem gemeinsamen Konto zur Verfügung stellt, zeigt sich dadurch die wirtschaftliche Abhängigkeit der Ehefrau ohne eigene Einkünfte, die ihren anteiligen Verbindlichkeiten nicht selbst nachkommen könnte.

Die Einkommensteuerzahlungen (festgesetzte Einkommensteuervorauszahlungen und/oder Einkommensteuernachzahlungen) werden in 15 Ehen vom Geschäftskonto des Ehemannes und in acht Ehen von seinem alleinigen Privatkonto geleistet, für das in einem Fall die Ehefrau bevollmächtigt ist. In je vier Ehen erfolgen diese Steuerzahlungen vom gemeinsamen Konto der Eheleute und vom Geschäftskonto der Ehefrau sowie in drei Fällen vom alleinigen Privatkonto der Ehefrau. Da die Festsetzung von Einkommensteuervorauszahlungen überwiegend Fälle betrifft, in denen einer oder beide Ehepartner gewerblich oder selbständig tätig sind, erklärt dies die auffallend hohen Steuerzahlungen vom Geschäftskonto eines Ehegatten (19 Fälle). Ist der Ehemann Alleinverdiener oder verfügt er über höhere Einkünfte als seine Ehefrau, trägt er in allen 14 Fällen die Steuerzahlungen von seinem Geschäftskonto und in allen acht Fällen von seinem alleinigen Privatkonto, für das in einem Fall die Ehefrau Kontovollmacht hat. Nur in vier Fällen erfolgen die Zahlungen vom gemeinsamen Konto und in einem Fall vom Geschäftskonto der Ehefrau. Auch wenn es sich bei den Steuerzahlungen nicht um freiwillige Zahlungen im Sinne einer persönlichen Entscheidung zur Art der Geldverwendung handelt, ist festzustellen, dass der finanzstärkere Ehemann regelmäßig auch die Steuerzahlungen übernimmt. Umgekehrt trägt auch die Ehefrau mit höheren Einkünften in allen sechs Fällen die Steuerzahlungen und zwar in je drei Fällen von ihrem Geschäftskonto und ihrem alleinigen Privatkonto. Nach der Zahl der Fälle kommt dem Ehemann in der Gesamtbetrachtung aber bei den Steuerzahlungen insgesamt eine stärkere Position zu.

In 25 Fällen können die Eheleute mit einer Einkommensteuererstattung für 2008 rechnen. In vier Fällen soll die Steuererstattung auf das Geschäftskonto des Ehemannes gehen und dort bleiben. Damit profitiert allein der Ehemann von der Steuererstattung; seine Frau hat kein Zugriffsrecht darauf. Soweit in fünf Fällen die Einkommensteuererstattung für eine Investition im Haus oder der Wohnung der Eheleute verplant ist, kommt diese den Eheleute gleichermaßen zugute. Gleiches gilt für die vier Fälle, in denen ein gemeinsamer Urlaub geplant ist. Dennoch lässt sich nicht sicher klären, ob diese Art der Geldverwendung auch dem tatsächlichen Willen beider Eheleute entspricht oder sich ein Ehegatte aus unterschiedlichen Gründen der Meinung des anderen angepasst hat. In den fünf Fällen, in denen die Steuererstattung zur Tilgung von Verbindlichkeiten eingesetzt werden oder in sechs Fällen gespart werden soll, kann erst zum Zeitpunkt der Verwendung (wessen Schulden wurden getilgt bzw. auf wessen Konto wird der Erstattungsbetrag angelegt), beurteilt werden, welcher Ehegatte von der Steuererstattung am stärksten profitiert. Lediglich in einem Fall wollen die Ehepartner die Steuererstattung teilen und jedem Ehepartner eine Hälfte zu seiner freien Verfügung stellen. Auch wenn in der Mehrzahl der Fälle bei der geplanten Verwendung der Einkommensteuererstattung für 2008 beide Ehegatten gleichermaßen teilzuhaben scheinen, hat der Ehemann bei einem Geldzufluss auf seinem Geschäftskonto dort seinen alleinigen Vorteil.

Insgesamt ist festzustellen, dass die Hypothese, dass der Ehemann bei der Geldverwendung eine stärkere Position hat, bestätigt wird. Dies zeigt sich insbesondere durch die Zahlungsabflüsse vom alleinigen Konto des alleinverdienenden oder besser als seine Ehefrau verdienenden Ehemannes. Gleichwohl wird insbesondere bei Ehepartnern mit einem Ausbildungsberuf deutlich, dass die Kostentragung häufig von einem gemeinsamen Konto erfolgt, zu dem beide Ehegatten einen formal gleichen Zugang haben. Wenn die Ehefrau über eigene Einkünfte verfügt und insbesondere wenn sie höhere Einkünfte als ihr Ehemann erzielt, nimmt ihre Entscheidungsmacht bei der Geldverwendung ebenfalls zu. Dies zeigt sich insbesondere bei den Beiträgen zu ihrer eigenen Altersvorsorge, der Tilgung ihrer eigenen Verbindlichkeiten und der Übernahme der Einkommensteuerzahlungen für beide Ehegatten.

7.3 Paar-Muster

Die 47 Aktenfälle werden anschließend daraufhin untersucht, ob sich Paar-Muster erkennen lassen. Anhand der Paar-Muster soll festgestellt werden, ob das Ehegattensplitting im Zuge des in Kapitel 3 dargestellten gesellschaftlichen Wandels noch zeitgemäß ist, das bei seiner Einführung im Jahr 1958 das bürgerliche Familienmodell zum Leitbild hatte (s. Kapitel 2.4). Außerdem sollen sie Auskunft darüber geben, ob sich der vom Bundesverfassungsgericht in seiner Entscheidung vom 03.11.1982 (BStBl. II 1982, 717) aufgestellte Halbteilungsgrundsatz und „eine gleichmäßige Teilhabe eines Ehegatten an den Einkünften und Lasten des anderen zur Hälfte", nachweisen lässt.

Um die Strukturen der Paar-Muster zu erkennen, werden die Praxisfälle verschiedenen Typen zugeordnet. Ausgangspunkt für die Typenbildung ist die von Max Weber [1904] 1988a, [1921] 1988b) entwickelte Forschungsmethode des „Idealtypus", mit der er gedachte mit empirisch vorzufindenden Sinnzusammenhängen vergleicht. Weber definiert den Idealtypus wie folgt:

„Er wird gewonnen durch einseitige Steigerung eines oder einiger Gesichtspunkte und durch Zusammenschluss einer Fülle von diffus und diskret, hier mehr, dort weniger, stellenweise gar nicht, vorhandener Einzelerscheinungen, die sich jenen einseitig herausgehobenen Gesichtspunkten fügen, zu einem in sich einheitlichen Gedankengebilde" (Weber [1904] 1988a, 191). Nach Weber ist dieses Gedankenbild in seiner „begrifflichen Reinheit" empirisch nicht vorzufinden, sondern eine „Utopie" und in jedem Fall ist nachzuweisen „wie nah oder fern die Wirklichkeit diesem Idealbilde steht" (Weber [1904] 1988a, 191). Nach Weber hat der Idealtypus einen doppelten Zweck. So dient er einmal als „Messlatte" durch die Bildung eindeutiger Begriffe und klarer Beziehungspunkte. Zudem können durch die Gegenüberstellung einer idealtypischen Konstruktion mit einer empirisch ermittelten Situation Kausalitäten und Regelmäßigkeiten „gemessen" werden (Weber [1904] 1988a, [1924] 1988b). Weber sieht bei dieser Methode aber auch „die Gefahr, daß Idealtypus und Wirklichkeit ineinander geschoben werden" (Weber [1924] 1988a, 203).

Wie bereits ausgeführt, geht dass Ehegattensplitting bei seiner Einführung von dem Leitbild der bürgerlichen Familie aus. Idealtyp im Rahmen der Fragestellungen dieser Arbeit ist deshalb eine Familie mit Kindern mit einem berufstätigen Ehemann (als Versorger) und einer nicht berufstätigen Ehefrau (als Hausfrau und Mutter).

Die empirischen Fälle wurden anschließend durch Auszählung auf Ähnlichkeiten und Wiederholungen sowie auf ihre Unterschiede hin verglichen, um Realtypen zu bilden, die mit einer gewissen Regelmäßigkeit in der Praxis (Realität) aufzufinden sind. Als Ergebnis ist festzustellen, dass ein zentraler Unterschied in den Praxisfällen der formale Bildungsunterschied der Ehepartner ist. So gibt es 2 Typen von Ehepartnern: den Ehepartner mit einem Ausbildungsberuf und den Ehepartner mit einer akademischen Ausbildung. Weitere Unterschiede zeigen sich bei einer Berufstätigkeit der Ehefrau oder wenn das Paar Kinder hat. Die Realtypen werden daher nach den Merkmalen Ausbildungsstand der Ehepartner, Berufstätigkeit der Ehefrau und Kinder wie folgt gebildet:

Typ 1: Beide Ehepartner mit Ausbildungsberuf, Ehefrau nicht berufstätig und mit Kindern

Typ 2: Beide Ehepartner mit Ausbildungsberuf, Ehefrau berufstätig und mit Kindern

Typ 3: Beide Ehepartner mit Ausbildungsberuf, Ehefrau nicht berufstätig und ohne Kinder
Typ 4: Beide Ehepartner mit Ausbildungsberuf, Ehefrau berufstätig und ohne Kinder
Typ 5: Ehemann mit akademischer Ausbildung, berufstätige Ehefrau mit Ausbildungsberuf und mit Kindern
Typ 6: Ehemann mit akademischer Ausbildung, berufstätige Ehefrau mit Ausbildungsberuf und ohne Kinder
Typ 7: Beide Ehepartner mit akademischer Ausbildung, berufstätige Ehefrau und mit Kindern
Typ 8: Beide Ehepartner mit akademischer Ausbildung, berufstätige Ehefrau und ohne Kinder

Die Ähnlichkeiten und Wiederholungen sowie die Unterschiede bei den einzelnen Realtypen werden nachfolgend dargestellt. Die Praxisfälle werden den einzelnen Typen jeweils zugeordnet, wenn sich alle dort bezeichneten 3 Hauptkriterien nach Ausbildungsstand, Berufstätigkeit der Ehefrau und Kindern wiederholen.

7.3.1 Typ 1: Beide Ehepartner mit Ausbildungsberuf, Ehefrau nicht berufstätig und mit Kindern

Bei diesem Typ ist das klassische Familienmodell anzutreffen, in dem der Ehemann erwerbstätig ist und die Ehefrau den Haushalt und die Kinder versorgt. Da dieser Typ ist lediglich in vier Fällen aufzufinden ist, könnte dies als Zeichen dafür angesehen werden, dass dieser Typ im Zuge des bereits dargestellten gesellschaftlichen Wandels nicht mehr dem heute vorherrschenden Familienleitbild entspricht.

Ein weiteres Kennzeichen dieses Typs ist, dass die Haupterwerbseinkünfte des Ehemannes sowie das Kindergeld in allen Fällen auf gemeinsame Konten der Eheleute fließen und die Kosten der laufenden Haushaltsführung vom gemeinsamen Konto gezahlt werden, d. h. dass hier eine gemeinsame Geldverwaltung vorherrschend ist und die nicht erwerbstätige Ehefrau auf die Haupteinkünfte einen rechtlichen Zugriff hat.

Eine ausschließlich gemeinsame Geldverwaltung der Eheleute über gemeinsame Konten einschließlich des gemeinsamen Kapitalvermögens und Zahlung sämtlicher Kosten vom gemeinsamen Konto ist aber nur in einem

Fall anzutreffen. Hat der Ehemann Immobilienvermögen (drei Fälle) fließen die Einkünfte daraus nur in zwei Fällen auf das gemeinsame Konto und in einem Fall auf ein alleiniges Konto des Ehemannes und sind damit dem rechtlichen Zugriff der Ehefrau entzogen. Gleiches gilt auch für den einen Fall, in dem der Ehemann gewerbliche Einkünfte erzielt. Die Ehefrau erlangt zwar über das gemeinsame Konto einen Zugriff auf die Privatentnahmen, über das Betriebsvermögen selbst und nicht entnommene Gewinne kann sie jedoch nicht verfügen. Umgekehrt hat der Ehemann in einem Fall keinen Zugang zu den Einkünften seiner Ehefrau aus einem gewerblichen Mietobjekt, die auf ein alleiniges Konto der Ehefrau gehen.

In den zwei Ehen, in denen der Ehemann als Arbeitnehmer mit der Steuerklassenkombination III für sich und Steuerklasse V für die Ehefrau einen direkten Steuervorteil erzielt, wird dies durch den Zugang des Gehalts auf dem gemeinsamen Konto formal kompensiert.

Soweit in drei Ehen der Ehemann über Immobilien- bzw. Betriebsvermögen verfügt und in einem Fall die Ehefrau über eine gewerbliche Immobilie, zeigt sich jedoch, dass der besitzende Ehegatte mit der alleinigen Verfügung über diese Ressourcen und teilweise auch über die Einkünfte daraus rechtlich eine stärkere wirtschaftliche Position hat. Insbesondere in den zwei Ehen, in denen die Ehefrau kein eigenes Vermögen hat, indiziert dies ihre wirtschaftliche Schlechterstellung.

Das Ehegattensplitting führt in diesen vier Ehen zu einer Steuerersparnis von in zwei Fällen mehr als € 5.000,-- und in einem Fall von € 2.600,--. In einem Fall wirkt sich das Ehegattensplitting wegen der geringen Gesamteinkünfte der Eheleute nicht aus. Insgesamt betrachtet, fördert das Ehegattensplitting hier deutlich das klassische Familienmodell. Da dieser Splittingvorteil bereits bei einem geringen Zuverdienst der Ehefrau verloren gehen kann, wirkt er sich somit negativ auf das Erwerbsverhalten von verheirateten Frauen aus, wie zu Recht kritisiert wird (Spangenberg 2005: 25; Dingeldey 2000: 33; Donath 1993: 408).

7.3.2 Typ 2: Beide Ehepartner mit Ausbildungsberuf, Ehefrau berufstätig und mit Kindern

Diesem Typ können acht Ehen zugeordnet werden.

Hinsichtlich der Berufstätigkeit der Ehefrau mit Kindern ist zudem festzustellen, dass diese Mütter überwiegend (sieben Fälle) Teilzeit arbeiten und nur in einem Fall Vollzeit. Bei einem Bruttoeinkommen des Ehemannes bis € 36.000,-- (vier Fälle) wird angenommen, dass ein Motiv der Ehefrau für ihre Teilzeitbeschäftigung die notwendige Aufstockung des Familieneinkommens sein kann. Insoweit würde in diesen Ehen auch das Hausfrauenmodell vorliegen. Insbesondere in den zwei Fällen, in denen der Ehemann gewerbliche Einkünfte von mehr als € 170.000,-- hat, ist dagegen anzunehmen, dass die Teilzeit- bzw. Vollzeitbeschäftigung der Ehefrau nicht aus wirtschaftlicher Notwendigkeit für das Familieneinkommen erfolgt, sondern eher aus persönlicher Neigung und ist ein Zeichen für eine zunehmenden Individualisierung (F.-X. Kaufmann 1995: 100; Beck 1983: 44).

Bei der Geldverwaltung zeigen sich bei diesem Typ Unterschiede. Ist der Ehemann Arbeitnehmer (drei Fälle), so findet regelmäßig eine gemeinsame Geldverwaltung statt. Sämtliche Einkünfte beider Ehegatten einschließlich des Kindergeldes fließen ausschließlich auf gemeinsame Konten der Eheleute. Ebenso werden alle Kosten von den gemeinsamen Konten bezahlt. Nur in einem Fall fließen ausschließlich die Einnahmen des Ehemannes aus Vermietung und Verpachtung des Ehemannes auf sein alleiniges Konto; demgegenüber fließen diese Einkünfte der Ehefrau in einem Fall auf das gemeinsame Konto. Durch die in der Gesamtbetrachtung hier vorliegende gemeinsame Geldverwaltung der Ehegatten über die gemeinsamen Konten ist von beiden Ehegatten auch formal der rechtliche Zugriff auf das Einkommen beider Ehegatten gegeben. Aus dem gleichen Zugang zu den Ressourcen lässt sich somit keine höhere Entscheidungsmacht des Ehemannes ableiten (im Umkehrschluss zu Pahl 1988, 1989; Blumstein/Schwartz 1983).

Ist der Ehemann demgegenüber gewerblich oder selbständig tätig (fünf Fälle), ist die Geldverwaltung uneinheitlich. So werden in allen Fällen die Steuerzahlungen und -erstattungen über das Geschäftskonto des Ehemannes abgewickelt. Nur in zwei Fällen gehen die Privatentnahmen des Ehemannes aus seinem Betrieb sowie die Einkünfte der Ehefrau und das Kindergeld auf gemeinsame Konten, von denen bis auf die Steuern sämtliche Kosten der Eheleute beglichen werden. Von dieser gemeinsamen Geldverwaltung sind davon in einem Fall die Einkünfte aus Vermietung und Verpachtung des Ehemannes jedoch ausgenommen. Zwei Fälle sind dadurch gekennzeichnet, dass die Privatentnahmen des Ehemannes sowie alle weiteren Einkünfte der Eheleute auf deren alleiniges Konto fließen. In diesen Fällen überweist der Ehemann das Geld für die Kosten des laufenden Haushalts in je einem Fall auf ein gemeinsames Konto der Ehepartner bzw. auf ein alleiniges Konto der Ehefrau. Im Übrigen trägt er die Kosten für Urlaube und größere Anschaffungen. Durch die Zuteilung des Haushaltsgeldes verbleibt dem Ehemann somit die Kontrolle über sein restliches Einkommen (Pahl 1988, 1989). Ebenso kann die Ehefrau in diesen Fällen über ihre (geringeren) Einkünfte selbst verfügen. Im fünften Fall wiederum gehen die Privatentnahmen des Ehemannes sowie das Kindergeld auf das alleinige Konto des Ehemannes, von dem sämtliche Kosten bezahlt werden. Die Ehefrau hat zwar über eine Kontovollmacht ein Zugriffsrecht auf das Kontoguthaben, es gehört ihr aber zivilrechtlich nicht. Die (geringen) Arbeitnehmereinkünfte der Ehefrau gehen zwar auf ihr alleiniges Konto, sie bezahlt davon aber noch ihre privaten Altersvorsorgebeiträge, so dass hier die wirtschaftliche Abhängigkeit der Ehefrau von ihrem Ehemann deutlich wird.

Auch hinsichtlich der Vermögensausstattung der Ehepartner bestehen innerhalb des Typs 2 große Unterschiede. So haben fünf Ehemänner Betriebsvermögen sowie je zwei Ehemänner sind Eigentümer von Immobilienvermögen zur Vermietung und Verpachtung oder von Kapitalvermögen. Demgegenüber hat nur je eine Ehefrau Immobilienvermögen oder Kapitalvermögen. Das Vermögen als sozio-ökonomische Grundlage für die ehelichen Machtverhältnisse ist hier eindeutig zu Gunsten des Ehemannes verteilt. Die alleinige Verfügungsmacht über diese Ressourcen stärkt somit insbesondere die Machtposition des Ehemannes.

Der Steuervorteil durch das Ehegattensplitting wirkt sich bei Typ 2 unterschiedlich aus. So bewegt sich der Steuervorteil in den vier Fällen, in denen der Ehemann Einkünfte bis € 36.000,-- erzielt zwischen € 36,-- und maximal € 2.200,--. Da sich durch den Teilzeit-Hinzuverdienst der Ehefrau die Differenz zwischen den Einkommen verringert, fällt auch der Steuervorteil hier geringer aus. Die Berufstätigkeit der Ehefrau wird steuerlich somit nicht gefördert. In den drei Fällen, in denen der Ehemann als Selbständiger zwischen € 56.000,-- bis € 170.000,-- verdient, beträgt der Steuervorteil trotz der Teilzeit-Berufstätigkeit der Ehefrau zwischen € 3.600,-- bis € 7.800,--. Grund dafür ist die höhere Differenz der Einkünfte bei den Eheleuten. Anders stellt sich der Steuervorteil dar, wenn die Ehefrau trotz eines hohen Einkommens des Ehemannes Vollzeit arbeitet. In diesem einen Fall beträgt der Splittingvorteil lediglich € 209,--. Dies verdeutlicht, dass sich eine Ausweitung der Berufstätigkeit der Ehefrau unter steuerlichen Aspekten nachteilig auswirkt und insoweit wirtschaftlich als Hemmnis angesehen werden kann.

7.3.3 Typ 3: Beide Ehepartner mit Ausbildungsberuf, Ehefrau nicht berufstätig und ohne Kinder

Diesem Typ können zehn Ehen zugeordnet werden.

Auffällig ist die Altersstruktur bei diesem Typ. So ist der Ehemann in zwei Fällen als Arbeitnehmer tätig und im Alter von 49 Jahren. Sechs Ehemänner sind 58 Jahre und älter und Rentner. Zwei Ehemänner sind 65 Jahre und älter und neben dem Rentenbezug gewerblich oder selbständig tätig. Aus den Akten ist nicht ersichtlich, ob die Eheleute erwachsene Kinder haben. Soweit die Ehefrau noch nicht im Rentenalter ist oder im vorzeitigen Rentenbezug steht, ist sie in vier Fällen Hausfrau. In zwei Fällen erhält die Ehefrau im Rentenalter keine eigenen Altersbezüge, so dass auch hier von einer Hausfrauenehe auszugehen ist ohne eine vorangegangene eigene Erwerbstätigkeit der Ehefrau. In drei Ehen bezieht die Ehefrau Renteneinkünfte zwischen € 3.500,-- und € 5.700,-- jährlich. Dies deutet darauf hin, dass sie nur geringfügig oder mit Unterbrechungen berufstätig gewesen ist und hier ebenfalls ein Hausfrauenmodell vorliegen könnte. Nur in einem Fall betragen die Renten- und Versorgungsbezüge der Ehefrau fast € 24.000,--, was darauf hindeutet, dass diese in ihrem Berufsleben zumindest überwiegend Vollzeit tätig war.

In den vier Fällen, in denen die Ehefrau als Hausfrau noch nicht im Rentenalter ist und auch keine vorgezogene Rente bezieht, fließen alle Einkünfte der Eheleute auf gemeinsame Konten, von denen auch sämtliche Kosten beglichen werden. Lediglich in einem Fall des gewerblich tätigen Ehemannes werden ausschließlich die Steuerzahlungen vom Geschäftskonto des Ehemannes bezahlt. In diesen Fällen haben beide Ehepartner Zugriff auf die Einkünfte. Es findet somit eine gemeinsame Geldverwaltung der Eheleute (pooling system/shared system (Pahl (1988, 1989)) statt.

In den zwei Fällen, in denen die Ehefrau als Rentnerin keine eigenen Altersbezüge hat, fließen sämtliche Einkünfte des Ehemannes jeweils auf seine alleinigen Konten. In einem Fall werden sämtliche Kosten von seinem

Konto gezahlt, über das die Ehefrau durch Kontovollmacht verfügungsberechtigt ist. Die Ehefrau hat damit Zugriff auf die Einkünfte, die zivilrechtlich aber weiter nur dem Ehemann gehören. Im zweiten Fall wird das Haushaltsgeld auf ein gemeinsames Konto überwiesen und alle sonstigen Kosten werden vom alleinigen Konto des Ehemannes bezahlt. Durch die Zuteilung des Haushaltsgeldes bleibt die Ehefrau somit von dem Zugriff auf die restlichen Einkünfte ausgeschlossen. In beiden Fällen hat der Ehemann durch seine alleinige Eigentümerstellung bei den Einkünfte-Konten eine stärkere Machtposition. Die weiteren vier Ehen dieses Typs unterscheiden sich von den vorangegangenen Fällen dadurch, dass die Ehefrau eigene Altersbezüge erhält. In zwei Ehen fließen die Renteneinkünfte beider Ehegatten auf ein gemeinsames Konto, von dem alle Kosten gezahlt werden. Nur in einem Fall werden die Kosten von Urlauben und größeren Anschaffungen vom alleinigen Konto des Ehemannes gezahlt. Daneben haben in beiden Fällen beide Ehepartner Einkünfte aus Kapitalvermögen, die jeweils auf das alleinige Konto des ertragsberechtigten Ehepartners fließen. Die gemeinsame Geldverwaltung schließt somit den Zugriff auf die Vermögenserträge des anderen Ehepartners aus. In einem Fall fließen sämtliche Erträge der Eheleute aus ihren Renten und Kapitalvermögen jeweils auf alleinige Konten der Ehepartner, nur die Vermietungseinkünfte fließen auf ein gemeinsames Konto. Die Kosten des Paares werden von dem gemeinsamen und den alleinigen Konten der Eheleute beglichen. Es handelt sich hier um eine Mischform von gemeinsamer und individueller Geldverwaltung. In einem weiteren Fall fließen die Einkünfte aus Renten und Kapitalvermögen beider Ehegatten jeweils auf alleinige Konten eines Ehepaares, über das der andere Ehegatte jeweils Kontovollmacht hat. Der Ehemann begleicht mit seinen Einkünften seine Schulden aus Gewerbebetrieb, während von den Einkünften der Ehefrau alle privaten Kosten bezahlt werden. Wegen des möglichen Zugriffs auf die Konten anderen Ehegatten ist trotz der jeweils alleinigen Konten der Ehepartner eine Form der gemeinsamen Geldverwaltung gegeben, die hier besonders von der Tilgung der betrieblichen Schulden des Ehemannes geprägt ist.

In Typ 3 hat in acht Ehen der Ehemann Kapitalvermögen, in sieben Ehen (davon in vier Fällen auch gemeinsames) Immobilienvermögen und in zwei Ehen Betriebsvermögen. Dieses Vermögen ist bis auf die gemeinsamen Immobilien dem Zugriff der Ehefrau entzogen. Demgegenüber hat die Ehefrau in fünf Fällen Ehefrauen Kapitalvermögen und in vier Fällen (davon in vier Fällen auch gemeinsames Immobilienvermögen), das bis auf das gemeinsame Immobilienvermögen dem direkten Zugriff des Ehemannes entzogen ist. Da die Ehemänner insgesamt eine deutlich höhere Vermögenssubstanz besitzen, verfügen sie insoweit auch über mehr sozio-ökonomische Ressourcen als ihre Ehefrauen, wodurch ihre wirtschaftliche Machtposition gestärkt wird.

Der Steuervorteil durch das Ehegattensplitting wirkt sich bei Typ 3 unterschiedlich aus. In den vier Ehen, in denen die Ehefrau eigene Renteneinkünfte hat, beträgt der Steuervorteil durch die Zusammenveranlagung zwischen € 228,-- und € 1.630,--. In den übrigen sechs Fällen der Hausfrauenehe, in denen die Ehefrau nicht erwerbstätig ist oder keine eigenen Rentenansprüche hat, beträgt der Steuervorteil dagegen mindestens € 3.190,-- und in zwei Fällen sogar mehr als € 10.000,--. In dieser Fallgruppe sind damit die betragsmäßig höchsten Steuervorteile innerhalb dieser Untersuchung festzustellen. Die Kritik, dass vom Ehegattensplitting insbesondere die kinderlose Ehe profitiere (Spangenberg 2005: 21; Donath 1993: 409; Zeidler 1983: 601) und dass es das Leitbild des Ernährermodells als familiales Erwerbsmuster fördere (Dingeldey 2000: 15), ist somit berechtigt.

7.3.4 Typ 4: Beide Ehepartner mit Ausbildungsberuf, Ehefrau berufstätig und ohne Kinder

Diesem Typ können acht Ehen zugeordnet werden.

Hinsichtlich der Erwerbstätigkeit der Ehefrau ist festzustellen, dass diese in drei Ehen Teilzeit und in vier Ehen Vollzeit arbeitet sowie in einer Ehe Versorgungsbezüge erhält. Ist die Ehefrau Vollzeit berufstätig oder erhält sie in einem Fall Versorgungsbezüge, so hat sie in vier Fällen höhere Einkünfte als ihr Ehemann. Da der Ehemann in fünf Fällen ein Bruttoeinkommen von weniger als € 36.000,-- hat, wird in diesen Fällen als ein wesentliches Motiv für die Erwerbstätigkeit die notwendige Aufstockung des Paareinkommens vermutet. In den übrigen Fällen ist dagegen anzunehmen, dass die Berufstätigkeit der Ehefrau eher als ein Zeichen zunehmender Individualisierung mit der Verfügung über eigenes Geld und weniger materieller Abhängigkeit vom Ehemann anzusehen ist (Huinink/Wagner 1998: 98; F.-X. Kaufmann 1995: 100; Beck 1983: 44).

Die Geldverwaltung ist bei diesem Typ unterschiedlich geregelt. In zwei Fällen fließen die Haupteinkünfte beider Ehepartner auf gemeinsame Konten, von denen alle Kosten beglichen werden. Nur in einem Fall davon zahlt der Ehemann, dessen Kapitaleinkünfte auf sein alleiniges Konto gehen, davon die Kosten für Urlaube und größere Anschaffungen. Hier wird das Geld im Wesentlichen gemeinsam verwaltet vor. In zwei weiteren Fällen ist das gemeinsame Konto ebenfalls von zentraler Bedeutung. In einem Fall fließen die Einkünfte der Ehefrau sowie die Steuererstattung auf ein gemeinsames Konto, von dem bis auf die betrieblichen Schulden alle Kosten beglichen werden. Die betrieblichen Schulden werden vom Geschäftskonto des Ehemannes bezahlt. Es liegt bis auf den Gewerbebetrieb ebenfalls eine gemeinsame Geldverwaltung vor. Im zweiten Fall fließen die Entnahmen des Ehemannes aus seinem Betriebsvermögen und die Steuererstattung auf das gemeinsame Konto der Eheleute, von dem die Kosten der laufenden Haushaltsführung gezahlt werden. Die Steuerzahlungen werden vom Geschäftskonto des Ehemannes geleistet. Dieser bezahlt auch alle Urlaube und größere Anschaffungen. Alle sonstigen Einkünfte fließen auf alleinige Konten des jeweiligen Ehepartners und stehen zu dessen alleiniger Verfügung. In einem Fall fließen alle Einkünfte der Eheleute auf ihre alleinigen Konten. Der Ehemann zahlt von seinem Geschäftskonto die Steuern. Alle sonstigen Kosten werden vom alleinigen Konto des Ehemannes beglichen, für das die Ehefrau eine Kontovollmacht besitzt. Der Ehefrau stehen ihre Teilzeiteinkünfte zur freien Verfügung. Wegen der Abwicklung über das gemeinsame Konto bzw. der Kontovollmacht der Ehefrau für das alleinige Konto des Ehemannes liegt in den beiden letztgenannten Fällen im Wesentlichen auch noch eine gemeinsame Geldverwaltung vor. In drei Fällen fließen die Einkünfte des Ehepartners jeweils auf sein alleiniges Konto. Sämtliche Kosten werden von den alleinigen Konten der Ehepartner gezahlt. Da kein Ehegatte Zugriff auf das Einkommen des anderen hat, liegt hier eine individuelle Geldverwaltung vor, die Absprachen der Ehepartner bezüglich ihrer finanziellen Zuständigkeiten erfordert (Pahl 1988, 1989).

Die Vermögensausstattung der Eheleute bei Typ 4 stellt sich wie folgt dar: Der Ehemann hat in sechs Fällen Betriebsvermögen, in drei Fällen Kaitalvermögen sowie in drei Fällen (davon in einem Fall gemeinsames) Immobilienvermögen. Die Ehefrau hat in zwei Fällen Betriebsvermögen, in drei Fällen Kapitalvermögen sowie in zwei Fällen (davon in einem Fall gemeinsames) Immobilienvermögen. Bis auf das gemeinsame Immobilienvermögen ist das jeweilige Vermögen eines Ehegatten dem Zugriff des anderen Ehegatten entzogen. Es ist festzustellen, dass trotz der Berufstätigkeit der Ehefrau der Ehemann insgesamt über eine größere Vermögenssubstanz verfügt und damit auch über höhere sozio-ökonomische Ressourcen.

Die Erwerbstätigkeit der Ehefrau wirkt sich bei Typ 4 unterschiedlich auf die Einkommensteuer aus. In drei Fällen beträgt der Steuervorteil bei der Zusammenveranlagung jeweils unter € 500,--. In einem Fall davon hat der Ehemann niedrige, gewerbliche Einkünfte (€ 21.500,--), während die Ehefrau Teilzeit € 10.600,-- verdient. In den zwei weiteren Fällen verdient die Ehefrau Vollzeit mehr als € 23.500,--. In allen Ehen führt die Erwerbstätigkeit der Ehefrau zu einer Minimierung des Steuervorteils aus dem Ehegattensplitting, was insoweit zu Recht kritisiert wird und als Hemmnis dafür angesehen wird, dass die Ehefrau eine Erwerbstätigkeit aufnimmt oder ausweitet (Spangenberg 2005: 25; Dingeldey 2000: 33; Donath 1993: 408). In zwei Fällen beträgt der Splittingvorteil zwischen € 2.200,-- und € 3.300,--. In diesen Fällen verdient die Ehefrau mehr als ihr Ehemann, so dass der Steuervorteil durch die niedrigeren Einkünfte des Ehemannes begründet ist. In drei Fällen beträgt der Steuervorteil jedoch zwischen € 6.200,-- und € 8.600,--. Davon hat die Ehefrau in zwei Fällen im Verhältnis zu den hohen Einkünften des Ehemannes geringe Teilzeiteinkünfte. In einem Fall stehen den Vollzeiteinkünften der Ehefrau Verluste des Ehemannes aus Gewerbetrieb gegenüber. Die hier bei Typ 4 ebenfalls anzutreffenden, teilweise erheblichen Steuervorteile bestätigen auch die Kritik, dass durch das Ehegattensplitting das Institut der Ehe gefördert werde (Vorwold 1992: 789; Riedmüller 1989: 653) und dass davon insbesondere die kinderlose Ehe profitieren (Spangenberg 2005: 21; Donath 1993: 409; Zeidler 1983: 601).

7.3.5 Typ 5: Ehemann mit akademischer Ausbildung, berufstätige Ehefrau mit Ausbildungsberuf und mit Kindern

Diesem Typ können vier Ehen zugeordnet werden.

In allen Ehen ist die Ehefrau mit Kindern Teilzeit erwerbstätig. In einem Fall verdient der Ehemann als Arbeitnehmer unter € 36.000,--, so dass hier angenommen wird, dass die Teilzeiteinkünfte der Ehefrau zur Aufstockung des Familieneinkommens benötigt werden. In den übrigen Fällen betragen die Haupterwerbseinkünfte des Ehemannes zwischen € 73.100,-- und € 199.000,--, so dass vermutet wird, dass hier statt der wirtschaftlichen Notwendigkeit der Wunsch der Ehefrau, zu arbeiten und ihr eigenes Geld zu verdienen, im Vordergrund steht.

In allen Ehen fließen die Einkünfte eines Ehepartners jeweils auf sein alleiniges Konto und damit zunächst in seinen Zugriffsbereich. Lediglich in einem Fall ist die Ehefrau für das alleinige Konto ihres Ehemannes bevollmächtigt. Das Kindergeld fließt in drei Fällen auf das alleinige Konto des Ehemannes, für das die Ehefrau in einem Fall Kontovollmacht hat, und in einem Fall auf ein gemeinsames Konto der Eheleute. Im letzteren Fall werden alle Kosten von den beiden alleinigen Konten sowie dem gemeinsamen Konto der Eheleute bezahlt. Es liegt eine überwiegend individuelle Geldverwaltung vor, die Absprachen der Eheleute über ihre finanziellen Zuständigkeiten erfordert (Ludwig-Mayerhofer 2006: 473; Pahl 1988, 1989). In einem weiteren Fall überweist der Ehemann das Geld für die laufende Haushaltsführung auf das alleinige Konto der Ehefrau. Alle übrigen Kosten werden in diesen beiden Fällen von den beiden alleinigen Konten der Eheleute bezahlt. Hier werden die Kosten des laufenden Haushalts der Ehefrau zugeteilt und bezüglich der übrigen Kosten liegt eine individuelle Geldverwaltung vor (Pahl 1988, 1989). In beiden Fällen ist jedoch nicht zu verkennen, dass dem Ehemann hinsichtlich seines nach Abzug der Kosten für die laufende Haushaltsführung verbleibenden wesentlich höheren Resteinkommens eine stärkere wirtschaftliche Macht zukommt. Im dritten Fall werden alle Kosten vom alleinigen Konto des Ehemannes gezahlt, für das die Ehefrau Kontovollmacht und damit eine Verfügungsbefugnis hat. Vom Geschäftskonto der Ehefrau werden lediglich über ein gemeinsames Konto die Steuerzahlungen und die Kosten der Krankenversicherung der Ehefrau beglichen. Ihr restliches Einkommen aus selbständiger Teilzeitarbeit steht zu ihrer alleinigen Verfügung. Es liegt hier eine Mischung aus hautsächlich gemeinsamer und geringfügig individueller Geldverwaltung vor (Pahl 1988, 1989). Der vierte Fall ist durch eine individuelle Geldverwaltung der Ehepartner gekennzeichnet (Pahl 1988, 1989). Der Ehemann zahlt vom Geschäftskonto die Steuern und wegen seiner erheblich höheren Einkünfte auch die Kosten für Urlaube und größere Anschaffungen. Die Kosten der laufenden Haushaltsführung werden von beiden alleinigen Konten der Eheleute bezahlt.

Hinsichtlich der Vermögensausstattung bei Typ 5 ist festzustellen, dass der Ehemann in drei Fällen über Kapitalvermögen, in zwei Fällen über Betriebsvermögen und in einem Fall über Immobilienvermögen verfügt, auf das die Ehefrau keinen direkten Zugriff hat. Demgegenüber verfügt die Ehefrau in zwei Fällen über Kapitalvermögen und in einem Fall über Betriebsvermögen, das dem Zugriff des Ehemannes ebenso entzogen ist. Insgesamt verfügt der Ehemann über deutlich mehr Vermögen als seine Ehefrau, die durch ihre Teilzeittätigkeit auch weniger Möglichkeiten zur Vermögensbildung hat und somit im Ergebnis wirtschaftlich schlechter gestellt ist.

In zwei Fällen hat der Ehemann die Steuerklasse III und die Ehefrau Steuerklasse V. Der dadurch bedingte Steuervorteil des Ehemannes fließt mit seinen Arbeitnehmereinkünften auf sein alleiniges Konto. Die Ehefrau hat im Fall der Kontovollmacht auf dieses Konto formal auch ein Zugriffsrecht und damit auch auf diesen Steuervorteil, im zweiten Fall nicht. In den zwei Fällen, in denen der Ehemann gewerblich oder selbständig tätig ist, fließt demgegenüber der mit der Steuerklasse III verbundene Steuervorteil in einem Fall auf das alleinige Konto der Ehefrau. Im zweiten Fall entfällt dieser durch die Steuerklassenwahl IV für beide Eheleute.

Der Steuervorteil durch das Ehegattensplitting beträgt bei Typ 5 in einem Fall € 1.700,-- und in drei Fällen zwischen € 4.100,-- und € 4.500,--. Die Teilzeiteinkünfte der Ehefrau, die sich zwischen € 6.600,-- und € 16.800,-- bewegen, führen damit im Zusammenhang mit den Eingangs dargestellten Einkünften des Ehemannes in der Gesamtbetrachtung zu niedrigeren Steuervorteilen, als wenn die Ehefrau nicht berufstätig wäre. Wie bereits ausgeführt, wird dies zu Recht kritisiert und als hemmend für die Erwerbstätigkeit der Ehefrau angesehen.

7.3.6 Typ 6: Ehemann mit akademischer Ausbildung, berufstätige Ehefrau mit Ausbildungsberuf und ohne Kinder

Diesem Typ können drei Ehen zugeordnet werden.

Die Ehefrau ist in allen Fällen Vollzeit erwerbstätig. Der Ehemann verdient in zwei Ehen unter € 36.000,--, so dass hier davon ausgegangen wird, dass die Einkünfte der Ehefrau zur Aufstockung des Paareinkommens benötigt werden. In einer Ehe hat die Ehefrau höhere Einkünfte als ihr Ehemann.

In allen Fällen fließen sämtliche Einkünfte eines Ehepartners auf sein alleiniges Konto und damit in seinen Zugriffsbereich. Kein Ehegatte hat eine Kontovollmacht für die alleinigen Konten seines Ehepartners. Wegen der niedrigen Einkünfte des Ehemannes (€ 4.000,--) zahlt die Ehefrau in einer Ehe von ihrem Geschäftskonto die Steuern und von ihrem alleinigen Konto fast alle Kosten des Paares. Die Steuererstattung (€ 1.700,--) dient zur Tilgung der betrieblichen Schulden der Ehefrau. Die Geldverwaltung mit Ausnahme der Einkünfte des Ehemannes obliegt in diesem Fall der Ehefrau, die aufgrund ihres höheren Einkommens über eine größere wirtschaftliche Macht verfügt. In den beiden anderen Ehen gibt es klare Absprachen, wer welche Kosten des Paares trägt. In einem Fall zahlt der Ehemann alle Steuern sowie Urlaube und größere Anschaffungen. Die Ehefrau bezahlt sämtliche Kosten des laufenden Haushalts. Im zweiten Fall zahlt die Ehefrau von ihrem Geschäftskonto die Steuern. Alle sonstigen Kosten werden etwa je zur Hälfte von den alleinigen Konten der Ehepartner beglichen. In diesen Fällen liegt eine individuelle Geldverwaltung vor, in der beide Ehepartner über eigenes Einkommen verfügen und kein Partner über das Einkommen des anderen Partners und damit über das gesamte Haushaltseinkommen verfügen kann. Die Ehepartner müssen daher ihre finanziellen Zuständigkeiten absprechen (Ludwig-Mayerhofer 2006: 473; Pahl 1988, 1989).

Die Vermögenssituation der Paare sieht bei Typ 6 anders aus. So hat der Ehemann hier in je einem Fall Kapitalvermögen oder Immobilienvermögen. Die Ehefrau hat dagegen in drei Fällen Betriebsvermögen. In allen Fällen ist auch die Vermögenssubstanz dem direkten Zugriff des anderen Ehepartners entzogen. Es ist hier festzustellen, dass bezogen auf die Vermögenssubstanz auch die Vollzeit beschäftigte Ehefrau über mehr eigenes Vermögen verfügt und insoweit ihre wirtschaftliche Macht gestärkt wird.

Auch bezüglich der Steuerklassenwahl zeigt sich eine gleichberechtigtere Position der Ehefrau. In einem Fall, in der dem Ehemann über die Steuerklasse III als Arbeitnehmer ein Steuervorteil allein zufließt, zahlt er auch sämtliche Steuern des Paares. In den anderen Fällen erhält wegen der Steuerklassenkombination IV/IV keiner der Ehepartner einen Steuervorteil als Arbeitnehmer.

Der Steuervorteil durch das Ehegattensplitting beträgt in zwei Ehen unter € 1.000,-- und in einer Ehe € 1.800,--. Im letzteren Fall ist dieser Steuervorteil in den niedrigen Einkünften des Ehemannes begründet. Ist die Ehefrau Vollzeit berufstätig, schrumpft somit der Splittingvorteil erheblich. Wie bereits ausgeführt, zeigt dies, dass durch die Zusammenveranlagung zwar das Institut Ehe gefördert wird, so dass es überhaupt einen Steuervorteil in diesen Fällen gibt, die Berufstätigkeit der Ehefrau selbst soll aber gerade nicht steuerlich begünstigt werden.

7.3.7 Typ 7: Beide Ehepartner mit akademischer Ausbildung, berufstätige Ehefrau und mit Kindern

Diesem Typ können fünf Ehen zugeordnet werden.

Die Ehefrau ist in allen Ehen Vollzeit berufstätig. Da in allen Ehen der Ehemann ein Einkommen von mindestens € 49.400,-- und mehr erzielt, wird bei diesem Typ unterstellt, dass die Berufstätigkeit der Ehefrau nicht aus wirtschaftlicher Notwendigkeit zur Aufstockung des Familieneinkommens erfolgt, sondern von dem Wunsch nach einer inhaltlich befriedigenden Tätigkeit und Sicherung des eigenen Lebensunterhalts geprägt ist (Beck-Gernsheim 1983: 314). Bei Typ 7 wird auch die Aussage bestätigt, dass mit zunehmendem Ausbildungsabschluss eine zunehmende Motivation der Ehefrau zur Erwerbstätigkeit festzustellen ist (Krüsselberg/Auge/Hilzenbecher 1986: 101; Beck-Gernsheim 1983: 317). Die Ehefrau verfügt in 2 Fällen über höhere Einkünfte als ihr Ehemann.

Die Einkünfte der Eheleute fließen in vier Ehen auf das alleinige Konto des jeweiligen Ehepartners, davon haben in zwei Fällen die Ehepartner wechselseitig Kontovollmacht für die Konten des anderen Ehegatten. Die Kosten werden in diesen Fällen regelmäßig einzeln oder teilweise oder hälftig von den alleinigen Konten der Eheleute gezahlt. Nur in einem Fall findet eine genaue hälftige Abrechnung bzw. Aufrechnung der Kosten zwischen den Eheleuten statt. In diesem einzigen Fall wird auch die Steuererstattung hälftig geteilt und zur freien Verfügung der Ehegatten gestellt. Es liegt hier eine getrennte Geldverwaltung vor. Im Falle einer gemeinsamen Vermietungsimmobilie gehen nur die Mieteinkünfte, das Kindergeld und die Steuererstattung auf ein gemeinsames Konto der Eheleute und werden zur Tilgung der gemeinsamen Schulden und für den Urlaub verwendet. Es liegen Mischfälle von individueller und gemeinsamer Geldverwaltung vor. Im fünften Fall gehen die Haupterwerbseinkünfte der beiden Ehegatten sowie das Kindergeld auf ein gemeinsames Konto, von dem mit Ausnahme der Schulden des Ehemannes aus seiner Vermietungsimmobilie alle Kosten der

Familie bezahlt werden. Seine Schulden tilgt der Ehemann aus seinen alleinigen Vermietungseinkünften selbst. Hier ist vorrangig eine gemeinsame Geldverwaltung des Paares gegeben.

Bei der Vermögensausstattung ist festzustellen, dass der Ehemann in je einem Fall über Kapitalvermögen oder Betriebsvermögen und in zwei Fällen über Immobilienvermögen (davon in einem Fall gemeinsam mit der Ehefrau) verfügt. Die Ehefrau hat in je einem Fall Kapitalvermögen oder hälftig mit dem Ehemann gemeinsames Immobilienvermögen sowie in drei Fällen Betriebsvermögen. Für einen Fall des Kapitalvermögens haben die Eheleute aufgrund ihrer gegenseitigen Vollmachten eine rechtliche Zugriffsmöglichkeit auch auf das Kapitalvermögen des Ehegatten. Auch in Bezug auf die gemeinsame Vermietungsimmobilie hat jeder Ehegatte ein entsprechendes Zugriffsrecht. Über das übrige Vermögen können die Ehegatten jeweils nur allein verfügen. Bei diesem Typ ist wiederum festzustellen, dass die Vollzeit erwerbstätige Ehefrau durch ihren Zugang zu eigenen Einkünften auch eigenes Vermögen, hier insbesondere auch Betriebsvermögen, aufbauen kann und insoweit über eigene sozio-ökonomische Ressourcen verfügt, die ihre wirtschaftliche Unabhängigkeit von ihrem Ehemann stärkt.

Bei der Wahl der Steuerklassen hat der Ehemann in zwei Ehen die Lohnsteuerklasse III. In beiden Fällen fließt der Steuervorteil daraus mit den Arbeitnehmereinkünften auf ein alleiniges Konto des Ehemannes, von dem die Steuerzahlungen geleistet werden, so dass die Ehefrau an diesem Steuervorteil indirekt teilhat. In zwei Fällen hat die Ehefrau die Lohnsteuerklasse III. In einem Fall profitiert der Ehemann direkt von diesem Steuervorteil, da das Gehalt der Ehefrau auf dem gemeinsamen Konto eingeht. Im fünften Fall wird die Lohnsteuer für beide Ehegatten nach der Lohnsteuerklasse IV abgerechnet.

Die Vollzeitberufstätigkeit der Ehefrau wirkt sich bei diesem Typ unterschiedlich auf den Steuervorteil durch das Ehegattensplitting aus. In zwei Ehen ist dieser € 0,-- bzw. € 108,--. In diesen Fällen gibt es trotz der in den Familien vorhandenen Kinder und den Kind bedingten Mehraufwendungen keine zusätzliche steuerliche Entlastung durch das Ehegattensplitting. Wie auch in den zwei Fällen, in denen der Steuervorteil durch das Ehegattensplitting je € 1.300,-- beträgt, schafft das Ehegattensplitting keinen wirtschaftlichen Anreiz für die Berufstätigkeit der Ehefrau oder einen Ausgleich für die Doppelbelastung der Ehefrau mit Kindern (Wimbauer 2006).

Lediglich in einem Fall, in dem die Ehefrau Verluste aus ihrer selbständigen Tätigkeit hat, und dadurch weiter vom Einkommen des Ehemannes entfernt ist (Donath 1993: 407; Wätzig 1982: 1839), haben die Ehegatten einen Splittingvorteil von € 7.600,--. Die steuerlichen Auswirkungen des Ehegattensplittings sind demnach sehr von der Höhe der Einkünfte der beiden Ehepartner und dem Verhältnis zueinander abhängig.

7.3.8 Typ 8: Beide Ehepartner mit akademischer Ausbildung, berufstätige Ehefrau und ohne Kinder

Diesem Typ können vier Ehen zugeordnet werden.

Die Ehefrau ist in drei Ehen Vollzeit und in einer Ehe Teilzeit erwerbstätig. Da der Ehemann in drei Ehen Einkünfte unter € 36.000,-- hat, wird angenommen, dass ein wichtiger Grund für die Berufstätigkeit der Ehefrau auch die Aufstockung bzw. die Sicherung des Paareinkommens ist. Die Ehefrau hat in drei Fällen höhere Einkünfte als ihr Ehemann. In zwei Fällen ist auffällig, dass die Eheleute ein eigenes, anderes Lebensmodell verfolgen. So arbeitet der Ehemann in einem Fall unentgeltlich in dem Betrieb seiner selbständigen Ehefrau. Im zweiten Fall ist die Ehefrau Vollzeit erwerbstätig, während der Ehemann als Künstler nur über geringe eigene Einkünfte verfügt. In diesen Fällen übernimmt die Ehefrau die Versorgerrolle, die traditionell dem Ehemann zugeschrieben ist.

In allen Ehen fließen die Einkünfte eines Ehepartners auf sein alleiniges Konto, nur die Einkünfte aus einer gemeinsamen Vermietungsimmobilie gehen in zwei Fällen auf ein gemeinsames Konto der Eheleute. Lediglich ein Ehemann ist für die alleinigen Konten seiner Ehefrau bevollmächtigt. Die Kostentragung ist in Typ 8 unterschiedlich geregelt. In dem Fall, in dem der Ehemann über höhere Einnahmen verfügt, werden alle Kosten von seinem alleinigen Konto gezahlt, für das die Ehefrau keine Vollmacht hat. Dafür stehen ihr ihre (geringen) Teilzeiteinkünfte zur alleinigen (individuellen) Verfügung. Die gemeinsamen Vermietungseinnahmen werden für Kosten der gemeinsamen Immobilie verwendet. Es liegt hier eine Gesamtverwaltung des Einkommens durch den Ehemann vor (Pahl 1988, 1989). Die Ehefrau ist trotz ihrer Erwerbstätigkeit wirtschaftlich von ihrem Ehemann abhängig. Im zweiten Fall, in dem die Ehefrau lediglich höhere Arbeitnehmereinkünfte als ihr Ehemann erzielt, werden alle Kosten von den beiden alleinigen Konten der Eheleute gezahlt. Es liegt hier eine individuelle

Geldverwaltung durch beide Ehegatten vor (independent management system (Pahl 1988, 1989)). Beide Partner verfügen über eigenes Einkommen, können aber nicht auf das gesamte Haushaltseinkommen zugreifen, so dass die finanziellen Zuständigkeiten zwischen den Partnern abgesprochen werden müssen (Ludwig-Mayerhofer 2006: 473; Pahl 1988, 1989). In den beiden weiteren Fällen werden alle Steuern und Kosten vom alleinigen Konto der Ehefrau bezahlt. In einem Fall hat der unentgeltlich im Betrieb seiner Ehefrau tätige Ehemann über das Konto eine Vollmacht und ist somit darüber auch verfügungsberechtigt. Es liegt insoweit eine Form der gemeinsamen Geldverwaltung vor. Im zweiten Fall werden nur die Kosten für Urlaube und größere Anschaffungen vom gemeinsamen Vermietungskonto sowie alle sonstigen Kosten von den alleinigen Konten der Eheleute beglichen. Da beide Ehegatten nur über ihre unterschiedlich hohen Erwerbseinkünfte und die gemeinsamen Vermietungseinkünfte verfügen können, stellt dies auch eine Form der individuellen Geldverwaltung dar. Dennoch ist in diesem Fall die wirtschaftliche Abhängigkeit des Ehemannes von seiner Ehefrau, die die Steuern und Kosten des laufenden Haushalts allein zahlt, nicht zu übersehen.

Hinsichtlich der Vermögenssituation der Eheleute ist festzustellen, dass der Ehemann in zwei Fällen über Kapitalvermögen, in einem Fall über Betriebsvermögen sowie in zwei Fällen über hälftiges Miteigentum an Immobilienvermögen verfügt. Demgegenüber hat die Ehefrau in drei Fällen Kapitalvermögen und in zwei Fällen Betriebsvermögen sowie in zwei Fällen hälftiges Miteigentum an gemeinsamen Immobilien. Über dieses Vermögen haben die Ehegatten mit Ausnahme der gemeinsamen Immobilien in allen Ehen ein alleiniges Zugriffsrecht. Bei diesem Typ, in dem drei Ehefrauen höhere Einkünfte als ihre Ehemänner erzielen, verfügt diese insgesamt betrachtet auch über ein höheres Vermögen. Mit dem Zugang zu den eigenen Einkünften ist somit auch eine Voraussetzung zum Aufbau von eigenem Vermögen der Ehefrau gegeben. Mit den eigenen sozio-ökonomischen Ressourcen der Ehefrau wird auch ihre Entscheidungsmacht größer (Pahl 1988, 1989; Blumstein/Schwartz 1983).

In Bezug auf die Wahl der Steuerklassen sind zwei Kombinationen vorhanden. In dem Fall, in dem beide Ehegatten und die Ehefrau höhere Arbeitnehmereinkünfte erzielen, haben beide die Steuerklasse IV, so dass niemand daraus einen zusätzlichen Steuervorteil hat. Anders ist es dagegen in einem Fall der hohen Arbeitnehmereinkünfte der Ehefrau und der verhältnismäßig geringen Einkünften des Ehemannes aus Gewerbebetrieb. Hier fließt der Ehefrau der aus der Lohnsteuerklasse III resultierende Steuervorteil mit ihren monatlichen Arbeitnehmereinkünften direkt auf ihr alleiniges Konto. Der Ehemann hat darauf keinen Zugriff.

Der Steuervorteil durch das Ehegattensplitting stellt sich unterschiedlich dar. In zwei Ehen beträgt die Einkommensteuer wegen der geringen Gesamteinkünfte der Eheleute € 0,--, so dass es auch keinen Splittingvorteil gibt. In zwei Ehen beträgt die Steuererstattung je € 4.700,--. Grund dafür sind die unterschiedlich hohen Einkünfte der Ehegatten (Donath 1993: 407; Wätzig 1982: 1839), hier insbesondere die im Verhältnis zum Ehemann höheren Einkünfte der Ehefrau. In diesen Fällen liegt quasi der umgekehrte Fall zum klassischen Familienmodell vor, das politisch und steuerlich durch das Ehegattensplitting gefördert werden sollte (Donath 1993: 408). Diese Fälle verdeutlichen aber auch, dass letztlich hier die Institution der Ehe durch das Ehegattensplitting gefördert wird, was zu Recht kritisiert wird (Donath 1993: 407; Vorwold 1992: 789; Riedmüller 1989: 653).

Bei der Auswertung der empirischen Fälle ist als Ergebnis zudem festzustellen, dass in allen Fällen, in denen der Ehemann eine akademische Ausbildung hat, seine Ehefrau unabhängig von ihrem Ausbildungsstand und ob Kinder vorhanden sind oder nicht, seine Ehefrau immer berufstätig ist.

Als ein weiteres zentrales Ergebnis der Arbeit ist festzuhalten, dass alle Ehefrauen mit einer akademischen Berufsausbildung und unabhängig von Kindern immer erwerbstätig sind.

Folgende Typen lassen sich daher anhand der Praxisfälle nicht nachweisen:

- Ehemann mit akademischer Ausbildung, nicht berufstätige Ehefrau mit Ausbildungsberuf und mit Kindern
- Ehemann mit akademischer Ausbildung, nicht berufstätige Ehefrau mit Ausbildungsberuf und ohne Kinder
- Ehemann mit Ausbildungsberuf, nicht berufstätige Ehefrau mit akademischer Ausbildung und mit Kindern
- Ehemann mit Ausbildungsberuf, nicht berufstätige Ehefrau mit akademischer Ausbildung und ohne Kinder

- Beide Ehepartner mit akademischer Ausbildung, nicht berufstätige Ehefrau und mit Kindern
- Beide Ehepartner mit akademischer Ausbildung, nicht berufstätige Ehefrau und ohne Kinder

Die Kombination Ehemann mit Ausbildungsberuf, berufstätige Ehefrau mit akademischer Ausbildung und mit Kindern ist nur in einem Fall anzutreffen, so dass hier mangels Wiederholungen ebenfalls keine Typenbildung möglich ist.

Zusammenfassend ist festzustellen, dass sich die untersuchten Paare strukturell nach dem Ausbildungsstand unterscheiden. Je nachdem, ob die Ehepartner einen Ausbildungsberuf oder eine akademische Ausbildung haben, zeigen sich bezüglich der Berufstätigkeit der Ehefrau, der Geldverwaltung der Eheleute und der Höhe des Steuervorteils durch das Ehegattensplitting Unterschiede.

Haben beide Eheleute einen Ausbildungsberuf, so ist die Ehefrau mit Kindern entweder nicht (Typ 1) oder im Falle ihrer Erwerbstätigkeit ganz überwiegend Teilzeit beschäftigt (Typ 2). Haben die Eheleute keine Kinder, ist die Ehefrau nicht erwerbstätig (Typ 3) oder überwiegend Teilzeit tätig (Typ 4). Das Hausfrauenmodell ist fast ausschließlich bei Typ 1 bis Typ 4 anzutreffen. Die Berufstätigkeit der Ehefrau ist in einzelnen Fällen zur Aufstockung des Gesamteinkommens wirtschaftlich auch notwendig. Die Paare zeichnen sich häufig durch eine gemeinsame Geldverwaltung aus. Das gemeinsame Konto, auf das die Haupteinkünfte fließen, ist dabei von zentraler Bedeutung. Ist ein Ehepartner gewerblich oder selbständig tätig, läuft die Geldverwaltung auch über ein Geschäftskonto oder Einzelkonten. Bei den Paaren mit einem Ausbildungsberuf sind betragsmäßig die höchsten Steuervorteile durch das Ehegattensplitting zu verzeichnen. Besonders hoch sind die Steuervorteile bei Typ 3 in den Fällen, in denen der Ehemann über hohe Einkünfte verfügt und die Ehefrau nicht erwerbstätig ist und keine Kinder hat. Insoweit ist die Kritik am Ehegattensplitting berechtigt, es fördere das Institut der Ehe (Vorwold 1992: 789; Riedmüller 1989: 653) und dass insbesondere die kinderlosen Ehen davon profitieren würden (Spangenberg 2005: 21; Donath 1993: 409; Zeidler 1983: 601).

Hat der Ehemann eine akademische Ausbildung, ist seine Ehefrau mit einem Ausbildungsberuf immer berufstätig und zwar mit Kindern Teilzeit

(Typ 5) und ohne Kinder Vollzeit (Typ 6). Haben beide Eheleute eine akademische Ausbildung spielen Kinder für die Berufstätigkeit der Ehefrau keine Rolle, da sie in allen Fällen immer erwerbstätig ist. Dabei ist sie meist Vollzeit berufstätig (Typ 7 und Typ 8). Bei den Typ 5 bis Typ 8 zugeordneten Fällen gehen die Einkünfte der Ehepartner überwiegend auf deren alleinigen Konten. Die Kosten des Paares werden überwiegend in Kombinationen aus alleinigen Konten der Ehepartner und gelegentlich auch von gemeinsamen Konten beglichen. Hier liegt überwiegend eine individuelle Geldverwaltung vor, bei der beide Ehepartner über eigene Einkünfte verfügen, aber nicht auf das gesamte Haushaltseinkommen zugreifen können, so dass von ihnen über ihre jeweiligen finanziellen Zuständigkeiten Regelungen abgesprochen werden müssen (Ludwig-Mayerhofer 2006: 473; Pahl 1988, 1989).

In der Gesamtbetrachtung sind die Steuervorteile durch das Ehegattensplitting bei Typ 5 bis Typ 8 insgesamt der Höhe nach niedriger als in den Fällen, in denen beide Ehepartner einen Ausbildungsberuf haben (Typ 1 bis Typ 4). Grund dafür ist einmal, dass die Ehefrau in diesen Ehen immer berufstätig ist und bei Typ 7 und Typ 8 in der Regel auch Vollzeit, so dass der Splittingvorteil wegen des Zuverdienstes der Ehefrau verloren geht, wie zu Recht kritisiert wird (Spangenberg 2005: 25; Dingeldey 2000: 33; Donath 1993: 408). Die Verringerung des Splittingvorteils gilt im Fall der eigenen Einkünfte der Ehefrau aber auch für die Ehepartner mit Ausbildungsberuf. Zum anderen ist der Splittingvorteil umso höher, je weiter die Einkommen der Eheleute auseinander liegen (Donath 1993: 407; Wätzig 1982: 1839). So wird einmal die Differenz der Einkünfte zwischen den Ehegatten kleiner, wenn die Ehefrau auch Teilzeit oder Vollzeit berufstätig ist. Zudem sind die Einkünfte des insbesondere gewerblich oder selbständig tätigen Ehemannes mit Ausbildungsberuf häufig im Einzelfall sehr viel höher als die des Ehemannes mit akademischer Ausbildung.

Als Ergebnis der empirischen Untersuchung ist zudem festzustellen, dass das klassische Familienmodell mit dem Ehemann als Ernährer und der nicht berufstätigen Ehefrau als Hausfrau und Mutter nicht mehr dem heute gültigen Familienleitbild entspricht. Das Ehegattensteuerrecht basiert insoweit nicht mehr auf der aktuellen, gesellschaftlichen Realität. Der im Kapitel 3 dargestellte Wandel zeigt sich auch in den untersuchten Fällen. Danach sind die Ehefrauen überwiegend erwerbstätig. Mit zunehmendem

Bildungsstand der Ehefrau steigt zudem unabhängig von eventuell vorhandenen Kindern auch der Umfang ihrer Berufstätigkeit. Mit den eigenen Einkünften der Ehefrau verringert sich meistens auch der mit dem Ehegattensplitting verbundene Steuervorteil. Dies hat für verheiratete Frauen eine eher hemmende Wirkung auf ihr Erwerbsverhalten, wie zu Recht kritisiert wird (Spangenberg 2005: 25; Dingeldey 2000: 33; Donath 1993: 408). Insbesondere höher qualifizierte Frauen lassen sich dadurch jedoch nicht im Umfang ihrer Berufstätigkeit einschränken. Das Ehegattensplitting ist nach alledem als nicht mehr zeitgemäß anzusehen. Der Splittingvorteil ist zudem bei Typ 3 im Falle der nicht berufstätigen Ehefrau ohne Kinder (kinderlose Ehe) besonders hoch. Für eine solche steuerliche Begünstigung der Institution der Ehe (Vorwold 1992: 789; Riedmüller 1989: 653) ist die gesellschaftliche Rechtfertigung heute zweifelhaft.

8 Geldverwaltung während der Ehe und der Halbteilungsgrundsatz

Die empirische Untersuchung hat ergeben, dass das klassische Familienmodell mit dem Ehemann als Ernährer und der Ehefrau als Hausfrau und Mutter nicht mehr dem heute gültigen Leitbild entspricht. Auch das Bundesverfassungsgericht geht in seiner Entscheidung vom 03.11.1982 (BStBl. II 1982, 717) über die Verfassungsmäßigkeit des Ehegattensplittings von diesem Leitbild aus und stellt fest, „dass das Ehegattensplitting nach seinem vom Gesetzgeber zugrunde gelegten Zweck unter anderem „eine besondere Anerkennung der Aufgabe der Ehefrau als Hausfrau und Mutter" bedeutet. Es geht davon aus, „dass zusammenlebende Ehegatten eine Gemeinschaft des Erwerbs und des Verbrauchs bilden, in der ein Ehegatte an den Einkünften und Lasten des anderen zur Hälfte teilhat". Die Ergebnisse der empirischen Untersuchung werden daher noch einmal unter dem Aspekt betrachtet, ob sich während der bestehenden Ehe eine solche hälftige Teilhabe beider Ehegatten nachweisen lässt. Dabei geht es nicht um die Frage, ob sicher unzweifelhaft sämtliche Kosten des Paares aus dem insgesamt zur Verfügung stehenden Einkommen und Vermögen letztlich (bei Schulden soweit finanziell möglich) auch beglichen werden, sondern ob jeder Ehegatte während der bestehenden Ehe (rechtlich) die Möglichkeit hat, auf das Einkommen und das Vermögen des anderen Ehegatten zuzugreifen und dies auch bei der Geldverwendung zum Ausdruck kommt. Dazu werden die Ergebnisse aus Kapitel 7.2.4 und 7.2.5 zur themenzentrierten Auswertung in Bezug auf den Zugriff auf die Ressourcen und die Geldverwendung noch einmal herangezogen. Anschließend werden die im Kapitel 7.3 gebildeten Paar-Typen noch einmal betrachtet.

8.1 Zufluss der Einkünfte und Zugang zu den Ressourcen

8.1.1 Bankkonten und Kapitalvermögen

In 43 Ehen hat der Ehemann ein alleiniges Bankkonto, für das die Ehefrau in 32 Fällen keine Bankvollmacht besitzt, so dass die Ehefrau nicht auf dort zufließenden Einkünfte oder das Kapitalvermögen zugreifen kann. In 27 Ehen hat die Ehefrau ein alleiniges Konto, über das sie in 18 Fällen ein alleiniges Verfügungsrecht hat. Eine Verfügungsbefugnis des einzelnen Ehepartners besteht jeweils bei den gemeinsamen Konten der Eheleute (Oder-Konten), die teilweise zusätzlich vorhanden sind. In vier Fällen haben die Eheleute ausschließlich gemeinsame Konten. Da in Fällen der alleinigen Verfügungsbefugnis auf ein Bankkonto der andere Ehegatte vom Zugriff auf die dort eingehenden Einkünfte und das vorhandene Kapitalvermögen ausgeschlossen ist, lässt sich hier keine direkte hälftige Teilhabe des anderen Ehegatten erkennen. In Bezug auf die Bankkonten sind zahlenmäßig insgesamt mehr Ehefrauen von der Teilhabe ausgeschlossen.

8.1.2 Einkünfte

Je nach Einkunftsart fließen die Einkünfte eines Ehegatten unterschiedlich auf sein alleiniges oder ein gemeinsames Konto der Eheleute. Nur in den Fällen des Zuflusses auf ein gemeinsames Konto oder im Fall der Bankvollmacht für das Konto des anderen Ehegatten hat dieser ein direktes Zugriffsrecht auf die dort eingehenden Einkünfte, so dass dann eine hälftige Teilhabe möglich wäre. Im Einzelnen stellt sich dies wie folgt dar:

Die Einkünfte aus nichtselbständiger Arbeit des Ehemannes werden in elf Ehen auf sein alleiniges Konto gezahlt, wobei in drei Fällen eine Bankvollmacht der Ehefrau vorliegt, und in acht Ehen auf ein gemeinsames Konto. In acht Ehen hat die Ehefrau somit kein Zugriffsrecht auf die Einkünfte.

Die Einkünfte aus nichtselbständiger Arbeit der Ehefrau fließen in 14 Ehen auf ihr alleiniges Konto, für das der Ehemann in vier Fällen Bankvollmacht hat, sowie in zehn Ehen auf ein gemeinsames Konto. In zehn Fällen ist dem Ehemann somit kein Zugang zu den Einkünften der Ehefrau möglich.

Die Versorgungsbezüge des Ehemannes als ehemaliger Arbeitnehmer/Beamter gehen in zwei Ehen auf ein gemeinsames Konto und in einer Ehe auf ein alleiniges Konto, so dass die Ehefrau hier vom Zugriff ausgeschlossen ist. Die Versorgungsbezüge der Ehefrau gehen in einem Fall auf ein alleiniges Konto der Ehefrau, für das der Ehemann bevollmächtigt ist.

Die Einkünfte aus Gewerbetrieb/selbständiger Arbeit des Ehemannes (Gewinnanteile bzw. Privatentnahmen) fließen in acht Ehen auf ein gemeinsames Konto und in zehn Ehen auf sein alleiniges Privatkonto, für das die Ehefrau in drei Fällen Vollmacht hat. Die Ehefrau hat somit in sieben Fällen keinen Zugriff.

Die Einkünfte aus Gewerbebetrieb/selbständiger Arbeit der Ehefrau (Gewinnanteile bzw. Privatentnahmen) gehen in zwei Fällen auf ein gemeinsames Konto und in 12 Fällen auf ihr alleiniges Konto, für das der Ehemann in drei Fällen Kontovollmacht hat. Der Ehemann hat somit in neun Ehen keinen Zugriff auf diese Einkünfte.

Die Einkünfte aus Vermietung und Verpachtung von gemeinsamen Objekten der Eheleute werden in allen acht Fällen auf ein gemeinsames Konto gezahlt.

Hat der Ehemann alleinige Einkünfte aus Vermietung und Verpachtung fließen diese in vier Ehen auf ein gemeinsames Konto und in zehn Ehen auf sein alleiniges Konto, zu dem die Ehefrau in keinem Fall einen Zugang hat.

Die alleinigen Einkünfte der Ehefrau aus Vermietung und Verpachtung gehen in drei Fällen auf ein gemeinsames Konto und in einem Fall auf ihr alleiniges Konto, für das der Ehemann nicht bevollmächtigt ist.

Die gemeinsamen Einkünfte der Eheleute aus Kapitalvermögen werden in einem Fall auf ein gemeinsames Konto gezahlt.

Die alleinigen Einkünfte aus Kapitalvermögen des Ehemannes fließen in vier Fällen auf ein gemeinsames Konto und in 19 Fällen auf sein alleiniges Konto, für das die Ehefrau in drei Fällen Vollmacht hat. In 16 Ehen hat die Ehefrau keinen Zugriff auf die Kapitaleinkünfte.

Die alleinigen Einkünfte der Ehefrau aus Kapitalvermögen gehen in drei Ehen auf ein gemeinsames Konto und in 14 Ehen auf ihr alleiniges Konto, für das der Ehemann in vier Fällen bevollmächtigt ist. Somit hat der Ehemann hier in zehn Fällen keinen Zugang zu den Kapitalerträgen der Ehefrau.

Die Einkünfte aus Renten des Ehemannes werden in fünf Ehen auf ein gemeinsames und in acht Ehen auf sein alleiniges Konto gezahlt, für das die Ehefrau in zwei Fällen über eine Bankvollmacht verfügt. In sechs Fällen hat die Ehefrau somit keinen Zugriff auf diese Einkünfte.

Die Renteneinkünfte der Ehefrau gehen in zwei Fällen auf ein gemeinsames Konto und in drei Fällen auf ihr alleiniges Konto, für das der Ehemann in zwei Fällen eine Vollmacht hat. Er hat somit nur in einer Ehe keinen Zugang zu den Renteneinkünften seiner Ehefrau.

Das Kindergeld fließt in 15 Fällen auf ein gemeinsames Konto, in sechs Fällen auf ein alleiniges Konto des Ehemannes, für das die Ehefrau in drei Fällen bevollmächtigt ist, sowie in einem Fall auf ein Konto der Ehefrau, über das der Ehemann nicht verfügungsberechtigt ist. Drei Ehefrauen und ein Ehemann haben somit keinen Zugriff auf das Kindergeld.

Die Einkommensteuererstattungen gehen in fünf Fällen auf ein Geschäftskonto des Ehemannes und in einem Fall auf ein Geschäftskonto der Ehefrau, das dem Zugriff des anderen Ehegatten jeweils entzogen ist. In 15 Ehen fließen die Einkommensteuererstattungen auf gemeinsame Konten, in zwei Ehen auf ein alleiniges Privatkonto des Ehemannes, für das die Ehefrau keine Bankvollmacht hat, sowie in zwei Ehen auf ein alleiniges Konto der Ehefrau, für das ein Ehemann bevollmächtigt ist. Insgesamt hat die Ehefrau somit in sieben Fällen keinen Zugriff auf die auf Konten des Ehemannes eingehenden Erstattungen und der Ehemann umgekehrt nicht in zwei Fällen.

8.1.3 Vermögen

Beim Betriebsvermögen des Ehemannes (18 Fälle) ist festzustellen, dass die Ehefrau nur in drei Fällen durch Vollmacht oder Prokura zu Verfügungen darüber berechtigt ist und in zwei Fällen mit Vollmachten für seine Geschäftskonten ausgestattet ist. In 13 Ehen hat sie keinen Zugriff auf dieses Betriebsvermögen.

In den 14 Ehen, in denen die Ehefrau Betriebsvermögen hat, hat nur in einem Fall der Ehemann eine Vollmacht für Verfügungen darüber. In 13 Fällen hat er keinen Zugang zu diesem Vermögen.

In acht Ehen haben die Eheleute gemeinsame Vermietungsimmobilien und haben insoweit einen gleichen Zugang dazu. Soweit der Ehemann in 14 Fällen Alleineigentümer einer oder mehrerer Vermietungsimmobilien ist und die Ehefrau in vier Fällen, ist der andere Ehegatte in keinem Fall zu Verfügungen darüber bevollmächtigt und hat auch keinen Zugriff darauf. Damit ist In diesen Fällen die Teilhabe an dem alleinigen Vermögen während der Ehe ausgeschlossen.

Bezogen auf das Vermögen, die Bankkonten und die Einkünfte eines Ehepartners ist insgesamt kein gleichberechtigter Zugang des anderen Ehegatten festzustellen. Insbesondere beim Vermögen ist häufig eine klare Trennung zwischen den Eigentumsverhältnissen und dem alleinigen Zugriff des Ehegatten zu erkennen. Bei den Einkünften, soweit es sich nicht um gemeinsame Einkünfte handelt, sind Durchbrechungen zu erkennen durch

Zufluss auf ein gemeinsames Konto oder aufgrund erteilter Bankvollmachten insbesondere bei den Einkünften aus nichtselbständiger Arbeit, dem Kindergeld und auch bei den Einkommensteuererstattungen. Der vom Bundesverfassungsgericht aufgestellte Grundsatz der hälftigen Teilhabe an den Einkünften des anderen Ehepartners lässt sich anhand der Praxisfälle nur sehr eingeschränkt nachweisen.

8.2 Geldverwendung

Die den Paaren zur Verfügung stehenden wirtschaftlichen Ressourcen werden unter dem Gesichtspunkt der Geldverwendung daraufhin betrachtet, von welchem Konto verschiedene Kostenarten beglichen werden und ob sich daraus eine „hälftige Teilhabe" ableiten lässt.

Die Kosten der laufenden Haushaltsführung werden in 23 Ehen vom gemeinsamen Konto des Paares bezahlt. In jeweils sechs Ehen erfolgt die Zahlung vom alleinigen Konto eines Ehepartners. Der Ehemann ist hier in zwei Fällen bevollmächtigt für das alleinige Konto seiner Ehefrau und die Ehefrau in drei Fällen für das alleinige Konto des Ehemannes. In 12 Ehen werden die Kosten gemischt vom gemeinsamen und/oder den alleinigen Konten der Eheleute, für die in zwei Fällen Bankvollmachten vorliegen, beglichen. Bezüglich der Kosten für den laufenden Haushalt, von denen regelmäßig beide Ehepartner partizipieren werden, haben somit überwiegend beide Ehepartner die Möglichkeit, diese zu bezahlen. Soweit die Kosten von alleinigen Konten gezahlt werden, für die der andere Ehegatte nicht bevollmächtigt ist, findet dennoch insoweit eine Teilhabe statt, dass dieser unterhalten bzw. in Bezug auf die laufenden Kosten unterhalten wird.

Die Kosten für Urlaube und größere Anschaffungen werden in 19 Ehen vom gemeinsamen Konto beglichen. In 16 Ehen erfolgt die Bezahlung vom alleinigen Konto des Ehemannes, für das die Ehefrau in drei Fällen bevollmächtigt ist. Vom alleinigen Konto der Ehefrau, für das der Ehemann in zwei Fällen Bankvollmacht hat, werden die Kosten für Urlaube und größere Anschaffungen in vier Ehen gezahlt. In acht Ehen erfolgt die Kostentragung in Kombinationen aus Einzelkonten, für das in vier Fällen Kontovollmachten vorliegen, und gemeinsamen Konten des Paares. In 19 Fällen werden somit die Kosten von alleinigen Konten bezahlt, auf die nur ein Ehepartner zugreifen kann. Dies ist mehrheitlich der Ehemann. Nicht geklärt werden kann, in welchem Umfang der andere Ehegatte von der Kostentragung profitiert, z. B. durch Teilnahme an einem gemeinsamen Urlaub oder Investitionen für beide Ehepartner, da mit der Art der Erhebung nicht festgestellt werden kann, was für Anschaffungen getätigt werden.

Die Kosten der Kinderbetreuung werden in vier Ehen gezahlt vom gemeinsamen Konto und in zwei Ehen vom alleinigen Konto des Ehemannes, für das in einem Fall die Ehefrau bevollmächtigt ist. Somit werden diese Kosten nur in einem Fall ohne eine rechtliche Zugriffsmöglichkeit auf das entsprechende Konto durch die Ehefrau vom Ehemann beglichen. Da unterstellt werden kann, dass die Kinderbetreuungskosten im gemeinsamen Interesse der Eheleute sind, ist davon auszugehen, dass insoweit eine Teilhabe beider Ehepartner gegeben ist.

Die Kosten für die private Altersvorsorge (Beiträge zu Lebens-, Renten- und sonstigen Vorsorgeversicherungen und -verträge) stellen Sparleistungen für spätere Kapital- oder Rentenzahlungen dar. Als Teilhabe an den derzeitigen Einkünften können sie daher nur angesehen werden, wenn für beide Ehegatten Beiträge für die Altersversorgung eingezahlt oder beide Ehepartner aus dem Altersvorsorgevertrag begünstigt würden. Tatsächlich werden vom erwerbstätigen Ehemann in zehn Fällen von seinem alleinigen Konto und von der erwerbstätigen Ehefrau in elf Fällen von ihrem alleinigen Konto Beiträge zugunsten eigener Verträge gezahlt. Als Kontoinhaber verfügen sie damit zugunsten ihrer eigenen Altersvorsorge, so dass eine Teilhabe des anderen Ehegatten insoweit (zumindest vorerst) nicht stattfindet. Soweit vom gemeinsamen Konto der Eheleute in sechs Ehen zugunsten des Ehemannes und in drei Ehen zugunsten der Ehefrau Beiträge geleistet werden, könnte dies allerdings im Rahmen der gemeinsamen Geldverwaltung auch als gewollte Zuwendung im Sinne einer Teilhabe an den Einkünften angesehen werden. Soweit in einem Fall vom alleinigen Konto des Ehemannes zugunsten der Ehefrau sowie in zwei Fällen vom gemeinsamen Konto zugunsten der nicht erwerbstätigen Ehefrau Beiträge bezahlt werden, stellen diese eine Form der Teilhabe an den Einkünften des anderen Ehegatten als Sparleistungen für eine eigene spätere Versorgung dar. In fünf Ehen werden für die nicht berufstätige Ehefrau keine Altersvorgebeiträge gezahlt, während für den erwerbstätigen Ehemann eine Altersversorgung aufgebaut wird. Diese Benachteiligung der Hausfrau während der bestehenden Ehe ist keine Teilhabe an den Einkünften ihres Ehemannes.

Soweit die alleinigen Verbindlichkeiten (Zins- und Tilgungsleistungen) des berufstätigen Ehemannes in zehn Ehen und der berufstätigen Ehefrau in vier Ehen jeweils von ihren alleinigen Konten beglichen werden, verfügen sie als Kontoinhaber und reduzieren eigene Verbindlichkeiten, eventuell auch verbunden mit einem Vermögensaufbau (z. B. bei Tilgung von Darlehen für vermietete Immobilien). Dies ist keine Teilhabe des anderen Ehegatten. In drei Ehen werden die alleinigen Verbindlichkeiten des Ehemannes vom gemeinsamen Konto der Eheleute und in je einer Ehe vom alleinigen Konto der Ehefrau sowie von den beiden alleinigen Konten der Eheleute bezahlt. Da es sich um alleinige Verbindlichkeiten des Ehemannes handelt, die teilweise auch aus Mitteln der Ehefrau getilgt werden, stellt dies keine Teilhabe, sondern eine Begünstigung des Ehemannes dar. Insoweit wird die Auffassung des Bundesverfassungsgerichts, der andere Ehegatte nehme auch an den Lasten des anderen zur Hälfte teil, nicht bestätigt. Anders sieht es bei den gemeinsamen Verbindlichkeiten der Eheleute aus, die in sieben Ehen vom gemeinsamen Konto und in zwei Ehen einmal vom alleinigen Konto des Ehemannes und einmal vom alleinigen Konto der Ehefrau beglichen werden. Hier ist eine hälftige Teilhabe gegeben.

Die Einkommensteuerzahlungen (festgesetzte Vorauszahlungen und/ oder Einkommensteuernachzahlungen) werden in 15 Ehen vom Geschäftskonto des Ehemannes und in vier Ehen vom Geschäftskonto der Ehefrau beglichen. Grund für die hohen Steuerzahlungen vom Geschäftskonto eines Ehegatten ist meist die Festsetzung von Einkommensteuervorauszahlungen, wenn einer oder beide Ehegatten gewerblich oder selbständig tätig sind. In diesen Fällen trägt der Ehegatte oder die Gattin regelmäßig auch die für das gesamte Kalenderjahr noch nachzuzahlende Einkommensteuer. In diesem Zusammenhang ist zu bedenken, dass bei den Einkünften aus nichtselbständiger Arbeit dem Ehegatten die Einkünfte nach dem Lohnsteuerabzug durch den Arbeitgeber zufließen, während u.a. die Einkünfte der Gewerbetreibenden und Selbständigen von diesen insgesamt selbst zu versteuern sind. Die Bereinigung der Einkünfte um die zu zahlende Einkommensteuer stellt somit keine Teilhabe dar, mindert aber das zur Verfügung stehende Nettoeinkommen. Wie bereits im VII. Kapitel Abschnitt 2 e) festgestellt, trägt der finanzstärkere Ehemann regelmäßig die Steuerzahlungen und zwar in weiteren acht Ehen von seinem alleinigen Privatkonto, für das die Ehefrau in einem Fall bevollmächtigt ist. In vier Ehen werden die

Steuern vom gemeinsamen Konto beglichen und in drei Ehen vom alleinigen Konto der Ehefrau, wenn diese über höhere Einkünfte verfügt. Soweit die Zahlung in insgesamt zehn Fällen vom alleinigen Konto eines Ehegatten erfolgt, auf das der andere Ehepartner ebenso wie auf die dort eingehenden Einkünfte keinen Zugriff hat, kann daher nur dann eine Teilhabe des anderen Ehegatten vorliegen soweit dieser anteilig auf seine Einkünfte entfallende Steuern mitbezahlt. Bei der Steuerzahlung vom gemeinsamen Konto ist dagegen immer eine Teilhabe gegeben.

Hinsichtlich der geplanten Verwendung der Einkommensteuererstattung für 2008 ist nur in einer Ehe die hälftige Teilhabe beider Ehegatten sicher festzustellen, da diese die Erstattung hälftig teilen und zur freien Verfügung der Ehepartner stellen wollen. In den vier Ehen, in denen die Steuererstattung auf dem Geschäftskonto des Ehemannes verbleiben soll, gibt es keine Teilhabe des anderen Ehegatten, der aber vorher auch nicht für die Steuerzahlungen zuständig war. In fünf Ehen soll die Steuererstattung für eine Investition im Haus oder der Wohnung angelegt und in vier Fällen für einen gemeinsamen Urlaub verwendet werden. In diesen Fällen liegt vordergründig eine Teilhabe beider Ehegatten vor. Soweit in fünf Ehen Verbindlichkeiten getilgt und in sechs Fällen die Erstattung gespart werden soll, hängt die Teilhabe davon ab, wessen Verbindlichkeiten getilgt und auf wessen Konto der Erstattungsbetrag angelegt werden soll. Dies kann nicht abschließend beurteilt werden.

Zusammenfassend ist festzustellen, dass sich auch bei der Geldverwendung eine generelle hälftige Teilhabe der Ehegatten an den Einkünften und insbesondere auch an den Lasten durch die Re-Analyse der Einkommensteuerdaten nicht nachweisen lässt. Die Teilhabe ist nach den verschiedenen Kostenarten unterschiedlich. Bei den Kosten des laufenden Haushalts und der Abwicklung über gemeinsame Konten sowie alleinigen Konten mit Kontovollmacht des anderen Ehegatten ist eine Teilhabe grundsätzlich gegeben. Aber auch in allen übrigen Fällen ist sie anzunehmen unter dem Aspekt der Versorgung bzw. des Unterhalts. Bei den Kosten für Urlaube und größere Anschaffungen kann sie in den 19 Fällen der Zahlungen von Konten eines alleinverfügungsberechtigten Ehepartners nicht abschließend geklärt werden. Die Kosten der Kinderbetreuung lassen dagegen immer ein gemeinsames Interesse beider Eheleute vermuten. An den Kosten für die private Altersvorsorge als Sparleistungen für spätere Kapital- oder Rentenzahlungen nimmt der andere Ehegatte nur begrenzt teil. Bei der Tilgung gemeinsamer Verbindlichkeiten ist wiederum eine hälftige Teilhabe anzunehmen, nicht aber bei den alleinigen Verbindlichkeiten Ehepartner. Die Einkommensteuerzahlungen erfolgen meist durch den finanzstärkeren Ehegatten, d.h. überwiegend den Ehemann, wobei bei den gewerblich oder selbständig tätigen Ehegatten zu berücksichtigen ist, dass hier im Vergleich insbesondere zu den Einkünften aus nichtselbständiger Arbeit das Einkommen noch um die Einkommensteuer zu bereinigen ist. Eine Teilhabe des anderen Ehegatten ist nur eingeschränkt gegeben. Dies gilt auch für die geplante Verwendung der Einkommensteuererstattung für 2008.

8.3 Paar-Typen und der Halbteilungsgrundsatz

Im Kapitel 7.3 wurden die Aktenfälle acht verschiedenen Paar-Typen zugeordnet. Die wesentlichen Merkmale der Geldverwaltung dieser Paar-Typen werden noch einmal unter dem Aspekt betrachtet, ob sich der vom Bundesverfassungsgericht aufgestellte Halbteilungsgrundsatz während der bestehenden Ehe bei den einzelnen Paar-Typen nachweisen lässt, wonach die Ehegatten an den Einkünften und Lasten des anderen zur Hälfte teilhaben.

8.3.1 Typ 1: Beide Ehepartner mit Ausbildungsberuf, Ehefrau nicht berufstätig und mit Kindern

Dieser Typ stellt das klassische Familienmodell dar mit dem erwerbstätigen Ehemann als Versorger und der Ehefrau als Hausfrau und Mutter. Die Haupterwerbseinkünfte des Ehemannes sowie das Kindergeld gehen auf ein gemeinsames Konto der Eheleute, von dem alle Kosten der Familie gezahlt werden. Es liegt eine gemeinsame Geldverwaltung der Eheleute vor.

Nur in einer Ehe werden sämtliche Einkünfte und Ausgaben ausschließlich über das gemeinsame Konto abgewickelt. Dies entspricht dem Ideal des Halbteilungsgrundsatzes.

Tatsächlich werden auch bei diesem Typ einzelne Einkünfte vom Zufluss auf das gemeinsame Konto ausgenommen. Dazu gehören in zwei Fällen die Mieteinnahmen des Ehemannes und in einem Fall seine nicht aus dem Gewerbebetrieb entnommenen Gewinne sowie in einem Fall die gewerblichen Mieteinnahmen der Ehefrau, die jeweils auf alleinige Konten des Ehepartners fließen oder dort verbleiben. Soweit die Ehepartner über alleiniges Immobilien- oder Betriebsvermögen verfügen, haben sie als Eigentümer die alleinige Verfügung über diese Ressource und teilweise auch aus den daraus resultierenden Einkünften. Auch wenn sich bezogen auf die Haupterwerbseinkünfte und die Kostenabwicklung über das gemeinsame Konto die hälftige Teilhabe der Ehegatten im Wesentlichen feststellen lässt, gilt dies nicht uneingeschränkt für das alleinige Vermögen eines Ehepartners und die damit verbundenen Erträge.

8.3.2 Typ 2: Beide Ehepartner mit Ausbildungsberuf, Ehefrau berufstätig und mit Kindern

In den Ehen, in denen der Ehemann Einkünfte als Arbeitnehmer erzielt, findet wie bei Typ 1 über gemeinsame Konten der Eheleute regelmäßig eine gemeinsame Geldverwaltung statt. Nur in einem Fall sind davon die Vermietungseinnahmen des Ehemannes ausgenommen.

Die Geldverwaltung ist dagegen unterschiedlich, wenn der Ehemann Einkünfte aus gewerblicher oder selbständiger Tätigkeit hat. In allen Ehen laufen dann die Steuerzahlungen und -erstattungen über das Geschäftskonto des Ehemannes. Im Übrigen verwalten die Eheleute in zwei Ehen ihre Finanzen gemeinsam über gemeinsame Konten. Davon sind in einem Fall wiederum die Einkünfte aus Vermietung und Verpachtung des Ehemannes ausgenommen. In allen Fällen der gemeinsamen Geldverwaltung liegt überwiegend eine hälftige Teilhabe der beiden Ehepartner vor. Dies gilt jedoch nicht bezüglich der alleinigen Vermietungseinkünfte des Ehemannes, soweit diese auf sein alleiniges Konto fließen sowie die Steuerzahlungen über das Geschäftskonto des Ehemannes und seine nicht aus dem Gewerbebetrieb entnommenen Gewinne. In zwei Ehen gehen sämtliche Einkünfte auf die alleinigen Konten der Eheleute. Der Ehemann überweist das Haushaltsgeld auf ein gemeinsames bzw. auf das Konto der Ehefrau und zahlt die Kosten für Urlaube und größere Anschaffungen. Die restlichen Einkünfte verwalten die Ehegatten selbst. Durch die Zuteilung des Haushaltsgeldes und die Kostenübernahme für Urlaube und größere Anschaffungen findet eine teilweise Teilhabe an den Einkünften des Ehemannes statt. Dies ist auch der Fall, soweit die Einkünfte der Ehegatten in einer Ehe auf die alleinigen Konten der Ehepartner gehen und die Kosten des

Paares überwiegend vom alleinigen Konto des Ehemannes bezahlt werden, für das seine Ehefrau verfügungsberechtigt ist.

Das Vermögen der Eheleute ist nach den jeweiligen Eigentumsverhältnissen strikt getrennt und der andere Ehepartner von Verfügungen darüber ausgeschlossen. Typ 2 ist kennzeichnet durch eine gemeinsame und auch teilweise gemeinsame Geldverwaltung der Eheleute und damit durch eine überwiegende Teilhabe an laufenden Einkünften.

8.3.3 Typ 3: Beide Ehepartner mit Ausbildungsberuf, Ehefrau nicht berufstätig und ohne Kinder

In vier Ehen werden sämtliche Einkünfte und Kosten der Eheleute über gemeinsame Konten abgewickelt. Einzige Ausnahme ist in einem Fall die Steuerzahlung vom Geschäftskonto des Ehemannes. Es besteht eine gemeinsame Geldverwaltung der Eheleute mit gleichem Zugang zu den Einkünften, so dass hier von einer hälftigen Teilhabe der nicht erwerbstätigen Ehefrau auszugehen ist.

In zwei Ehen fließen alle Einkünfte des Ehemannes auf seine alleinigen Konten. In einem Fall werden davon sämtliche Kosten des Paares beglichen. Da die Ehefrau über eine Kontovollmacht verfügt, liegt eine gemeinsame Geldverwaltung vor, die eine hälftige Teilhabe impliziert. Im zweiten Fall wird das Haushaltsgeld vom Ehemann auf ein gemeinsames Konto der Eheleute überwiesen. Die Ehefrau kann über das zugeteilte Haushaltsgeld verfügen, nicht aber über die restlichen Einkünfte ihres Ehemannes. Dieser zahlt von seinem alleinigen Konto auch alle sonstigen Kosten. Bezogen auf das Haushaltsgeld sowie für die Ehefrau auch anteilig getragenen übrigen Kosten nimmt sie an den Einkünften des Ehemannes teil, aber nicht hälftig.

In vier weiteren Ehen bezieht die Ehefrau eigene Renteneinkünfte. Diese fließen in zwei Fällen gemeinsam mit den Renteneinkünften des Ehemannes auf ein gemeinsames Konto, von dem alle Kosten beglichen werden. Die Kosten für Urlaube und größere Anschaffungen werden in einem Fall vom alleinigen Konto des Ehemannes bezahlt. In beiden Fällen erzielen beide Ehegatten Kapitaleinkünfte, die jeweils auf deren alleiniges Konto gehen, die von der gemeinsamen Geldverwaltung somit ausgenommen sind. Eine Teilhabe ist somit bezüglich der Renteneinkünfte gegeben und in einem Fall über die Kostenübernahme des Ehemannes für Urlaube und größere Anschaffungen. In einer Ehe gehen die Einkünfte der Eheleute aus ihren Renten und Kapitalvermögen auf ihre alleinigen Konten. Lediglich die Vermietungseinnahmen fließen auf ein gemeinsames Konto. Die Kosten werden von den alleinigen und dem gemeinsamen Konto der Eheleute bezahlt. Es liegt hier eine Mischform von gemeinsamer und individueller Geldverwaltung vor. Da beide Ehegatten lediglich Zugriff auf das gemeinsame Konto mit den Mieteinkünften haben, ist nur hier eine hälftige Teilhabe gegeben und bezüglich der alleinigen Konten nur, soweit davon gemeinsame Kosten und Kosten für den anderen Ehegatten bezahlt werden. Die Einkünfte aus Renten und Kapitalvermögen gehen in einer weiteren Ehe auf die alleinigen Konten der Ehegatten. Während der Ehemann mit seinen Einkünften seine Schulden aus Gewerbebetrieb tilgt, werden alle privaten Kosten aus den Einkünften der Ehefrau beglichen. Da sich die Eheleute gegenseitig für ihre alleinigen Konten bevollmächtigt haben und dadurch beide Ehegatten auf die alleinigen Konten des anderen Ehegatten zugreifen können liegt eine Form der gemeinsamen Geldverwaltung vor. Die Eheleute nehmen an den Einkünften des anderen hälftig teil sowie die Ehefrau auch an den betrieblichen Schulden (Lasten) des Ehemannes, denen in diesem Fall kein Vermögensaufbau hinter steht.

In vier Ehen haben die Eheleute gemeinsames Immobilienvermögen. Das übrige Vermögen steht jeweils im Alleineigentum eines Ehegatten und ist insoweit dem Zugriff des anderen Ehegatten entzogen. Als Ergebnis ist festzustellen, dass bei Typ 3 eine überwiegend gemeinsame Geldverwaltung vorherrscht und damit eine Teilhabe an den laufenden Einkünften gegeben ist. Soweit das Haushaltsgeld zugeteilt wird oder teilweise eine individuelle Geldverwaltung vorzufinden ist, findet eine Teilhabe des anderen Ehegatten nur in Bezug auf das zur Verfügung stehende Haushaltsgeld sowie für die Übernahme gemeinsamer oder die für den anderen Ehegatten übernommenen Kosten statt.

8.3.4 Typ 4: Beide Ehepartner mit Ausbildungsberuf, Ehefrau berufstätig und ohne Kinder

In zwei Ehen gehen die Haupterwerbseinkünfte der Eheleute auf gemeinsamen Konten ein, von denen alle Kosten gezahlt werden. Der Ehemann, dessen Kapitaleinkünfte auf seinem alleinigen Konto zufließen, zahlt davon in einem Fall die Kosten für Urlaube und größere Anschaffungen. Es findet im Wesentlichen eine gemeinsame Geldverwaltung und damit eine Teilhabe des anderen Ehegatten statt. Soweit in einem Fall die Einkünfte der Ehefrau und die Einkommensteuererstattung auf ein gemeinsames Konto fließen, von dem alle privaten Kosten beglichen werden, liegt ebenfalls eine gemeinsame Geldverwaltung vor. Von dieser sind die Einkünfte aus Gewerbebetrieb des Ehemannes ausgenommen, der vom Geschäftskonto seine betrieblichen Schulden tilgt. Der Ehemann nimmt somit an den Einkünften der Ehefrau teil und die Ehefrau indirekt an den betrieblichen Schulden (Lasten) des Ehemannes. In einem weiteren Fall fließen die Entnahmen des Ehemannes aus seinem Gewerbebetrieb sowie die Einkommensteuererstattung auf das gemeinsame Konto der Ehegatten, von dem die Kosten der laufenden Haushaltsführung beglichen werden. Der Ehemann bezahlt Urlaube und größere Anschaffungen von seinem alleinigen Konto sowie die Steuerzahlungen von seinem Geschäftskonto. Alle sonstigen Einkünfte gehen auf alleinige Konten der Ehegatten, auf die nur der jeweilige Kontoinhaber zugreifen kann. Bezogen auf die Kosten der Haushaltsführung liegt eine gemeinsame Geldverwaltung vor. Der andere Ehegatte nimmt insoweit an den auf dem gemeinsamen Konto eingehenden Einkünften teil und im Übrigen an den für ihn oder gemeinsame Kosten gezahlten Auswendungen. In einem Fall werden die Einkommensteuern vom Geschäftskonto des Ehemannes sowie alle privaten Kosten von seinem alleinigen Konto bezahlt, für das die Ehefrau bevollmächtigt ist. Obwohl der Ehefrau ihre Teilzeiteinkünfte auf ihrem alleinigen Konto zur freien Verfügung stehen, überwiegt hier die gemeinsame Geldverwaltung über das alleinige Konto des Ehemannes, zu dem beide Ehegatten Zugang haben. Die Ehefrau nimmt an den Einkünften ihres Ehemannes über sein alleiniges Konto teil sowie an den Einkommensteuerzahlungen, soweit sie auf ihre Einkünfte entfallen bzw. auf sie als Gesamtschuldnerin für beide Ehegatten gemäß § 44 Absatz 1 Abgabenordnung. Der Ehemann nimmt dagegen an ihren Einkünften nicht teil. In drei Fällen gehen sämtliche Einkünfte auf alleinige Konten der Ehegatten, von denen alle Kosten bezahlt werden. Es liegt hier eine individuelle Geldverwaltung vor, da kein Ehegatte über die Konten des anderen Ehegatten verfügen kann. Eine Teilhabe eines Ehegatten ist nur gegeben, soweit der andere Ehegatte für ihn Kosten übernimmt oder gemeinsame Kosten bezahlt.

Nur in einem Fall haben die Eheleute gemeinsames Immobilienvermögen. Auf das sonstige Vermögen, das im Alleineigentum eines Ehegatten steht, kann sein Ehepartner in keinem Fall zugreifen. Bei Typ 4 überwiegt eine gemeinsame Geldverwaltung der laufenden Einkünfte, an denen der andere Ehepartner dadurch teilhat. Soweit eine individuelle Geldverwaltung, auch über einzelne Konten, vorliegt, erfolgt eine Teilhabe nur durch die Übernahme gemeinsamer oder Kosten für den anderen Ehepartner.

8.3.5 Typ 5: Ehemann mit akademischer Ausbildung, berufstätige Ehefrau mit Ausbildungsberuf und mit Kindern

Bei diesem Typ fließen sämtliche Einkünfte der Ehegatten auf ihr alleiniges Konto. Nur in einem Fall hat die Ehefrau Kontovollmacht für das alleinige Konto ihres Ehemannes. In einem Fall werden alle Kosten von den alleinigen Konten sowie dem gemeinsamen Konto, auf das das Kindergeld fließt, bezahlt. Es handelt sich um eine überwiegend individuelle Geldverwaltung über die alleinigen Konten. Eine Teilhabe eines Ehegatten erfolgt nur bei Zahlung gemeinsamer Kosten oder Übernahme von Kosten für den anderen Ehepartner. Im zweiten Fall überweist der Ehemann das Haushaltsgeld von seinem alleinigen Konto auf das alleinige Konto der Ehefrau, die über dieses zugeteilte Geld verfügen kann und insoweit an den Einkünften des Ehemannes teilnimmt. Alle übrigen Kosten werden von den alleinigen Konten der Eheleute beglichen, so dass hier eine individuelle Geldverwaltung gegeben ist. Eine Teilhabe des Ehegatten findet dort nur insoweit statt, wie für ihn vom anderen Ehegatten Kosten übernommen werden oder gemeinsame Kosten beglichen werden. Im dritten Fall werden vom Geschäftskonto der Ehefrau über ein gemeinsames Konto die Einkommensteuern und die Krankenversicherungsbeiträge der Ehefrau bezahlt. Alle übrigen Kosten werden vom alleinigen Konto des Ehemannes beglichen, für das die Ehefrau bevollmächtigt ist. Da die Kosten überwiegend über das alleinige Konto des Ehemannes abgewickelt werden, auf das die Ehefrau ebenfalls einen Zugriff hat, ist hier eine Mischung aus hauptsächlich gemeinsamer und geringfügiger individueller Geldverwaltung gegeben. Bezogen auf die gemeinsame Geldverwaltung nimmt die Ehefrau an den Einkünften ihres Ehemannes teil. Soweit die Steuerzahlungen anteilig auf den Ehemann entfallen, nimmt der Ehemann an den Einkünften seiner Ehefrau teil. Im vierten Fall zahlt der Ehemann von seinem Geschäftskonto die Einkommensteuern sowie die Kosten für Urlaube und größere Anschaffungen. Die Eheleute bezahlen die Kosten für die laufende Haushaltsführung von ihren beiden alleinigen Konten. Es liegt eine individuelle Geldverwaltung der Eheleute vor, bei der kein Ehegatte über das Konto des anderen Ehepartners verfügen kann. Eine Teilhabe findet statt, soweit der Ehemann für seine Ehefrau anteilige Steuern bezahlt und diese von den Kosten für Urlaube und größere Anschaffungen profitiert. Ob ein Ehegatte durch eine höhere Kostenbeteiligung an den laufenden Haushaltskosten den anderen Ehegatten insoweit zusätzlich an seinen Einkünften teilhaben lässt, ist im Rahmen der erhobenen Daten nicht festzustellen.

Über ihr Vermögen sind die Ehegatten ausschließlich allein verfügungsberechtigt, so dass darauf kein Zugriff des anderen Ehegatten möglich ist und er insoweit während der Ehe nicht daran teilhat. Bei Typ 5 ist überwiegend eine individuelle und teilweise eine gemeinsame Geldverwaltung der Einkünfte erkennbar. Es lässt sich keine hälftige, sondern nur eine teilweise Teilhabe eines Ehegatten an den Einkünften seines Ehepartners feststellen.

8.3.6 Typ 6: Ehemann mit akademischer Ausbildung, berufstätige Ehefrau mit Ausbildungsberuf und ohne Kinder

In allen Ehen gehen die Einkünfte eines Ehepartners auf sein alleiniges Konto, für das in keinem Fall der andere Ehegatte bevollmächtigt ist, so dass ausschließlich der jeweilige Kontoinhaber über seine Einkünfte verfügen kann. In einer Ehe zahlt die Ehefrau mit den höheren Einkünften von ihrem Geschäftskonto die Einkommensteuern sowie von ihrem alleinigen Konto fast sämtliche Kosten des Paares. Mit der Steuererstattung werden betriebliche Schulden der Ehefrau getilgt. Die Geldverwaltung mit Ausnahme der Einkünfte des Ehemannes erfolgt durch die Ehefrau. Der Ehemann nimmt an den Einkünften seiner Ehefrau teil, soweit diese die privaten Kosten des Paares trägt. Wegen der niedrigen Einkünfte des Ehemannes werden die Steuerzahlungen von der Ehefrau nur für ihre eigenen Einkünfte aus selbständiger Arbeit gezahlt. An den Einkünften des Ehemannes, die dieser zu seiner alleinigen Verfügung hat, nimmt die Ehefrau nicht laufend teil. Soweit daraus Zuwendungen an die Ehefrau erfolgen sollten, kann dies anhand der erhobenen Daten nicht festgestellt werden. In zwei weiteren Fällen gibt es zwischen den Ehepartnern klare Absprachen über die jeweils von einem Ehegatten zu zahlenden Kosten des Paares. So zahlt in einer Ehe der Ehemann alle Steuern sowie die Urlaube und größere Anschaffungen. Die Ehefrau übernimmt dafür alle Kosten des laufenden Haushalts. Im zweiten Fall werden alle Kosten des Paares etwa je zur Hälfte von den alleinigen Konten der Ehegatten beglichen mit Ausnahme der Einkommensteuern, die vom Geschäftskonto der Ehefrau gezahlt werden. In diesen Ehen liegt eine individuelle Geldverwaltung vor. Die Ehepartner nehmen an den Einkünften des Ehepartners teil, soweit dieser für den anderen die Kosten anteilig mitträgt. Dies bedeutet auch, dass insbesondere der besser verdienende Ehegatte die nach der Kostendeckung des Paares verbleibenden Einkünfte zu seiner alleinigen Verfügung hat und der andere Ehepartner daran nicht teilhat.

Wie schon die Bankkonten ist auch das übrige Vermögen eines Ehegatten dem Zugriff des anderen Ehepartners entzogen. Typ 6 ist daher dadurch gekennzeichnet, dass hier eine überwiegend individuelle Geldverwaltung und einem Fall eine überwiegende Geldverwaltung durch die Ehefrau stattfindet. Eine Teilhabe des anderen Ehegatten ist nur festzustellen, soweit ein Ehepartner für den anderen ganz oder anteilig Kosten übernimmt. Diese ist im Fall des gering verdienenden Ehemannes wegen einer höheren Kostentragung der Ehefrau größer als in den anderen Fällen.

8.3.7 Typ 7: Beide Ehepartner mit akademischer Ausbildung, berufstätige Ehefrau und mit Kindern

In vier Ehen fließen die Einkünfte auf das alleinige Konto des jeweiligen Ehepartners. Davon haben die Eheleute in zwei Ehen wechselseitig Kontovollmachten für die Konten des anderen Ehegatten und sind somit darüber verfügungsberechtigt. Die Kosten werden einzeln, teilweise oder hälftig von den alleinigen Konten der Eheleute beglichen. In der dritten Ehe fließen nur die Mieteinkünfte aus einer gemeinsamen Vermietungsimmobilie, das Kindergeld und die Einkommensteuererstattung auf ein gemeinsames Konto und werden zur Tilgung gemeinsamer Schulden und für den Urlaub verbraucht. Es liegen hier Mischfälle von individueller und gemeinsamer Geldverwaltung vor. Beide Ehegatten haben an den gemeinsamen Einkünften auf dem gemeinsamen Konto hälftig teil sowie bei den

Zahlungen vom alleinigen Konto eines Ehepartners in dem Umfang, wie anteilig gemeinsame Kosten oder Kosten des anderen Ehepartners bezahlt werden. Anders ist es in der vierten Ehe. Hier werden die gezahlten Kosten genau hälftig zwischen den Ehegatten aufgerechnet bzw. abgerechnet, so dass hier eine getrennte Geldverwaltung vorliegt. Damit nimmt kein Ehepartner während der bestehenden Ehe wirtschaftlich an den Einkünften des anderen Ehepartners teil. In der fünften Ehe gehen die Haupterwerbseinkünfte der Eheleute sowie das Kindergeld auf ein gemeinsames Konto, von dem alle Kosten der Familie beglichen werden. Davon ausgenommen sind die alleinigen Einkünfte des Ehemannes aus Vermietung und Verpachtung, die auf ein alleiniges Konto des Ehemannes fließen und zur Schuldentilgung der Vermietungsimmobilie dienen. Hier ist vorrangig eine gemeinsame Geldverwaltung festzustellen. Mit Ausnahme der Vermietungseinkünfte findet über die Verwaltung des gemeinsamen Kontos eine hälftige Teilhabe beider Ehegatten an den Einkünften des anderen Ehepartners statt.

In einer Ehe haben die Eheleute ein gemeinsames Vermietungsobjekt und haben insoweit eine gleiche Teilhabe auch an den daraus resultierenden Einkünften. Soweit die Ehepartner in zwei Fällen Kontovollmachten für die alleinigen Konten ihrer Ehegatten haben, können sie auf das dort befindliche Kapitalvermögen des Ehepartners zugreifen. Anhand des vorliegenden Datenmaterials kann aber nicht geklärt werden, inwieweit einzelne Ehegatten von ihren Vollmachten tatsächlich Gebrauch machen. Es kann daher nicht geklärt werden, ob und in welchem Umfang hier eine Teilhabe des bevollmächtigten Ehepartners erfolgt. Mehrheitlich verfügen die Eheleute über ihr alleiniges Vermögen auch allein, so dass insoweit eine Teilhabe des anderen Ehegatten während der bestehenden Ehe ausgeschlossen ist.

Bei Typ 7 liegen überwiegend Mischfälle von individueller und gemeinsamer Geldverwaltung vor, so dass hier die Teilhabe eines Ehegatten an den Einkünften seines Ehepartners unterschiedlich ist. Soweit die Verwaltung über gemeinsame Konten der Eheleute erfolgt, ist eine hälftige Teilhabe an den dort zufließenden Einkünften möglich. Ansonsten erfolgt die Teilhabe durch die Übernahme von gemeinsamen oder alleinigen Kosten für den anderen Ehegatten. Im Falle der getrennten Geldverwaltung und gegenseitiger Kostenabrechnung findet keine Teilhabe statt.

8.3.8 Typ 8: Beide Ehepartner mit akademischer Ausbildung, berufstätige Ehefrau und ohne Kinder

In allen Ehen gehen die Einkünfte eines Ehepartners auf sein alleiniges Konto. Nur in einem Fall ist der Ehemann für das alleinige Konto seiner Ehefrau bevollmächtigt. Lediglich die gemeinsamen Einkünfte aus einer gemeinsamen Immobilie fließen auf gemeinsame Konten. Die Kostenübernahme erfolgt in den Ehen jedoch unterschiedlich. Verfügt der Ehemann in einem Fall über höhere Einkünfte, werden alle Kosten von seinem alleinigen Konto gezahlt, auf das seine Ehefrau keinen Zugriff hat. Ihr stehen dafür ihre (geringfügigen) Teilzeiteinkünfte zur freien Verfügung. Die gemeinsamen Mieteinnahmen werden für Kosten des gemeinsamen Mietobjektes verwendet. Es handelt sich hier um eine überwiegende Gesamtverwaltung durch den Ehemann. Die Ehefrau nimmt an den Einkünften ihres Ehemannes in dem Umfang teil, wie dieser gemeinsame oder alleinige Kosten der Ehefrau übernimmt. Soweit im zweiten Fall alle Kosten des Paares im Rahmen einer individuellen Geldverwaltung von den beiden alleinigen Konten der Eheleute bezahlt werden, ist eine Teilhabe nur bei dem Ausgleich gemeinsamer oder alleiniger Kosten für den anderen Ehegatten gegeben. Im dritten Fall arbeitet der Ehemann unentgeltlich im Betrieb seiner Ehefrau und ist für das alleinige Konto der Ehefrau bevollmächtigt, von dem sämtliche Kosten des Paares gezahlt werden. Wegen der Verfügungsberechtigung des Ehemannes über das alleinige Konto der Ehefrau liegt eine Form der gemeinsamen Geldverwaltung vor. Eine Teilhabe des Ehemannes ist in Bezug auf die gemeinsamen und seine alleinigen Kosten gegeben, die von diesem Konto beglichen werden. Inwieweit er an den die Kosten überschießenden Einkünften teilhat, obwohl er darüber verfügen darf, lässt sich anhand des vorliegenden Datenmaterials nicht klären. Im vierten Fall werden die Kosten von den alleinigen Konten der Eheleute bezahlt mit Ausnahme der Kosten für Urlaube und größere Anschaffungen, die vom gemeinsamen Vermietungskonto ausgeglichen werden. Es liegt eine Form der individuellen Geldverwaltung vor, da jeder Ehegatte nur über seine eigenen Einkünfte und die gemeinsamen Vermietungseinkünfte verfügen kann. Auch in diesem Fall findet eine Teilhabe des Ehegatten an den Einkünften seines Ehepartners nur statt, soweit dieser für ihn oder gemeinsame Kosten begleicht.

Zwei Paare verfügen über gemeinsame Vermietungsimmobilien und haben insoweit eine gleiche Teilhabe auch an den damit verbundenen Einnahmen und Kosten. In einer Ehe hat der Ehemann mit einer Kontovollmacht auch Zugang zum Kapitalvermögen seiner Ehefrau. Inwieweit durch den Gebrauch der Bankvollmacht eine Teilhabe des Ehemannes an diesem Kapitalvermögen erfolgt, kann mit dem vorhandenen Datenmaterial nicht geklärt werden. Soweit die Ehegatten über alleiniges Vermögen verfügen, ist der Ehepartner in allen übrigen Fällen von einer Teilhabe ausgeschlossen.

In Typ 8 findet eine Teilhabe an den Einkünften des anderen Ehegatten wegen der überwiegenden Abwicklung über das alleinige Konto eines Ehegatten meist in dem Umfang statt, wie von diesem die gemeinsamen sowie die alleinigen Kosten des anderen Ehepartners beglichen werden.

Insgesamt ist festzustellen, dass in Typ 1 bis Typ 4, in denen beide Ehepartner einen Ausbildungsberuf haben, eine überwiegend gemeinsame Geldverwaltung stattfindet. Mit dem Zufluss der Einkünfte und der Kostentragung vom gemeinsamen Konto, dessen Miteigentümer beide Ehegatten sind, findet auch regelmäßig eine hälftige Teilhabe an diesen Einkünften statt. Bei Typ 5 bis Typ 8, in denen der Ehemann eine akademische Ausbildung hat und seine Ehefrau immer berufstätig ist, herrscht eine überwiegend individuelle Geldverwaltung über alleinige Konten eines Ehegatten vor. In diesen Fällen erfolgt eine Teilhabe an den Einkünften des anderen Ehegatten in dem Umfang, wie dieser gemeinsame Kosten oder Kosten für den anderen Ehegatten begleicht. Eine generelle hälftige Teilhabe an den Einkünften und Lasten des anderen Ehegatten lässt sich jedoch nicht feststellen. Insbesondere in Bezug auf das Vermögen der Eheleute zeigt sich eine Tendenz zu alleinigem Eigentum eines Ehegatten verbunden mit einer alleinigen Verfügungsbefugnis darüber. Der vom Bundesverfassungsgericht entwickelte Halbteilungsgrundsatz lässt sich anhand der Praxisfälle somit nicht nachweisen.

9 Zusammenfassung

Das Leitbild der bürgerlichen Familie mit dem Ehemann als Ernährer und der Ehefrau als Hausfrau und Mutter aus der unmittelbaren Nachkriegszeit entspricht nicht mehr der gesellschaftlichen Wirklichkeit. Wie in Kapitel 3 ausgeführt, ist seit Einführung des Ehegattensplittings 1958 im Zuge des gesellschaftlichen Wandels eine Vielzahl von Lebens-, Haushalts- und Familienformen entstanden. Insbesondere die zunehmende Erwerbstätigkeit von Frauen und ihre damit verbundene ökonomische Unabhängigkeit haben dazu beigetragen, dass ein neues, individualistisches, romantisches Liebes- und Partnerschaftsbild entstanden ist. Dazu gehören Bindung und Verpflichtung als „freies Vertragsprinzip" zwischen gleichberechtigten Partnern und ein individualistisches Persönlichkeitskonzept auch für die Frau (Weiss 1995: 136). Trotz des gesamtgesellschaftlichen Wandels in Richtung Autonomie des Einzelnen und der Individualisierung der Menschen halten sich hartnäckig traditionelle Familienvorstellungen und Frauenrollenbilder (Onnen 2013: 345). Dies zeigt sich insbesondere bei der häuslichen Arbeitsteilung (Liebold 2001: 40), da mit einer Erwerbstätigkeit die Arbeitsbelastung von Frauen durch die Hauptlast an der Hausarbeit ansteigt (Nave-Herz 2012: 50; Krüsselberg/Auge/Hilzenbecher 1986: 88). Das Erwerbsmuster von Frauen zeigt Veränderungen mit einer Tendenz zur Zwei- verdienstehe und Expansion der Teilzeitarbeit (Tölke/Wirth 2013: 375; Nave-Herz 2012: 42; Spangenberg 2005: 29). Die Mütter sind regelmäßig für die mit ihrer Erwerbstätigkeit verbundenen Organisationsprobleme zuständig (Nave-Herz 2012: 50; Behnke/Meuser 2005: 137).

Die Einkommensbesteuerung und das Ehegattensplitting knüpfen an das zu versteuernde Einkommen an. Als Ergebnis der Theorien über die ehelichen Machtverhältnisse (Kapitel 4) ist festzuhalten, dass das Einkommen zu den wesentlichen Grundlagen der ehelichen Machtverhältnisse zählt. Auch die Berufstätigkeit der Frau stellt eine wichtige Ressource dar (Lupri 1970: 341). In der bürgerlichen Familie ist die nicht berufstätige Ehefrau gegenüber ihrem berufstätigen Ehemann nicht nur wegen der unterschiedlichen Bewertung ihrer aus der traditionellen Arbeitsteilung folgenden Hausfrauentätigkeit strukturell benachteiligt, sondern auch finanziell von ihm abhängig (Lenz 2006: 93). Der Ehemann hat aufgrund der strukturellen Rahmenbedingungen durch seinen i.d.R. größeren Zugang zu den Ressourcen einen Status- und damit einen vorgegebenen Machtvorteil (Lenz 2006: 93; Herrmann 2002: 233; Fries 1986: 172).

Auch die Ergebnisse der empirischen Untersuchungen zum Thema Geld in Paarbeziehungen (Kapitel 5) kommen zu dem Ergebnis, dass die sozioökonomischen Ressourcen und insbesondere das laufenden Haushaltseinkommen für die Wahl des Geldverwaltungsarrangements von hoher Relevanz sind (Pahl 1989: 106). So ist mit dem größeren Zugang zu den sozio-ökonomischen Ressourcen häufig auch eine höhere Entscheidungsmacht des Partners verbunden (Pahl 1988, 1989; Blumstein/Schwartz 1983; nicht bestätigt von Kirchler et al. 2000: 161). Wimbauer (2003) stellt fest, dass selbst bei etwa gleich hohen Einkünften der Partner und bei auf Gleichberechtigung ausgerichteten Paarbeziehungen aufgrund der Bedeutungszuschreibungen des Geldes Ungleichheiten zwischen den Partnern auftreten. Neben den Beziehungskonzepten und Leitbildern (Schneider et al. 2005: 213) sind die Ungleichheiten zwischen den Partnern insbesondere auch durch Geschlechtsrollenstereotypen begründet (Wimbauer 2003: 239ff.; Kuhlmann 1995: 395). Zudem gibt es empirische Nachweise dafür, dass Frauen in der Bundesrepublik nur zu einem Viertel zum Haushaltseinkommen des Paares beitragen und insbesondere in den alten Bundesländern bei Müttern mit kleinen Kindern dieser Anteil auf 19% sinkt. Dies weist auf eine hohe Stabilität des Leitbildes der bürgerlichen Familie mit dem Ehemann als Ernährer hin (Bundesinstitut für Bevölkerungsforschung 2013; Tölke/Wirth 2013: 374).

Die empirischen Ergebnisse dieser Arbeit lassen sich wie folgt zusammenfassen:

Die Häufigkeitsauswertung (Kapitel 7.1) verdeutlicht, dass die 47 Paare fast immer einen Splittingvorteil durch die Zusammenveranlagung haben und der Steuervorteil am größten ist, wenn Ehefrau nicht erwerbstätig oder Rentnerin ist.

Zum Umfang der Berufstätigkeit zeigt sich, dass der Ehemann überwiegend voll erwerbstätig ist, wenn er nicht Rentner ist. Demgegenüber ist die Ehefrau, wenn sie nicht Rentnerin ist, in 17 Ehen voll und in 16 Ehen teilweise erwerbstätig sowie in sieben Fällen Hausfrau. Dies zeigt einen deutlichen Trend der Ehefrauen zur Erwerbstätigkeit.

In 36 Ehen verfügt der Ehemann – und damit überwiegend in diesem Sample – über höhere Einkünfte als seine Ehefrau. Die Ehefrau hat in elf Fällen höhere Einkünfte als ihr Ehemann.

Bezüglich des rechtlichen Zugriffs auf das Einkommen und Vermögen ist festzustellen, dass mehr Ehemänner einen alleinigen Zugriff auf ihre Bankkonten und Kapitalvermögen haben als ihre Ehefrauen. Außer in den Fällen von gemeinsamen Konten und gemeinsamem Vermögen bleibt die Verfügung über alleiniges Vermögen eines Ehegatten regelmäßig beim jeweiligen Eigentümer.

Die Einkünfte der Ehegatten fließen abhängig vom Ausbildungsstand der Eheleute auf unterschiedliche Konten. Bei Eheleuten mit Ausbildungsberuf überwiegt der Zufluss auf gemeinsamen und mit akademischer Ausbildung auf alleinigen Konten eines Ehegatten.

Bei der Geldverwendung ist ebenfalls eine Abhängigkeit vom Ausbildungsstand sowie Unterschiede zwischen Selbständigen und Arbeitnehmern bzw. Rentnern zu erkennen.

Die themenzentrierte Auswertung (Kapitel 7.2) beantwortet die vier Haupthypothesen der Arbeit wie folgt:

1. Das Ehegattensplitting begünstigt das traditionelle Familienmodell.
In den Fällen, in denen die Ehefrau nicht oder nur teilweise erwerbstätig ist, kommt es insgesamt zu höheren Steuervorteilen bei der Einkommensbesteuerung. Dabei werden Paare, die beide einen Ausbildungsberuf haben, häufiger begünstigt, da hier die Fälle anzutreffen sind, in denen die Ehefrau nicht arbeitet oder – öfter als eine Ehefrau mit akademischer Ausbildung – nur Teilzeit arbeitet. Das Ehegattensplitting fördert somit insbesondere das traditionelle Familienmodell von Paaren mit einer nichterwerbstätigen Ehefrau oder einer Ehefrau mit einem Ausbildungsberuf.
2. Der Ehemann verfügt über höhere Einkünfte und ein höheres Vermögen als seine Ehefrau.
Der Ehemann verfügt überwiegend über höhere Einkünfte und ein höheres Vermögen als seine Ehefrau, so dass die Hypothese insoweit bestätigt wird. Bei einzelnen Einkunftsarten, nämlich den Einkünften aus nichtselbständiger Arbeit, aus Gewerbebetrieb/selbständiger Arbeit und bei den Einkünften aus Kapitalvermögen, hat jedoch auch die Ehefrau teilweise höhere Einkünfte

als ihr Ehemann und insoweit ein entsprechend höheres Betriebs- bzw. Kapitalvermögen. Insbesondere bei berufstätigen Ehefrauen ist deshalb zu differenzieren und wird die Hypothese nur eingeschränkt bestätigt.
3. Der Ehemann hat einen größeren Zugriff auf die Ressourcen.
Insbesondere wegen seines alleiniges Zugriffsrechts, hat der Ehemann insgesamt einen größeren Zugang zu den Ressourcen hat als seine Ehefrau. Sofern die Einkünfte eines Ehegatten auf ein gemeinsames Konto fließen, ist der rechtliche Zugriff von beiden Ehepartnern gegeben. Auffällig ist jedoch, dass sich auch viele Ehefrauen mit eigenen Einkünften und eigenem Vermögen den alleinigen Zugriff darauf erhalten und sich diese Ressourcen somit ebenfalls als Machtgrundlage sichern. Die zunehmende Erwerbstätigkeit der Ehefrauen führt somit auch zu einer zunehmenden Teilhabe der Ehefrauen an den sozio-ökonomischen Ressourcen als eheliche Machtgrundlage.
4. Der Ehemann hat bei der Geldverwaltung eine stärkere Position.
Die Hypothese wird insgesamt bestätigt. Dies zeigt sich insbesondere durch die Zahlungsabflüsse vom alleinigen Konto des alleinverdienenden oder besser als seine Ehefrau verdienenden Ehemannes. Gleichwohl wird insbesondere bei Ehepartnern mit einem Ausbildungsberuf deutlich, dass die Kostentragung häufig von einem gemeinsamen Konto erfolgt, zu dem beide Ehegatten einen formal gleichen Zugang haben. Wenn die Ehefrau über eigene Einkünfte verfügt und insbesondere wenn sie höhere Einkünfte als ihr Ehemann erzielt, nimmt ihre Entscheidungsmacht bei der Geldverwendung ebenfalls zu. Dies zeigt sich insbesondere bei den Beiträgen zu ihrer eigenen Altersvorsorge, der Tilgung ihrer eigenen Verbindlichkeiten und der Übernahme der Einkommensteuerzahlungen für beide Ehegatten.

Die Paar-Muster (Kapitel 7.3) haben folgende Ergebnisse:

Die untersuchten Paare unterscheiden sich strukturell nach dem Ausbildungsstand. Abhängig davon, ob die Ehepartner einen Ausbildungsberuf oder eine akademische Ausbildung haben, zeigen sich Unterschiede in Bezug auf die Berufstätigkeit der Ehefrau, die Geldverwaltung des Paares und in der Höhe des Steuervorteils durch das Ehegattensplitting.

Haben beide Eheleute einen Ausbildungsberuf, so ist die Ehefrau mit Kindern entweder nicht (Typ 1) oder im Falle ihrer Erwerbstätigkeit ganz überwiegend Teilzeit beschäftigt (Typ 2). Haben die Eheleute keine Kinder, ist die Ehefrau nicht erwerbstätig (Typ 3) oder überwiegend Teilzeit tätig (Typ 4). Das Hausfrauenmodell ist fast ausschließlich bei Typ 1 bis Typ 4 anzutreffen. Es findet häufig eine gemeinsame Geldverwaltung statt. Das gemeinsame Konto, auf das die Haupteinkünfte fließen, ist dabei von zentraler Bedeutung. Ist ein Ehepartner gewerblich oder selbständig tätig, läuft die Geldverwaltung auch über ein Geschäftskonto oder Einzelkonten. Bei den Paaren mit einem Ausbildungsberuf sind betragsmäßig die höchsten Steuervorteile durch das Ehegattensplitting zu verzeichnen. Besonders hoch sind die Steuervorteile bei Typ 3 in den Fällen, in denen der Ehemann über hohe Einkünfte verfügt und die Ehefrau nicht erwerbstätig ist und keine Kinder hat.

Hat der Ehemann eine akademische Ausbildung, ist seine Ehefrau mit einem Ausbildungsberuf immer berufstätig und zwar mit Kindern Teilzeit (Typ 5) und ohne Kinder Vollzeit (Typ 6). Haben beide Eheleute eine akademische Ausbildung spielen Kinder für die Berufstätigkeit der Ehefrau keine Rolle, da sie in allen Fällen immer erwerbstätig ist. Dabei ist sie meist Vollzeit berufstätig (Typ 7 und Typ 8). Bei den Typ 5 bis Typ 8 zugeordneten Fällen gehen die Einkünfte der Ehepartner überwiegend auf deren alleinigen Konten. Die Kosten des Paares werden überwiegend in Kombinationen aus alleinigen Konten der Ehepartner und gelegentlich auch von gemeinsamen Konten beglichen. Hier liegt überwiegend eine individuelle Geldverwaltung vor, bei der beide Ehepartner über eigene Einkünfte verfügen, aber nicht auf das gesamte Haushaltseinkommen zugreifen können. Die Steuervorteile durch das Ehegattensplitting sind bei diesen Typen insgesamt der Höhe nach niedriger, da die Ehefrau in diesen Ehen immer berufstätig ist und bei Typ 7 und Typ 8 in der Regel auch Vollzeit.

Zusammenfassend ist als bisheriges Ergebnis der empirischen Untersuchung festzustellen, dass das klassische Familienmodell mit dem Ehemann als Ernährer und der nicht berufstätigen Ehefrau als Hausfrau und Mutter nicht mehr dem heute gültigen Familienleitbild entspricht. Der in Kapitel 3 dargestellte Wandel zeigt sich auch in den untersuchten Fällen. Danach sind die Ehefrauen überwiegend erwerbstätig. Mit zunehmendem Bildungsstand der Ehefrau steigt zudem unabhängig von eventuell vorhandenen Kindern auch der Umfang ihrer Berufstätigkeit. Mit den eigenen Einkünften der Ehefrau verringert sich meistens auch der mit dem Ehegattensplitting verbundene Steuervorteil. Dies hat für verheiratete Frauen eine eher hemmende Wirkung auf ihr Erwerbsverhalten, wie zu Recht kritisiert wird (Spangenberg 2005: 25; Dingeldey 2000: 33; Donath 1993: 408). Insbesondere höher qualifizierte Frauen lassen sich dadurch jedoch nicht im Umfang ihrer Berufstätigkeit einschränken. Das Ehegattensplitting, das bei seiner Einführung das bürgerliche Familienmodell fördern sollte, ist nach alledem als nicht mehr zeitgemäß anzusehen. Es gibt daher auch keine gesellschaftliche Rechtfertigung mehr dafür, dass der Splittingvorteil im Falle der nicht berufstätigen Ehefrau ohne Kinder (kinderlose Ehe – Typ 3) besonders hoch ist und dadurch die Institution der Ehe besonders begünstigt (Vorwold 1992: 789; Riedmüller 1989: 653).

Die Re-Analyse des Datenmaterials, ob sich aus der Geldverwaltung während der Ehe eine generelle hälftige Teilhabe an den Einkünften und Lasten des anderen Ehegatten nachweisen lässt (Kapitel 8), zeigt, dass insgesamt kein gleichberechtigter Zugang eines Ehegatten zum Vermögen, den Bankkonten und den Einkünften des anderen Ehepartners festzustellen ist. Bei den Einkünften, soweit es sich nicht um gemeinsame Einkünfte handelt, sind Durchbrechungen zu erkennen durch Zufluss auf ein gemeinsames Konto oder aufgrund erteilter Bankvollmachten. Bei der Geldverwendung ist die Teilhabe nach den verschiedenen Kostenarten unterschiedlich. Bei den Kosten des laufenden Haushalts und der Abwicklung über gemeinsame Konten sowie alleinigen Konten mit Kontovollmacht des anderen Ehegatten ist eine Teilhabe grundsätzlich gegeben. Aber auch in allen anderen Fällen ist sie anzunehmen unter dem Aspekt der Versorgung bzw. des Unterhalts. Bei den übrigen Kosten ist die Teilhabe des anderen Ehegatten ist nur eingeschränkt gegeben. Insgesamt ist festzustellen, dass in Typ 1 bis Typ 4, in denen beide Ehepartner einen Ausbildungsberuf haben, eine überwiegend gemeinsame Geldverwaltung stattfindet. Mit dem Zufluss der Einkünfte und der Kostentragung vom gemeinsamen Konto, dessen Miteigentümer beide Ehegatten sind, findet auch regelmäßig eine hälftige Teilhabe an diesen Einkünften statt. Bei Typ 5 bis Typ 8, in denen der Ehemann eine akademische Ausbildung hat und seine Ehefrau immer berufstätig ist, herrscht eine überwiegend individuelle Geldverwaltung über alleinige Konten eines Ehegatten vor. In diesen Fällen erfolgt eine Teilhabe an den Einkünften des anderen Ehegatten in dem Umfang, wie dieser gemeinsame Kosten oder

Kosten für den anderen Ehegatten begleicht. Eine generelle hälftige Teilhabe an den Einkünften und Lasten des anderen Ehegatten lässt sich jedoch nicht feststellen. Insbesondere in Bezug auf das Vermögen der Eheleute zeigt sich eine Tendenz zu alleinigem Eigentum eines Ehegatten verbunden mit einer alleinigen Verfügungsbefugnis darüber. Die Annahmen, die der Entscheidung des Bundesverfassungsgerichts zum Halbteilungsgrundsatz zugrunde liegen, lassen sich somit anhand der Praxisfälle nicht nachweisen. Die Richter haben bei ihrer formaljuristischen Betrachtungsweise die gesellschaftliche Realität und auch den gesellschaftlichen Wandel außer Acht gelassen.

Da es sich bei der empirischen Untersuchung nur um eine zahlenmäßig eingeschränkte Datenerhebung handelt, die in ihrer Auswahl zudem nur Personen erfasst, die die Tätigkeit der Steuerberatungspraxis in Anspruch genommen haben, lassen die Ergebnisse keine Verallgemeinerungen zu. Sie zeigen lediglich einen Trend auf und müssten in späteren Untersuchungen makrosoziologisch überprüft werden.

10 Ausblick

Da das dem Ehegattensplitting zugrundeliegende Leitbild der bürgerlichen Familie als nicht mehr zeitgemäß anzusehen ist, stellt sich die Frage, wie die Besteuerung von Ehegatten an die veränderten gesellschaftlichen Verhältnisse angepasst werden könnte.

Nach dem Grundsatz der Eigenverantwortlichkeit des Einzelnen scheint es angemessen, Ehegatten künftig wie alle anderen Steuerpflichtigen einzeln zur Einkommensteuer zu veranlagen. Damit würden auch die kritisierten steuerlichen Hemmnisse durch das Ehegattensplitting für die Aufnahme einer Erwerbsarbeit von Ehefrauen entfallen. Stattdessen sollten Familien mit Kindern gezielt gefördert werden durch eine drastische Anhebung des Kindergeldes, damit alle Eltern und Elternteile von den Kind bedingten Kosten gleichmäßig entlastet werden. Dies wird auch von den Oppositionsparteien gefordert (s. Kapitel 2.4). Im Gegenzug sollte auch der Kinderfreibetrag im EStG abgeschafft werden, der bisher nur bei besserverdienenden Elternteilen zu einer zusätzlichen steuerlichen Entlastung geführt hat (vgl. Kapitel 7.1.3.6).

Eine Abschaffung des Ehegattensplittings wäre für fast alle Paare mit dem Verlust des unterschiedlich hohen Splittingvorteils verbunden (s. Kapitel 7.1.1). Dies würde bei bestehenden Ehen in die Lebensplanung eingreifen (SPD 2013) und könnte daher verfassungsrechtliche Probleme aus der Schutzfunktion der Ehe nach Artikel 6 Absatz 1 GG nach sich ziehen. In den Fällen des übermäßig hohen Splittingvorteils, wie er sich insbesondere bei Typ 3 gezeigt hat, könnte aber bei bestehenden Ehen die Kappung des Splittingeffekts in Betracht gezogen werden (Vollmer 1998: 228).

Daneben wurde in der Untersuchung festgestellt, dass das Einkommen als sozio-ökonomische Ressource eine wesentliche Machtgrundlage für die ehelichen Lebensverhältnisse darstellt und die Entscheidungsmacht (ohne Berücksichtigung der Aushandlungsprozesse) für Ehefrauen mit eigenen Einkünften zunimmt. Neben der Korrektur der steuerlichen Komponente durch das Ehegattensplitting sollten daher bessere Rahmenbedingungen für die Erwerbstätigkeit insbesondere von Müttern geschaffen werden durch Ausbau von Kinderbetreuungsmöglichkeiten, flexible Arbeitsplatzgestaltung usw. (Nave-Herz 2012: 48; Träger 2009: 194). Das vom Bundeskabinett am 04.06.2014 beschlossene „Elterngeld Plus“ ist dafür allein nicht ausreichend.

Ob und in welchem Umfang insbesondere die Ehefrau mit oder ohne Kinder einer Erwerbstätigkeit nachgehen möchte, muss dennoch unter demokratischen Gesichtspunkten immer noch die Entscheidung des Einzelnen bzw. des Paares bleiben. Onnen (2013: 344) weist darauf hin, dass insbesondere Frauen mit höherer Bildung unter Legitimierungsdruck geraten, wenn sie auf eine Erwerbstätigkeit zugunsten von Mutterschaft verzichten. In diesem Zusammenhang ist jedoch auch zu bedenken, dass das neue Unterhaltsrecht in § 1569 BGB den Grundsatz der Eigenverantwortung für den eigenen Unterhalt nach der Scheidung aufgenommen hat. Unter diesem Gesichtspunkt können Ehefrauen heute kaum noch auf eine eigene Erwerbstätigkeit verzichten (Nave-Herz 2012: 48).

Das Festhalten an den traditionellen Geschlechterrollen und insbesondere an der häuslichen Arbeitsteilung stellt wegen ihrer zusätzlichen Arbeitsbelastung eine weitere Hürde für die Erwerbstätigkeit der Ehefrau und insbesondere Mutter dar (Kapitel 3). Zur Erreichung egalitärer Strukturen in der Paarbeziehung ist hier weitere Aufklärung und ein weiteres Umdenken in der Gesellschaft erforderlich.

11 Literaturverzeichnis

Allmendinger, Jutta, Dörthe Gatermann und Wolfgang Ludwig-Mayerhofer (2012). Sozialstaatliche Transformationen: Auswirkungen auf familiale Verpflichtungszusammenhänge und die Wahrnehmung sozialer Ungleichheit. Hans-Böckler-Stiftung (Hg.). www.boeckler.de/pdf_fof/S-2009-248-4-2.pdf, Zugriff am 6. Juni 2014.

Aries, Philippe (1984): Liebe in der Ehe. In: Aries, Philippe, Bejin, Andre et al. (Hg.): Die Masken des Begehrens und die Metamorphosen der Sinnlichkeit. Zur Geschichte der Sexualität im Abendland. Frankfurt a.M.: Fischer, S. 165–175.

Beck, Ulrich (1983). Jenseits von Stand und Klasse? Soziale Ungleichheiten, gesellschaftliche Individualisierungsprozesse und die Entstehung neuer sozialer Formationen und Identitäten. In: Reinhard Kreckel (Hg.): Soziale Ungleichheiten. Soziale Welt, Sonderband 2. Göttingen: Schwartz, S. 35–74.

Beck, Ulrich (1986). Risikogesellschaft. Auf dem Weg in eine andere Moderne. Frankfurt a.M.: Suhrkamp.

Beck, Ulrich, und Elisabeth Beck-Gernsheim (1990). Das ganz normale Chaos der Liebe. Frankfurt a.M.: Suhrkamp.

Beck-Gernsheim, Elisabeth (1983). Vom „Dasein für andere“ zum Anspruch auf ein Stück „eigenes Leben“: Individualisierungsprozesse im weiblichen Lebenszusammenhang. In: Soziale Welt, 34, S. 307–340.

Beck-Gernsheim, Elisabeth (1986). Von der Liebe zur Beziehung, Veränderung im Verhältnis von Mann und Frau in der individualisierten Gesellschaft. In: Johannes Berger (Hg.): Die Moderne – Kontinuitäten und Zäsuren. Göttingen: Schwartz, S. 209–233.

Beck-Gernsheim, Elisabeth (1992). Arbeitsteilung, Selbstbild und Lebensentwurf. Neue Konfliktlagen in der Familie. In: Kölner Zeitschrift für Soziologie und Sozialpsychologie, 44, S. 273–291.

Beck-Gernsheim, Elisabeth (1994). Auf dem Weg in die postfamiliale Familie – Von der Notgemeinschaft zur Wahlverwandtschaft. In: Ulrich Beck und Elisabeth Beck-Gernsheim (Hg.): Riskante Freiheiten. Frankfurt a.M., S. 115–138.

Beck-Gernsheim, Elisabeth (2000). Was kommt nach der Familie? Einblicke in neue Lebensformen. 2. Aufl., München: Beck.

Berger, Peter L. und Hansfried Kellner (1965). Die Ehe und die Konstruktion der Wirklichkeit. Eine Abhandlung zur Mikrosoziologie des Wissens. In: Soziale Welt, 16, S. 220–235.

Birk, Dieter (1984). „Besteuerung nach Wahl“ als verfassungsrechtliches Problem. In: Neue Juristische Wochenschrift, S. 1325–1329.

Blood, Robert O. und Donald M. Wolfe (1960). Husbands and Wives. The Dynamics of Married Living. Westport: Greenwood Press.

Blümich (2014). Einkommensteuergesetz, Körperschaftsteuergesetz, Gewerbesteuergesetz, Kommentar. Bernd Heuermann und Peter Brandis (Hg.). München: Franz Vahlen.

Blumstein, Philip und Pepper Schwartz (1983). American Couples. Money, Work, Sex. New York: William Morrow.

Bock, Marlene (1987). Macht in der Ehe. Tiefeninterviews mit Ehefrauen. Gießen: Focus.

Boll, Christina und Miriam Beblo (2013). Das Paar – eine Interesseneinheit? Empirische Evidenz zu partnerschaftlichen Aushandlungsprozessen. Friedrich-Ebert-Stiftung (Hg.). www.library.fes.de/pdf-files/dialog/10298.pdf, Zugriff am 6. Juni 2014.

Borggreve, Carlo (1983). Zur Verfassungswidrigkeit der einkommensteuerlichen Mehrbelastung Alleinstehender mit Kindern gegenüber zusammenveranlagten Ehegatten. In: Der Betrieb, S. 13–17.

Born, Claudia (1993). Das Einkommen im ehepartnerlichen Aushandlungsprozess. Argumentationsfigur zwischen Innovation und Restauration. In: Claudia Born und Helga Krüger (Hg.): Erwerbsverläufe von Ehepartnern und die Modernisierung weiblicher Lebensläufe. Status Passages and the Life Course 5. Weinheim: Deutscher Studienverlag, S. 191–208.

Brück, Michael (2013). AfD-Mitglied zum Parteiprogramm. Die derzeitige Europolitik ist antieuropäisch. www.lto.de/recht/hintergruende/h/afd-parteialternative-fuer-deutschland-parteiprogramm-euro-interview/2/, Zugriff am 20. Mai 2014.

Bündnis 90/Die Grünen (2013). Zeit für den grünen Wandel. www.gruene.de/fileadmin/user_upload/Dokumente/Gruenes-Bundestagswahlprogramm-2013.pdf, Zugriff am 19. Mai 2014.

Bundesinstitut für Bevölkerungsforschung (2013). Beitrag von Frauen zum Haushaltseinkommen weiterhin gering. Grafik des Monats – Juni 2013. www.bib-demografie.de/DE/Aktuelles/Grafik_des_Monats/Archiv/2013_06_Haushaltseinkommen_Frauen.html, Zugriff am 19. Mai 2014.

Bundeswahlleiter (1957). Wahl zum 3. Deutschen Bundestag am 15. September 1957. www.bundeswahlleiter.de/de/bundestagswahlen/fruehere_bundestagswahlen/btw1957.html, Zugriff am 18. Mai 2014.

Burkart, Günther (2000). Arbeit und Liebe. Über die Macht der Liebe und die Arbeit an der Partnerschaft. In: Kornelia Hahn und Günther Burkhart (Hg.): Liebe – Grenzen und Grenzüberschreitungen. Studien zur Soziologie intimer Beziehungen II. Opladen: Leske + Budrich, S. 165–198.

Burkart, Günter und Cornelia Koppetsch (2001). Geschlecht und Liebe. Überlegungen zu einer Soziologie des Paares. In: Bettina Heintz (Hg.): Geschlechtersoziologie. Kölner Zeitschrift für Soziologie und Sozialpsychologie, Sonderheft 41, S. 431–453.

Burkart, Günter und Cornelia Koppetsch (2004). Die Ordnung des Paares und die Grenzen der Partnerschaft. In: Psychotherapie und Sozialwissenschaft, Zeitschrift für Qualitative Forschung, Band 6, S. 73–88.

CDU/CSU (2013). Gemeinsam erfolgreich für Deutschland. Regierungsprogramm 2013–2017, www.bundestagswahl-bw.de/wahlprogramm_cdu-csu.html, Zugriff am 19. Mai 2014.

CDU/CSU-Bundestagsfraktion (2013). Ja zum Ehegattensplitting. Ehegattensplitting ist Ausdruck der Lebens- und Wirtschaftsgemeinschaft. Pressemitteilung vom 09.01.2013. www.cducsu.de/presse/pressemitteilungen/ja-zum-ehegattensplitting, Zugriff am 18. Mai 2014.

DATEV (2009). Tabellen und Informationen für den steuerlichen Berater. DATEV eG (Hg.). Nürnberg, S. 1.

DIE LINKE (2013). 100% SOZIAL. www.bundestagswahl-bw.de/wahlprogramm_die_linke.html, Zugriff am 19.05.2014.

Dingeldey, Irene (2000). Einkommenssysteme und familiale Erwerbsmuster im europäischen Vergleich. In: Irene Dingelday (Hg.): Erwerbstätigkeit und Familie in Steuer- und Sozialversicherungssystemen. Begünstigungen und Belastungen verschiedener familialer Erwerbsmuster im Ländervergleich. Opladen: Leske + Budrich, S. 11–48.

Donath, Roland (1993). Ehe, Familie und Steuern. In: Rabels Zeitschrift für ausländisches und internationales Privatrecht, S. 401–437.

Eckert, Roland (1979). Geschlechtsrollen im Wandel gesellschaftlicher Arbeitsteilung. In: Roland Eckert (Hg.): Geschlechtsrollen und Arbeitsteilung: Mann und Frau in soziologischer Sicht. München: Beck.

Elias, Norbert (1978). Zum Zusammenhang von Triebkontrolle und Familienform bzw. Gesellschaftsstruktur. In: Seminar: Familie und Gesellschaftsstruktur. Materialien zu den sozioökonomischen Bedingungen von Familienformen. Heidi Rosenbaum (Hg.). Frankfurt a.M.: Suhrkamp, S. 152–160.

FDP (2013). Bürgerprogramm. Damit Deutschland stark bleibt. www.fdp.de/files/408/B_rgerprogramm_A5_online_2013-07-23.pdf, Zugriff am 19. Mai 2014.

Foa, Uriel G. und Edna B. Foa, Edna B. (1974). Societal structures of the mind. Springfield: Charles C. Thomas.

Foa, Edna B. und Uriel G. Foa (1980). Resource Theory: Interpersonal Behavior as Exchange. In: Gergen, Kenneth J. et al. (Hg.): Social Exchance: Advances in Theory and Research. New York: Plenum Press, S. 77–84.

Fries, Michael (1986). Macht in partnerschaftlichen Beziehungen: Soziologische Aspekte zum Phänomen der Macht in Beziehungen unverheirateter Paare. Pfaffenweiler: Centaurus-Verlagsgesellschaft.

Frauen Union (2011). Abschaffung des Ehegattensplittings: Fortschritt sieht anders aus! www.frauenunion.de/meldungen-von-2011/1253-ehegattensplitting.html, Zugriff am 18. Mai 2014.

Giddens, Anthony (1992). The Transformation of Intimacy. Sexuality, Love and Eroticism in Modern Societies. Cambridge: Polity Press.

Grau, Ina (2004). Machtverhältnisse in Partnerschaften. In Das online-Familienhandbuch. www.familienhandbuch.de/cmain/f_aktuelles/a_partnerschaft/s_1373.html, Zugriff am 19. Mai 2014.

Grunow, Daniela (2013). Zwei Schritte vor, eineinhalb Schritte zurück. Geschlechtsspezifische Arbeits- teilung und Sozialisation aus Perspektive des Lebenslaufs. In: Zeitschrift für Soziologie der Erziehung und Sozialisation, 4, S. 384–398.

Hahn, Kornelia (2000). Liebe: Ein Testfall für die fragilen Grenzkonstruktionen zwischen Intimität und Öffentlichkeit. In: Günter Burkart und Kornelia Hahn (Hg.): Liebe. Grenzen und Grenzüberschreitungen. Opladen: Leske + Budrich; S. 249–278.

Hahn, Kornelia (2008). Romantische Liebe als Phänomen der Moderne. Anmerkungen zur Soziologie intimer Beziehungen. In: Yvonne Niekrenz und Dirk Villany (Hg.): LiebesErklärungen. Intimbeziehungen aus soziologischer Perspektive. Wiesbaden: VS Verlag für Sozialwissenschaften, S. 40–49.

Heer, David M. (1963). The Measurement and Bases of Family Power: An Overview. In: Journal of Marriage and the Family, 25, S. 133–139.

Held, Thomas (1978). Soziologie der ehelichen Machtverhältnisse. Neuwied: Luchterhand.

Herbst, Peter G. (1952). The Measurement of Family Relationships. In: Human Relations, 5, S. 3–35.

Herbst, Peter G. (1954). Conceptual Framework of Studying the Family/ Family Living. Patterns of Interaction. In: O.A. Oeser und S. B. Hammond (Hg.): Social Structure and Personality in a City. London: Routledge & Kegan Paul, S. 126–179.

Herrmann/Heuer/Raupach (2013). Einkommensteuer- und Körperschaftsteuergesetz. Kommentar. Köln: Otto Schmidt.

Herrmann, Horst (2002). Liebesbeziehungen – Lebensentwürfe. Eine Soziologie der Partnerschaft. Münster: Telos.

Hitzler, Ronald und Anne Honer (1994). Bastelexistenz. Über subjektive Konsequenzen der Individualisierung. In: Ulrich Beck und Elisabeth Beck-Gernsheim (Hg.): Riskante Freiheiten. Individualisierung in modernen Gesellschaften. Frankfurt a.M.: Suhrkamp, S. 307–315.

Höhn, Charlotte (1989). Demographische Trends in Europa seit dem 2. Weltkrieg. In: Rosemarie Nave-Herz und Manfred Markefka (Hg.): Handbuch der Familien- und Jugendforschung, Band 1, Neuwied/ Frankfurt a.M.: Luchterhand, S. 195–209.

Hradil, Stefan (1998). Die Seismographen der Modernisierung. Singles in Deutschland, In: Aus Politik und Zeitgeschichte, 53, S. 9–16.

Huinink, Johannes (1995). Warum noch Familie? Zur Attraktivität von Partnerschaft und Elternschaft in unserer Gesellschaft. Frankfurt a.M./ New York: Campus.

Huinink, Johannes und Dirk Konietzka (2007). Familiensoziologie. Eine Einführung. Frankfurt a.M./New York: Campus.

Huinink, Johannes und Michael Wagner (1998). Individualisierung und die Pluralisierung von Lebensformen. In: Jürgen Friedrichs (Hrsg.): Die Individualisierungs-These. Opladen: Leske + Budrich, S. 85–106.

Huinink, Johannes und H. Karl Alexander Röhler (2005). Liebe und Arbeit in Paarbeziehungen. Zur Erklärung geschlechtstypischer Arbeitsteilung in nichtehelichen und ehelichen Lebensgemeinschaften. Würzburg: Ergon Verlag.

Kaufmann, Franz-Xaver (1995). Zukunft der Familie im vereinten Deutschland. Gesellschaftliche und politische Bedingungen. München: Beck.

Kaufmann, Jean-Claude (1994). Schmutzige Wäsche. Zur ehelichen Konstruktion von Alltag. Konstanz: UVK, Universitätsverlag Konstanz.

Kirchler, Erich, Christa Rodler, Erik Hölzl und Katja Meier (2000). Liebe, Geld und Alltag. Entscheidungen in engen Beziehungen. Göttingen: Hogrefe.

Koppetsch, Cornelia und Burkart, Günter (1999). Die Illusion der Emanzipation. Zur Wirksamkeit latenter Geschlechtsnormen im Milieuvergleich. Konstanz: UVK, Universitätsverlag Konstanz.

Koppetsch, Cornelia (2005). Liebesökonomie. Ambivalenzen moderner Paarbeziehungen. In: WestEnd, Neue Zeitschrift für Sozialforschung, 2, S. 96–107.

Kratzer, Nick (2003): Arbeitskraft in Entgrenzung. Grenzenlose Anforderungen, erweiterte Spielräume, begrenzte Ressourcen. Berlin: edition sigma.

Krüsselberg, Hans-Günter, Michael Auge und Manfred Hilzenbecher (1986). Verhaltenshypothesen und Familienzeitbudgets – Die Ansatzpunkte der „Neuen Haushaltsökonomik" für Familienpolitik. Stuttgart: Kohlhammer.

Kuhlmann, Elke (1995). Geld und Geschlecht. Der gender-bias in den monetären Verhältnissen. In: Soziale Welt, 46, S. 385–402.

Lenz, Karl (2006). Soziologie der Zweierbeziehung. Eine Einführung. Wiesbaden: VS Verlag für Sozialwissenschaften.

Lewis, Jane (2003). Auf dem Weg zur „Zwei-Erwerbstätigen-Familie". In: Jahrbuch für Europa- und Nordamerikastudien, S. 62–84.

Liebold, Renate (2001). „Meine Frau managt das ganze Leben zu Hause..." Partnerschaft und Familie aus der Sicht männlicher Führungskräfte. Wiesbaden: Westdeutscher Verlag.

Limbach, Jutta (1989): Die rechtlichen Rahmenbedingungen von Ehe und Elternschaft. In: Rosemarie Nave-Herz und Manfred Markefka (Hg.): Handbuch der Familien- und Jugendforschung, Band 1: Familienforschung. Neuwied/Frankfurt a.M.: Luchterhand, S. 225–240.

Ludwig-Mayerhofer, Wolfgang (2006). Geldverwaltung und -verteilung in Paarbeziehungen. In: Zeitschrift für Sozialreform, 4, S. 467–491.

Ludwig-Mayerhofer, Wolfgang und Jutta Allmendinger (2003). Zweiverdienerpaare und ihre Geld- arrangements – Überlegungen für einen internationalen Vergleich. In: Jahrbuch für Europa- und Nordamerika-Studien, S. 85–104.

Lupri, Eugen (1970). Gesellschaftliche Differenzierung und familiale Autorität. Ein interkultureller Vergleich. In: Günter Lüschen und Eugen Lupri (Hg.): Soziologie der Familie, Kölner Zeitschrift für Soziologie und Sozialpsychologie, Sonderheft 14, S. 323–352.

Marold, Julia (2009). Mütter im Spannungsfeld zwischen Kind und Beruf. Der Weg vom Ernährer- zum Zweiverdienermodell im Spiegel familienpolitischer und geschlechterkultureller Entwicklungen in Deutschland, Dänemark und den Niederlanden. In: Zeitschrift für Familienforschung, S. 54–85.

Meuser, Michael (1998). Vergesellschaftete Intimität. Geschlechtspolitik und Liebe. In: Kornelia Hahn und Günther Burkart (Hg.): Liebe am Ende des 20. Jahrhunderts. Studien zur Soziologie intimer Beziehungen I. Opladen: Leske + Budrich, S. 217–233.

Mitterauer, Michael (1978). Problematik des Begriffs „Familie" im 17. Jahrhundert. In: Seminar: Familie und Gesellschaftsstruktur. Materialien zu den sozioökonomischen Bedingungen von Familienformen. Heidi Rosenbaum (Hg.). Frankfurt a.M.: Suhrkamp, S. 73–82.

Mitterauer, Michael (1989). Entwicklungstrends der Familie in der europäischen Neuzeit. In: Rosemarie Nave-Herz und Manfred Markefka (Hg.): Handbuch der Familien- und Jugendforschung, Band 1: Familienforschung, Neuwied/Frankfurt a.M.: Luchterhand, S. 179–194.

Mitterauer, Michael (1977). Funktionsverlust der Familie? In: Michael Mitterauer und Reinhard Sieder: Vom Patriarchat zur Partnerschaft. Zum Strukturwandel der Familie. München: Beck, S. 92–117.

Müller, Walter und Dietmar Haun (1994). Bildungsungleichheit im sozialen Wandel. In: Kölner Zeitschrift für Soziologie und Sozialpsychologie, 46, S. 1–42.

Nauck, Bernhard (1989). Individualistische Erklärungsansätze in der Familienforschung: Die rational- choice-Basis von Familienökonomie, Ressourcen- und Austauschtheorie. In: Rosemarie Nave-Herz und Manfred Markefka (Hg.): Handbuch der Familien- und Jugendforschung, Band 1: Familienforschung, Neuwied/Frankfurt a.M.: Luchterhand, S. 43–61.

Nave-Herz, Rosemarie (1997). Pluralisierung familialer Lebensformen – ein Konstrukt der Wissenschaft. In: Laszlo a. Vaskovics (Hg.): Familienleitbilder und Familienrealitäten. Opladen: Leske + Budrich, S. 36–49.

Nave-Herz, Rosemarie (2012). Familie heute. Wandel der Familienstrukturen und Folgen für die Erziehung. 5. Aufl., Darmstadt: Wissenschaftliche Buchgesellschaft.

Nave-Herz, Rosemarie (1989). Zeitgeschichtlicher Bedeutungswandel von Ehe und Familie in der Bundesrepublik Deutschland. In: Rosemarie Nave-Herz und Manfred Markefka (Hg.): Handbuch der Familien- und Jugendforschung, Band 1: Familienforschung. Neuwied/Frankfurt a.M.: Luchterhand, S. 211–222.

Niekrenz, Yvonne (2008). Liebe als Verhandlungssache. Intimbeziehungen aus der Sicht des Symbolischen Interaktionismus. In: Yvonne Niekrenz und Dirk Villany (Hg.): LiebesErklärungen. Intimbeziehungen aus soziologischer Perspektive. Wiesbaden: VS Verlag für Sozialwissenschaften, S. 115–125.

Onnen, Corinna (2013). Geschlechtsspezifische Arbeitsteilung: Zur Einführung in das Themenheft. In: Zeitschrift für Soziologie der Erziehung und Sozialisation, 4, S. 341–349.

Onnen-Isemann, Corinna (2000). Wenn der Familienbildungsprozess stockt Eine empirische Studie über Stress und Coping-Strategien reproduktionsmedizinisch behandelter Partner. Berlin/Heidelberg/New York: Springer.

Pahl, Jan (1980). Patterns of Money within Marriage. In: Journal of Social Policy, 9, S. 3113–335.

Pahl, Jan (1983). The Allocation of Money and the Structuring of Inequality within Marriage. In: The Sociological Review, 31, S. 237–262.

Pahl, Jan (1988). Earning, Sharing, Spending: Married Couples and Their Money. In: Robert Walker (Hg.): Money Matters. Income, Wealth and Financial Welfare. London: Sage, S. 195–211.

Pahl, Jan (1989). Money and Marriage. London: MacMillan.

Pahl, Jan (1995). His Money, her Money: Recent Research on Financial Organisation in Marriage. In: Journal of Economic Psychology, 16, S. 361–376.

Palandt (2014). Bürgerliches Gesetzbuch mit Nebengesetzen. 73. Aufl., München: Beck.

Paus, Bernhard (1992). Verfassungswidrige Benachteiligung von Ehegatten. In: Finanz-Rundschau, S. 467–476.

Pfau-Effinger, Birgit (1998). Der soziologische Mythos der Hausfrauenehe – sozio-historische Entwicklungspfade der Familie. In: Soziale Welt, 49, S. 167–183.

Piratenpartei (2013). Steuerliche Gleichstellung ist überfällig – Langfristig Ehegattensplitting abschaffen. Pressemitteilung vom 06.06.2013. www.piratenpartei.de/2013/06/06/steuerliche-gleichstellung-ist-uberfallig-langfristig-ehegattensplitting-abschaffen/, Zugriff am 20. Mai 2014.

Riedmüller, Barbara (1989). Familienpolitik und soziale Sicherung der Frau. In: Rosemarie Nave-Herz und Manfred Markefka (Hg.): Handbuch der Familien- und Jugendforschung, Band 1: Familienforschung, Neuwied/Frankfurt a.M.: Luchterhand, S. 651–666.

Rodman, Hyman (1970). Eheliche Macht und der Austausch von Ressourcen im kulturellen Kontext. In: Lüschen, Günther und Eugen Lupri (Hg.): Soziologie der Familie. Kölner Zeitschrift für Soziologie und Sozialpsychologie, Sonderheft 14. Opladen: Westdeutscher Verlag, S. 121–143.

Safilios-Rothschild, Constantina (1970). The Study of Familiy Power Structure: A Review 1960–1969. In: Journal of Marriage and the Family, 32, S. 539–552.

Safilios-Rothschild, Constantina (1975). Family and Stratification. Some macrosociological Observations and Hypotheses. In: Journal of Marriage and the Family, 37, S. 855–860.

Safilios-Rothschild, Constantina (1976). A Macro- and Micro-Examination of Family Power and Love: An Exchange Model. In: Journal of Marriage and the Family, 38, S. 335–362.

Scanzoni, John und Maximiliane Szinovacz (1980). Family Decision-Making. A Developmental Sex Role Model. Berverly Hills/London: SAGE Publications Inc.

Schneider, Werner, Andreas Hirseland, Wolfgang Ludwig-Mayerhofer und Jutta Allmendinger (2005). Macht und Ohnmacht des Geldes im Privaten – Zur Dynamik von Individualisierung in Paar- beziehungen. In: Soziale Welt, 56, S. 203–224.

Schulz, Florian und Hans-Peter Blossfeld (2006). Wie verändert sich die häusliche Arbeitsteilung im Eheverlauf? Eine Längsschnittstudie der ersten 14 Ehejahre in Westdeutschland. In: Kölner Zeitschrift für Soziologie und Sozialpsychologie, 58, S. 23–49.

Sieder, Reinhard (1987). Sozialgeschichte der Familie. Frankfurt a.M.: Suhrkamp.

Spangenberg, Ulrike (2005). Neuorientierung der Ehebesteuerung: Ehegattensplitting und Lohnsteuerverfahren. Gutachten, gefördert durch die Hans-Böckler-Stiftung. www.boeckler.de/pdf/p._arb_106.pdf, Zugriff am 31. Mai 2014.

SPD (2013). Das WIR entscheidet. Das Regierungsprogramm 2013–2017. www.bundestagswahl-bw.de/wahlprogramm_spd.html, Zugriff am 18. Mai 2014.

Stalb, Heidrun (2000). Eheliche Machtverhältnisse. Ein Theorienvergleich. Herbolzheim: Centaurus.

Tipke, Klaus (1983). Neuordnung der Familienbesteuerung. In: Bundessteuerberaterkammer (Hg.): Steuerberaterkongressreport 1983. München: Beck, S. 39–64.

Tölke, Angelika und Heike Wirth (2013). Der Wandel partnerschaftlicher Erwerbsarrangements und das Wohlbefinden von Müttern und Vätern in Ost- und Westdeutschland. In: Zeitschrift für Soziologie der Erziehung und Sozialisation, 4, S. 365–383.

Träger, Julia (2009). Familie im Umbruch. Wiesbaden: Springer.

Trost, Jan (1989). Nichteheliche Lebensgemeinschaften. In: Rosemarie Nave-Herz und Manfred Markefka: Handbuch der Familien- und Jugendforschung, Band 1: Familienforschung. Neuwied/Frankfurt a.M.: Luchterhand, S. 363–373.

Trotha, Trutz von (1990). Zum Wandel der Familie. In: Kölner Zeitschrift für Soziologie und Sozialpsychologie, 42, S. 452–473.

Tyrell, Hartmann (1988). Ehe und Familie – Institutionalisierung und Deinstitutionalisierung. In: Kurt Lüscher, Franz Schultheis und Michael Wehrspann (Hg.): Die „postmoderne" Familie. Familiale Strategien und Familienpolitik in einer Übergangszeit, Konstanz: Universitätsverlag, S. 145–156.

Vorwold, Gerhard (1992). Neuorientierung der Ehe- und Familienbesteuerung. In: Finanz-Rundschau, S. 789–806.

Vollmer, Franziska (1998). Das Ehegattensplitting. Eine verfassungsrechtliche Untersuchung der Einkommensbesteuerung von Eheleuten. Baden-Baden: Nomos.

Wätzig, Martin (1982). Gedanken zur Abschaffung oder Einschränkung des Ehegattensplittings. In: Der Betrieb, S. 1839–1842.

Weber, Max (1988a). Die „Objektivität" sozialwissenschaftlicher und sozialpolitischer Erkenntnis [1904]. In: Johannes Winckelmann (Hg.): Gesammelte Aufsätze zur Wissenschaftslehre. 7. Aufl., Tübingen: Mohr, S. 146–214.

Weber, Max (1988b). Soziologische Grundbegriffe [1921]. In: Johannes Winckelmann (Hg.): Gesammelte Aufsätze zur Wissenschaftslehre. 7. Aufl., Tübingen: Mohr, S. 541–581.

Wendt, Rudolf (1995). Familienbesteuerung und Grundgesetz. In: Festschrift für Klaus Tipke zum 70. Geburtstag, S. 47–69. www.archiv.jura.

saarland.de/projekte/Bibliothek/text.php?id=357, Zugriff am 19. Mai 2014.

Weiss, Hilde (1995). Liebesauffassungen der Geschlechter. Veränderungen in Partnerschaft und Liebe. In: Soziale Welt, 46, S. 119–137.

Wimbauer, Christine (2003). Geld und Liebe. Zur symbolischen Bedeutung von Geld in Paarbeziehungen. Frankfurt a.M.: Campus.

Wimbauer, Christine (2006). Frauen – Männer. In: Stephan Lessenich und Frank Nullmeier (Hg.): Deutschland eine gespaltene Gesellschaft. Frankfurt a.M.: Campus, S. 136–157.

Zahlmann-Willenbacher, Barbara (1979). Kritik des funktionalistischen Konzepts geschlechtstypischer Arbeitsteilung. In: Roland Eckert (Hg.): Geschlechtsrollen und Arbeitsteilung. Mann und Frau in soziologischer Sicht. München: Beck, S. 60–77.

Zeidler, Wolfgang (1983). Ehe und Familie. In: Ernst Benda, Werner Maihofer, Hans-Jochen Vogel (Hg.): Handbuch des Verfassungsrechts. Berlin: de Gruyter, S. 595–607.

12 Anlage 1: Erhebungsbogen

Name/Nr.:

	Mann	Frau	Zu-/Abfluss Konto
Beruf/Ausbildung			
Alter:			

Einkünfte:
- Nichtselbständige Arbeit:
  Steuerklasse:
- Gewerbl./Freiberufliche Einkünfte:
- Einkünfte aus Kapitalvermögen:
- Einkünfte aus Renten:
  gesetzliche Renten:
- private Renten:
- betriebliche Renten:
- Einkünfte aus Vermietung und Verpachtung:
- Sonstige Einkünfte:
  welche?

Einzel-/Zusammenveranlagung?:
Gründe bei Eheleuten für Einzelveranlagung:

Gesamtbetrag der Einkünfte:

Zu versteuerndes Einkommen:

Einkommensteuer:
Solidaritätszuschlag:

Kirchenzugehörigkeit:
- welche?
- Kirchensteuer:

Vorsorgeaufwendungen:
- gesetzl. Rentenversicherung:
- private Rentenversicherungen:
- Lebensversicherungen:
- Kranken-/Pflegeversicherungen:

Mann Frau Abfluss Konto

– steuerfreier Arbeitgeberzuschuss?
– Unfall-/Risikoversicherungen:
Sonstige (Haftpflicht u.ä. Vers.):

Kinder:
– Zahl der Kinder:
– Alter der Kinder:
– Kinder leiblich/adoptiert/aus anderer Beziehung?
– Bezogenes Kindergeld:
– Kinderfreibetrag:
– Was ist steuerlich günstiger?
– Kinderbetreuungskosten lt. Steuererklärung:

Freibetrag für Alleinerziehende:
evtl. Gründe für Wegfall:

Vorhandenes Vermögen:
– Art des Vermögens, Vollmachten?:

Bankkonten/Vollmachten?:
gemeinsame Konten?
getrennten Konten?
gemischt einzelne und getrennte Konten?

Vorhandene Schulden:
– Art der Verbindlichkeiten:
– Wer zahlt ggfs. welchen Anteil an Schulden?
– an Zinsen?

Steuerzahlungen/Konto:
– Wer zahlt ¼ jährliche Steuervorauszahlungen?
– Lohnsteuer?
– Wer zahlt Steuernachzahlungen?
– Wer erhält Steuererstattungen?

Sonstige Zahlungen:
Wer zahlt in der Familie welche Kosten/Konto?
– Kosten der laufenden Haushaltsführung?

- Urlaube und größere Anschaffungen?
- Kosten der Kinderbetreuung?

Geplante Verwendung der Einkommensteuererstattung 2008:
- Soll auf Geschäftskonto Ehemann bleiben?
- Soll auf Geschäftskonto Ehefrau bleiben?
- Soll gespart werden?
- Soll zur Tilgung von Verbindlichkeiten verwendet werden?
- Soll für eine Investition im Haus/Wohnung verwendet werden?
- Soll für gemeinsamen Urlaub verwendet werden?
- Soll zwischen den Eheleuten geteilt werden und darf jeweils für private Zwecke verwendet werden?
- Soll für Anschaffungen der Kinder verwendet werden?
- Darf vom Ehemann für sein Hobby (Auto, Sportgerät o.ä.) verwendet werden?
- Darf von der Ehefrau für Kleidung, Schmuck o.ä. verwendet werden?

Sonstiges

13 Anlage 2: Fragebogen mit Auswertungen

A. Zu rechnerischem Steuervorteil des Ehegattensplittings

1. Werden Ehegatten zusammenveranlagt, haben sie einen Steuervorteil (Einkommensteuer, Solidaritätszuschlag und evtl. Kirchensteuer).
   Ja:
   Nein: 4 Fälle 43 Fälle
2. Werden Ehegatten zusammenveranlagt haben sie keinen Steuervorteil.
   4 Fälle
- einen Steuervorteil zwischen € 1,-- und € 499,--.
  9 Fälle
- dto. von mindestens € 500,-- bis € 1.000,--.
  3 Fälle
- dto. mindestens € 1.001,-- bis 2.000,--.
  6 Fälle
- dto. mindestens € 2.001,-- bis € 3.000,-.
  5 Fälle
- dto. mindestens € 3.001,-- bis € 5.000,--.
  10 Fälle
- dto. mindestens € 5.001,-- bis € 7.500,--.
  4 Fälle
- dto. mindestens € 7.501,-- bis 10.000,--.
  4 Fälle
- dto. mindestens € 10.001,--.
  2 Fälle
3. Werden Ehegatten zusammenveranlagt, ist der Ehemann voll erwerbstätig.
   31 Fälle
- dto. teilweise erwerbstätig.
  5 Fälle
- dto. nicht als Arbeitnehmer oder selbständig erwerbstätig.
  1 Fall
- dto. Rentner.
  10 Fälle

4. Werden Ehegatten zusammenveranlagt, ist die Ehefrau voll erwerbstätig.
   17 Fälle
- dto. teilweise erwerbstätig.
  16 Fälle
- dto. nicht als Arbeitnehmerin oder selbständig erwerbstätig.
  7 Fälle
- dto. Rentnerin.
  7 Fälle
5. Ist die Ehefrau voll erwerbstätig, haben die Ehegatten keinen Steuervorteil.
   2 Fälle
- dto. einen Steuervorteil von € 1,-- bis € 499,--
  5 Fälle
- dto. mindestens € 500,-- bis € 1.000,--.
  2 Fälle
- dto. mindestens € 1.001,-- bis € 2.000,--.
  2 Fälle
- dto. mindestens € 2.001,-- bis € 3.000,--.
  2 Fälle
- dto. mindestens € 3.001,-- bis € 5.000,--.
  3 Fälle
- dto. mindestens € 5.001,--.
  1 Fall
6. Ist die Ehefrau teilweise berufstätig, haben die Ehegatten keinen Steuervorteil.
   1 Fall
- dto. beträgt der Steuervorteil € 1,-- bis € 499,--.
  4 Fälle
- dto. mindestens € 500,-- bis € 1.000,--.
  Kein Fall
- dto. mindestens € 1.001,-- bis € 2.000,--.
  2 Fälle
- dto. mindestens € 2.001,-- bis € 3.000,--.
  2 Fälle
- dto. mindestens € 3.001,-- bis € 5.000,--.
  4 Fälle

- dto. mindestens € 5.001,-- bis € 7.500,--.
  3 Fälle
- dto. mindestens € 7.501,--.
  2 Fälle

7. Ist die Ehefrau nicht als Arbeitnehmerin oder selbständig erwerbstätig, beträgt der Steuervorteil zwischen € 0,-- bis € 2.000.--.
   Kein Fall
- dto. mindestens € 2.001,-- bis € 3.000,--.
  1 Fall
- dto. mindestens € 3.001,-- bis € 5.000,--.
  2 Fälle
- dto. mindestens € 5.001,-- bis € 7.500,--.
  2 Fälle
- dto. mindestens € 7.501,-- bis € 10.000,--.
  1 Fall
- dto. mindestens € 10.001,--.
  2 Fälle

8. Ist die Ehefrau Rentnerin mit eigenen Renteneinkünften, haben die Eheleute keinen Steuervorteil.
   1 Fall
- dto. beträgt der Steuervorteil € 1,-- bis € 499,--.
  1 Fall
- dto. mindestens € 500,--.
  1 Fall
- dto. mindestens € 1.000,--.
  1 Fall
- dto. mindestens € 2.000,-- bis € 3.000,--.
  Kein Fall
- dto. mindestens € 3.001,-- bis € 5.000,--.
  1 Fall

9. Ist die Ehefrau zwischen 20 und 30 Jahren alt, ist sie in der Ausbildung oder voll erwerbstätig.
   Kein Fall
- dto. teilweise erwerbstätig.
  2 Fälle

– dto. nicht erwerbstätig.
1 Fall

10. ist die Ehefrau zwischen 31 und 40 Jahren alt, ist sie voll erwerbstätig.
3 Fälle
– dto. teilweise erwerbstätig.
8 Fälle
– dto. nicht erwerbstätig.
1 Fall

11. Ist die Ehefrau zwischen 41 und 50 Jahren alt, ist sie voll erwerbstätig.
5 Fälle
– dto. teilweise erwerbstätig.
3 Fälle
– dto. nicht erwerbstätig.
1 Fall

12. Ist die Ehefrau zwischen 51 und 65 Jahren alt, ist sie voll erwerbstätig.
9 Fälle
– dto. teilweise erwerbstätig.
3 Fälle
– nicht erwerbstätig.
4 Fälle

13. Hat der Ehemann einen Ausbildungsberuf gelernt, ist seine Ehefrau voll berufstätig.
6 Fälle
– dto. teilweise berufstätig.
10 Fälle
– nicht berufstätig.
7 Fälle

14. Ist der Ehemann Akademiker, ist seine Ehefrau voll berufstätig.
11 Fälle
– dto. teilweise erwerbstätig.
6 Fälle
– dto. nicht berufstätig.
Kein Fall

15. Hat die Ehefrau einen Ausbildungsberuf gelernt, ist sie voll erwerbstätig.
9 Fälle

– dto. teilweise erwerbstätig.
14 Fälle
– dto. nicht erwerbstätig.
7 Fälle
16. Ist die Ehefrau Akademikerin, ist sie voll erwerbstätig.
8 Fälle
– dto. teilweise erwerbstätig.
2 Fälle
– dto. nicht berufstätig.
Kein Fall
17. Haben die Ehegatten minderjährige Kinder, reduziert der Ehemann seine Erwerbstätigkeit.
Kein Fall
– dto. gibt er seine Erwerbstätigkeit auf.
1 Fall
18. Haben die Ehegatten ein Kind unter 6 Jahren, reduziert die Ehefrau ihre Erwerbstätigkeit.
2 Fälle
– dto. gibt sie ihre Erwerbstätigkeit auf.
1 Fall
19. Haben die Ehegatten mindestens 2 Kinder und ist das jüngste Kind unter 6 Jahren, reduziert die Ehefrau ihre Erwerbstätigkeit.
6 Fälle
– dto. gibt sie ihre Tätigkeit auf.
1 Fall
20. Haben die Ehegatten ein Kind unter 10 Jahren, reduziert die Ehefrau ihre Erwerbstätigkeit.
3 Fälle
– dto. gibt sie ihre Tätigkeit auf.
2 Fälle
21. Haben die Ehegatten mindestens 2 Kinder und ist das jüngste Kind unter 10 Jahren, reduziert die Ehefrau ihre Erwerbstätigkeit.
9 Fälle
– dto. gibt sie ihre Erwerbstätigkeit auf.
1 Fall

22. Haben die Ehegatten Kinder unter 18 Jahren, reduziert die Ehefrau ihre Erwerbstätigkeit.
11 Fälle
– dto. gibt die Ehefrau ihre Erwerbstätigkeit auf.
2 Fälle
23. Hat die Ehefrau einen Ausbildungsberuf gelernt, reduziert sie ihre Erwerbstätigkeit bei einem Kind unter 6 Jahren.
1 Fall
– dto. gibt sie die Erwerbstätigkeit auf.
Kein Fall
24. Hat die Frau einen Ausbildungsberuf gelernt, reduziert sie ihre Erwerbstätigkeit bei mindestens 2 Kindern und dem jüngsten Kind unter 6 Jahren.
6 Fälle
– dto. gibt sie die Erwerbstätigkeit auf.
1 Fall
25. Hat die Ehefrau einen Ausbildungsberuf gelernt, reduziert sie ihre Erwerbstätigkeit bei Kindern unter 18 Jahren.
11 Fälle
– dto. gibt sie ihre Erwerbstätigkeit auf.
2 Fälle
26. Hat die Ehefrau eine akademische Ausbildung, reduziert sie ihre Erwerbstätigkeit bei einem Kind unter 6 Jahren.
1 Fall
– dto. gibt sie ihre Erwerbstätigkeit auf.
Kein Fall
27. Hat die Ehefrau eine akademische Ausbildung, reduziert sie ihre Erwerbstätigkeit bei mindestens 2 Kindern und dem jüngsten Kind unter 6 Jahren oder gibt sie ihre Erwerbstätigkeit auf.
Kein Fall
28. Hat die Ehefrau eine akademische Ausbildung, reduziert sie ihre Erwerbstätigkeit bei Kindern unter 18 Jahren oder gibt sie ihre Erwerbstätigkeit auf.
Kein Fall
29. Hat der Ehemann einen Ausbildungsberuf, hat er höhere Einkünfte als seine Ehefrau.
26 Fälle

30. Ist der Ehemann Akademiker, hat er höhere Einkünfte als seine Ehefrau.
    10 Fälle
31. Hat die Ehefrau einen Ausbildungsberuf, hat sie höhere Einkünfte als ihr Ehemann.
    5 Fälle
- dto. hat sie geringere Einkünfte als ihr Ehemann.
  26 Fälle
32. Ist die Ehefrau Akademikerin, hat sie höhere Einkünfte als ihr Ehemann.
    6 Fälle
- dto. hat sie gleich hohe Einkünfte wie ihr Ehemann.
  Kein Fall
33. Haben die Eheleute unterhaltspflichtige Kinder, verdient der Ehemann mehr als seine Ehefrau mit einem Ausbildungsberuf.
    8 Fälle
- dto. verdient der Ehemann mehr als seine Ehefrau mit akademischer Ausbildung.
  1 Fall
- dto. verdient die Ehefrau mit akademischer Ausbildung mehr als ihr Ehemann.
  3 Fälle

B. zu den wirtschaftlichen Ressourcen der Ehegatten (Einkommen und das dahinter stehende Vermögen)

I. Einkünfte aus nichtselbständiger Arbeit

a) Einkünfte als Arbeitnehmer

34. Ist der Ehemann Arbeitnehmer (alle Arbeitnehmer), verdient er brutto zwischen € 1,-- bis € 10.000,--.
    1 Fall
- dto. verdient er brutto zwischen € 10.001,-- bis € 20.000,--.
  2 Fälle
- dto. verdient er brutto zwischen € 20.001,-- bis 30.000,--.
  2 Fälle

- dto. verdient er brutto zwischen € 30.001 bis 50.000,--.
  4 Fälle
- dto. verdient er brutto zwischen € 50.001 bis € 70.000,--.
  4 Fälle
- dto. verdient er brutto zwischen € 70.001 bis € 80.000,--.
  2 Fälle
- dto. verdient er brutto zwischen € 80.001 bis € 100.000,--.
  2 Fälle
- dto. verdient er brutto zwischen € 100.001 bis € 150.000,--.
  2 Fälle

35. Hat der Ehemann einen Ausbildungsberuf, verdient er als Arbeitnehmer brutto zwischen € 10.001,-- bis € 20.000,--.
    1 Fall
- dto. verdient er brutto zwischen € 20.001,-- bis 30.000,--.
  2 Fälle
- dto. verdient er brutto zwischen € 30.001 bis 50.000,--.
  1 Fall
- dto. verdient er brutto zwischen € 50.001 bis € 70.000,--.
  2 Fälle
- dto. verdient er brutto zwischen € 70.001 bis € 80.000,--.
  Kein Fall
- dto. verdient er brutto zwischen € 80.001 bis € 100.000,--.
  1 Fall
- dto. verdient er brutto zwischen € 100.001 bis € 150.000,--.
  2 Fälle

36. Ist der Ehemann Akademiker, verdient er als Arbeitnehmer brutto zwischen € 1,-- bis € 10.000,--.
    1 Fall
- dto. verdient er brutto zwischen € 10.001,-- bis € 20.000,--.
  1 Fall
- dto. verdient er brutto zwischen € 20.001,-- bis 30.000,--.
  Kein Fall
- dto. verdient er brutto zwischen € 30.001 bis 50.000,--.
  3 Fälle
- dto. verdient er brutto zwischen € 50.001 bis € 70.000,--.
  2 Fälle

- dto. verdient er brutto zwischen € 70.001 bis € 80.000,--.
  2 Fälle
- dto. verdient er brutto zwischen € 80.001 bis € 100.000,--.
  1 Fall

37. Ist die Ehefrau Arbeitnehmerin (alle Ehefrauen), verdient sie brutto zwischen € 1,-- bis € 10.000,--.
    6 Fälle
- dto. verdient sie brutto zwischen € 10.001,-- bis € 20.000,--.
  7 Fälle
- dto. verdient sie brutto zwischen € 20.001,-- bis 30.000,--.
  2 Fälle
- dto. verdient sie brutto zwischen € 30.001 bis 40.000,--.
  1 Fall
- dto. verdient sie brutto zwischen € 40.001,-- bis € 50.000,--.
  3 Fälle
- dto. verdient sie brutto zwischen € 50.001 bis € 60.000,--.
  3 Fälle
- dto. verdient sie brutto zwischen € 60.001 bis € 70.000,--.
  1 Fall
- dto. verdient sie brutto zwischen € 70.001 bis € 80.000,--.
  1 Fall

38. Hat die Ehefrau einen Ausbildungsberuf, verdient sie als Arbeitnehmerin brutto zwischen € 1,-- bis € 10.000,--.
    6 Fälle
- dto. verdient sie brutto zwischen € 10.001,-- bis € 20.000,--.
  7 Fälle
- dto. verdient sie brutto zwischen € 20.001,-- bis 30.000,--.
  2 Fälle
- dto. verdient sie brutto zwischen € 30.001 bis 40.000,--.
  1 Fall
- dto. verdient sie brutto zwischen € 40.001,-- bis € 50.000,--.
  2 Fälle

39. Ist die Ehefrau Akademikerin, verdient sie als Arbeitnehmerin brutto zwischen € 1,-- bis € 40.000,--.
    Kein Fall

- dto. verdient sie brutto zwischen € 40.001,-- bis € 50.000,--.
  1 Fall
- dto. verdient sie brutto zwischen € 50.001 bis € 60.000,--.
  3 Fälle
- dto. verdient sie brutto zwischen € 60.001 bis € 70.000,--.
  1 Fall
- dto. verdient sie brutto zwischen € 70.001 bis € 80.000,--.
  1 Fall

40. Hat die Ehefrau mit einem Ausbildungsberuf Kinder, verdient sie als Arbeitnehmerin brutto zwischen € 1,-- bis € 10.000,--.
    5 Fälle
- dto. verdient sie brutto zwischen € 10.001,-- bis € 20.000,--.
  4 Fälle
- dto. verdient sie brutto zwischen € 20.001,-- bis 40.000,--.
  Kein Fall
- dto. verdient sie brutto zwischen € 40.001,-- bis € 50.000,--.
  1 Fall

41. Ist die Ehefrau Akademikerin mit Kindern, verdient sie als Arbeitnehmerin brutto zwischen € 1,-- bis € 40.000,--.
    Kein Fall
- dto. verdient sie brutto zwischen € 40.001,-- bis € 50.000,--.
  1 Fall
- dto. verdient sie brutto zwischen € 50.001 bis € 60.000,--.
  1 Fall
- dto. verdient sie brutto zwischen € 60.001 bis € 70.000,--.
  Kein Fall
- dto. verdient sie brutto zwischen € 70.001 bis € 80.000,--.
  1 Fall

b) Einkünfte aus Versorgungsbezügen als Arbeitnehmer (Pensionen, Ruhegelder, Zusatzversorgungen aus dem Dienst-/Arbeitsverhältnis)

42. War der Ehemann Arbeitnehmer mit einem Ausbildungsberuf, betragen seine Versorgungsbezüge brutto zwischen € 1,-- bis € 10.000,--.
    2 Fälle
- dto. betragen Versorgungsbezüge brutto zwischen € 10.001,-- bis € 20.000,--.
  Kein Fall

- dto. betragen Versorgungsbezüge brutto zwischen € 20.001,-- bis 30.000,--.
  1 Fall

43. War der Ehemann Arbeitnehmer mit einer akademischen Ausbildung, betragen seine Versorgungsbezüge brutto ab € 1,--.
    Kein Fall
44. War die Ehefrau Arbeitnehmerin ohne einen Ausbildungsberuf, betragen ihre Versorgungsbezüge brutto ab € 1,--.
    Kein Fall
45. War die Ehefrau Arbeitnehmerin mit einem Ausbildungsberuf, betragen ihre Versorgungsbezüge brutto zwischen € 1,-- bis € 10.000,--.
    1 Fall
46. War die Ehefrau Arbeitnehmerin mit einer akademischen Ausbildung, betragen ihre Versorgungsbezüge brutto ab € 1,--.
    Kein Fall

c) Wahl der Lohnsteuerklassen (III/V oder IV/IV)

47. Haben beide Ehegatten Einkünfte als Arbeitnehmer, hat der Ehemann die Lohnsteuerklasse III und die Ehefrau Lohnsteuerklasse V.
    7 Fälle

- dto. haben beide Ehegatten die Steuerklasse IV.
  4 Fälle
- dto. hat der Ehemann die Lohnsteuerklasse V und die Ehefrau Lohnsteuerklasse III.
  1 Fall

48. Haben beide Ehegatten Einkünfte als Arbeitnehmer, hat der Ehemann mit einem Ausbildungsberuf die Lohnsteuerklasse III und die Ehefrau Lohnsteuerklasse V.
    5 Fälle
49. Haben beide Ehegatten Einkünfte als Arbeitnehmer, hat der Ehemann mit einem Ausbildungsberuf die Lohnsteuerklasse III und die Ehefrau mit einem Ausbildungsberuf Lohnsteuerklasse V.
    5 Fälle

- dto. haben beide Ehegatten die Steuerklasse IV.
  2 Fälle

50. Haben beide Ehegatten Einkünfte als Arbeitnehmer, hat der Ehemann mit einem Ausbildungsberuf die Lohnsteuerklasse III und die Ehefrau mit einer akademischen Ausbildung Lohnsteuerklasse V.
    Kein Fall
51. Haben beide Ehegatten Einkünfte als Arbeitnehmer, hat der Ehemann mit einer akademischen Ausbildung die Lohnsteuerklasse III und die Ehefrau Lohnsteuerklasse V.
    1 Fall
- dto. hat der Ehemann mit einer akademischen Ausbildung die Lohnsteuerklasse V und die Ehefrau Lohnsteuerklasse III.
  1 Fall
52. Haben beide Ehegatten Einkünfte als Arbeitnehmer, hat der Ehemann mit einer akademischen Ausbildung die Lohnsteuerklasse III und die Ehefrau mit einem Ausbildungsberuf Lohnsteuerklasse V.
    1 Fall
53. Haben beide Ehegatten Einkünfte als Arbeitnehmer, hat der Ehemann mit einer akademischen Ausbildung die Lohnsteuerklasse IV und die Ehefrau mit einer akademischen Ausbildung Lohnsteuerklasse IV.
    2 Fälle
- dto. hat der Ehemann mit einer akademischen Ausbildung die Lohnsteuerklasse V und die Ehefrau mit einer akademischen Ausbildung Lohnsteuerklasse III.
  1 Fall
54. Arbeitet die Ehefrau Teilzeit als Arbeitnehmerin, hat der Ehemann die Lohnsteuerklasse III und die Ehefrau Lohnsteuerklasse V.
    7 Fälle
- dto. haben beide Ehegatten die Steuerklasse IV.
  1 Fall
55. Arbeitet die Ehefrau Teilzeit als Arbeitnehmerin, hat der Ehemann mit einem Ausbildungsberuf die Lohnsteuerklasse III und die Ehefrau Lohnsteuerklasse V.
    7 Fälle
- dto. haben beide Ehegatten die Steuerklasse IV.
  1 Fall

56. Arbeitet die Ehefrau Teilzeit als Arbeitnehmerin, hat der Ehemann mit einem Ausbildungsberuf die Lohnsteuerklasse III und die Ehefrau mit einem Ausbildungsberuf Lohnsteuerklasse V.
 7 Fälle
– dto. haben beide Ehegatten die Steuerklasse IV.
 1 Fall
57. Arbeitet die Ehefrau Teilzeit als Arbeitnehmerin, hat der Ehemann mit einem Ausbildungsberuf die Lohnsteuerklasse III und die Ehefrau mit einer akademischen Ausbildung Lohnsteuerklasse V.
 Kein Fall
58. Arbeitet die Ehefrau Teilzeit als Arbeitnehmerin, hat der Ehemann mit einer akademischen Ausbildung die Lohnsteuerklasse III und die Ehefrau Lohnsteuerklasse V.
 2 Fälle
59. Arbeitet die Ehefrau Teilzeit als Arbeitnehmerin, hat der Ehemann mit einer akademischen Ausbildung die Lohnsteuerklasse III und die Ehefrau mit einem Ausbildungsberuf Lohnsteuerklasse V.
 2 Fälle
60. Arbeitet die Ehefrau Teilzeit als Arbeitnehmerin, hat der Ehemann mit einer akademischen Ausbildung die Lohnsteuerklasse III und die Ehefrau mit einer akademischen Ausbildung Lohnsteuerklasse V.
 Kein Fall
61. Arbeitet nur die Ehefrau als Arbeitnehmerin, hat der Ehemann die Lohnsteuerklasse III und die Ehefrau Lohnsteuerklasse V.
 2 Fälle
– dto. haben beide Ehegatten die Steuerklasse IV.
 4 Fall
– dto. hat der Ehemann die Lohnsteuerklasse V und die Ehefrau Lohnsteuerklasse III.
 5 Fälle
62. Arbeitet die Ehefrau nicht als Arbeitnehmerin, hat der Ehemann die Lohnsteuerklasse III und die Ehefrau Lohnsteuerklasse V.
 10 Fälle
– dto. haben beide Ehegatten die Steuerklasse IV.
 2 Fälle

63. Arbeitet die Ehefrau nicht als Arbeitnehmerin, hat der Ehemann mit einem Ausbildungsberuf die Lohnsteuerklasse III und die Ehefrau Lohnsteuerklasse V.
6 Fälle
64. Arbeitet die Ehefrau nicht als Arbeitnehmerin, hat der Ehemann mit einem Ausbildungsberuf die Lohnsteuerklasse III und die Ehefrau mit einem Ausbildungsberuf Lohnsteuerklasse V.
6 Fälle
65. Arbeitet die Ehefrau nicht als Arbeitnehmerin, hat der Ehemann mit einem Ausbildungsberuf die Lohnsteuerklasse III und die Ehefrau mit einer akademischen Ausbildung Lohnsteuerklasse V oder beide Steuerklasse IV.
Kein Fall
66. Arbeitet die Ehefrau nicht als Arbeitnehmerin, hat der Ehemann mit einer akademischen Ausbildung die Lohnsteuerklasse III und die Ehefrau Lohnsteuerklasse V.
4 Fälle
– dto. haben beide Ehegatten die Steuerklasse IV.
2 Fälle
67. Arbeitet die Ehefrau nicht als Arbeitnehmerin, hat der Ehemann mit einer akademischen Ausbildung die Lohnsteuerklasse III und die Ehefrau mit einem Ausbildungsberuf Lohnsteuerklasse V.
2 Fälle
– dto. haben beide Ehegatten die Steuerklasse IV.
2 Fälle
68. Arbeitet die Ehefrau nicht als Arbeitnehmerin, hat der Ehemann mit einer akademischen Ausbildung die Lohnsteuerklasse III und die Ehefrau mit einer akademischen Ausbildung Lohnsteuerklasse V.
2 Fälle

II. Einkünfte aus Gewerbebetrieb oder selbständiger Arbeit

69. Ist der Ehemann mit einem Ausbildungsberuf selbständig oder gewerblich tätig, hat er daraus einen steuerlichen Verlust.
3 Fälle
– dto. einen steuerpflichtigen Gewinn zwischen € 15.001,-- bis € 30.000,--.
3 Fälle

– dto. einen steuerpflichtigen Gewinn zwischen € 30.001,-- bis 45.000,--.
  3 Fälle
– dto. einen steuerpflichtigen Gewinn zwischen € 45.001 bis 60.000,--.
  4 Fälle
– dto. einen steuerpflichtigen Gewinn zwischen € 60.001,-- bis € 150.000,--.
  Kein Fall
– dto. einen steuerpflichtigen Gewinn zwischen € 150.001 bis € 200.000,--.
  1 Fall
– dto. einen steuerpflichtigen Gewinn zwischen € 200.001 bis € 300.000,--.
  1 Fall

70. Ist der Ehemann als Akademiker selbständig oder gewerblich tätig, hat er einen steuerpflichtigen Gewinn zwischen € 1,-- bis € 15.000,--.
  1 Fall
– dto. einen steuerpflichtigen Gewinn zwischen € 15.001,-- bis € 60.000,--.
  Kein Fall
– dto. einen steuerpflichtigen Gewinn zwischen € 60.001,-- bis € 75.000,--.
  1 Fall
– dto. einen steuerpflichtigen Gewinn zwischen € 75.001 bis € 100.000,--.
  Kein Fall
– dto. einen steuerpflichtigen Gewinn zwischen € 100.001 bis € 125.000,--.
  1 Fall
– dto. einen steuerpflichtigen Gewinn zwischen € 125.001 bis € 150.000,--.
  Kein Fall
– dto. einen steuerpflichtigen Gewinn zwischen € 150.001 bis € 200.000,--.
  1 Fall

71. Ist die Ehefrau mit einem Ausbildungsberuf selbständig oder gewerblich tätig, hat sie einen steuerpflichtigen Gewinn zwischen € 1,-- bis € 15.000,--.
3 Fälle
- dto. einen steuerpflichtigen Gewinn zwischen € 15.001,-- bis € 30.000,--.
2 Fälle
- dto. einen steuerpflichtigen Gewinn zwischen € 30.001,-- bis 45.000,--.
2 Fälle
72. Ist die Ehefrau als Akademikerin selbständig oder gewerblich tätig, hat sie einen steuerpflichtigen Gewinn zwischen € 1,-- bis € 15.000,--.
5 Fälle
- dto. einen steuerpflichtigen Gewinn zwischen € 15.001,-- bis € 30.000,--.
Kein Fall
- dto. einen steuerpflichtigen Gewinn zwischen € 30.001,-- bis 45.000,--.
1 Fall
- dto. einen steuerpflichtigen Gewinn zwischen € 45.001 bis 60.000,--.
1 Fall
73. Ist die Ehefrau mit Kindern und einem Ausbildungsberuf selbständig oder gewerblich tätig, hat sie einen steuerpflichtigen Gewinn zwischen € 1,-- bis € 15.000,--.
1 Fall
74. Ist die Ehefrau mit Kindern als Akademikerin selbständig oder gewerblich tätig, hat sie einen steuerpflichtigen Gewinn zwischen € 1,-- bis € 15.000,--.
1 Fall
- dto. einen steuerpflichtigen Gewinn zwischen € 15.001,-- bis € 45.000,--.
Kein Fall
- dto. einen steuerpflichtigen Gewinn zwischen € 45.001 bis 60.000,--.
1 Fall

75. Ist der Ehemann mit einem Ausbildungsberuf selbständig oder gewerblich tätig, hat er ein geschätztes Betriebsvermögen (Substanzvermögen) zwischen € 0,-- bis € 20.000,--.
2 Fälle
- dto. zwischen € 20.001,-- und € 50.000,--.
2 Fälle
- dto. zwischen € 50.001,-- und 100.000,--.
1 Fall
- dto. zwischen € 100.001,-- und € 250.000,--.
5 Fälle
- dto. zwischen € 250.001,-- und 500.000,--.
2 Fälle
- dto. zwischen € 500.001,-- und € 1.000.000,--.
1 Fall
- dto. zwischen € 1.00.001,-- und 2.500.000,--.
Kein Fall
- dto. zwischen € 2.500.001,-- und 5.000.000,--.
2 Fälle

76. Ist der Ehemann als Akademiker selbständig oder gewerblich tätig, hat er ein geschätztes Betriebsvermögen (Substanzvermögen) zwischen € 0,-- bis € 50.000,--.
Kein Fall
- dto. zwischen € 50.001,-- und 100.000,--.
1 Fall
- dto. zwischen € 100.001,-- und € 250.000,--.
Kein Fall
- dto. zwischen € 250.001,-- und 500.000,--.
2 Fälle

77. Ist die Ehefrau mit einem Ausbildungsberuf selbständig oder gewerblich tätig, hat sie ein geschätztes Betriebsvermögen (Substanzvermögen) zwischen € 0,-- bis € 20.000,--.
1 Fall
- dto. zwischen € 20.001,-- und € 50.000,--.
2 Fälle
- dto. zwischen € 50.001,-- und 100.000,--.
3 Fälle

- dto. zwischen € 100.001,-- und € 250.000,--.
  Kein Fall
- dto. zwischen € 250.001,-- und 500.000,--.
  1 Fall

78. Ist die Ehefrau als Akademikerin selbständig oder gewerblich tätig, hat sie ein geschätztes Betriebsvermögen (Substanzvermögen) zwischen € 0,-- bis € 20.000,--.
    3 Fälle
- dto. zwischen € 20.001,-- und € 50.000,--.
  2 Fälle
- dto. zwischen € 50.001,-- und 100.000,--.
  2 Fälle

79. Ist die Ehefrau mit Kindern und einem Ausbildungsberuf selbständig oder gewerblich tätig, hat sie ein geschätztes Betriebsvermögen (Substanzvermögen) zwischen € 0,-- bis € 20.000,--.
    1 Fall

80. Ist die Ehefrau mit Kindern als Akademikerin selbständig oder gewerblich tätig, hat sie ein geschätztes Betriebsvermögen (Substanzvermögen) zwischen € 0,-- bis € 20.000,--.
    Kein Fall
- dto. zwischen € 20.001,-- und € 50.000,--.
  1 Fall
- dto. zwischen € 50.001,-- und 100.000,--.
  1 Fall

III. Einkünfte aus Vermietung und Verpachtung

81. Hat der Ehemann Einkünfte aus Vermietung und Verpachtung, erzielt er daraus negative Einkünfte (Verluste).
    6 Fälle
- dto. Einkünfte zwischen € 1,-- und € 1.000,--.
  2 Fälle
- dto. Einkünfte zwischen € 1.001,-- und € 5.000,--.
  6 Fälle
- dto. Einkünfte zwischen € 5.001,-- und € 10.000,--.
  2 Fälle
- dto. Einkünfte von mehr als € 10.000,--.
  4 Fälle

82. Hat die Ehefrau Einkünfte aus Vermietung und Verpachtung, erzielt sie daraus negative Einkünfte (Verluste).
4 Fälle
- dto. Einkünfte zwischen € 1,-- und € 1.000,--.
2 Fälle
- dto. Einkünfte zwischen € 1.001,-- und € 5.000,--.
3 Fälle
- dto. Einkünfte zwischen € 5.001,-- und € 10.000,--.
Kein Fall
- dto. Einkünfte von mehr als € 10.000,--.
1 Fall

83. Hat der Ehemann Einkünfte aus Vermietung und Verpachtung, ist er alleiniger Eigentümer von 1 Vermietungsobjekt.
7 Fälle
- dto. 2 Vermietungsobjekten.
2 Fälle
- dto. 3 bis 5 Vermietungsobjekten.
3 Fälle
- dto. mehr als 5 Vermietungsobjekten.
2 Fälle

84. Hat die Ehefrau Einkünfte aus Vermietung und Verpachtung, ist sie alleinige Eigentümerin von 1 Vermietungsobjekt.
1 Fall
- dto. 2 Vermietungsobjekten.
Kein Fall
- dto. 3 bis 5 Vermietungsobjekten.
3 Fälle

85. Haben die Eheleute Einkünfte aus Vermietung und Verpachtung, sind sie jeweils zu 50% gemeinsame Eigentümer von 1 Vermietungsobjekt.
6 Fälle
- dto. 2 Vermietungsobjekten.
1 Fall
- dto. 3 bis 5 Vermietungsobjekten.
Kein Fall
- dto. mehr als 5 Vermietungsobjekten.
1 Fall

IV. Einkünfte aus Kapitalvermögen

86. Hat der Ehemann Einkünfte aus Kapitalvermögen, erzielt er daraus Einkünfte zwischen € 1,-- und € 500,--.
    8 Fälle
- dto. Einkünfte zwischen € 501,-- und € 1.000,--.
  1 Fall
- dto. Einkünfte zwischen € 1.001,-- und € 3.000,--.
  5 Fälle
- dto. Einkünfte zwischen € 3.001,-- und € 5.000,--.
  6 Fälle
- dto. Einkünfte zwischen € 5.001,-- und € 10.000,--.
  Kein Fall
- dto. Einkünfte zwischen € 10.001,-- und € 20.000,--.
  2 Fälle
- dto. Einkünfte zwischen € 20.001,-- und € 50.000,--.
  Kein Fall
- dto. Einkünfte zwischen € 50.001,-- und € 100.000,--.
  1 Fall

87. Hat die Ehefrau Einkünfte aus Kapitalvermögen, erzielt sie daraus Einkünfte zwischen € 1,-- und € 500,--.
    5 Fälle
- dto. Einkünfte zwischen € 501,-- und € 1.000,--.
  3 Fälle
- dto. Einkünfte zwischen € 1.001,-- und € 3.000,--.
  5 Fälle
- dto. Einkünfte zwischen € 3.001,-- und € 5.000,--.
  4 Fälle

88. Hat der Ehemann Einkünfte aus Kapitalvermögen, beträgt sein geschätztes Kapitalvermögen zwischen € 1,-- bis € 5.000,--
    3 Fälle
- dto. Kapitalvermögen zwischen € 5.001,-- bis € 10.000,--.
  Kein Fall
- dto. Kapitalvermögen zwischen € 10.001,-- bis € 20.000,--.
  5 Fälle
- dto. Kapitalvermögen zwischen € 20.001,-- bis € 50.000,--.
  Kein Fall

- dto. Kapitalvermögen zwischen € 50.001,-- bis € 100.000,--.
  3 Fälle
- dto. Kapitalvermögen zwischen € 100.001,-- bis € 500.000,--.
  8 Fälle
- dto. Kapitalvermögen zwischen € 500.001,-- bis € 1.000.000,--.
  3 Fälle
- dto. Kapitalvermögen zwischen € 1.000.001,-- bis € 2.000.000,--.
  Kein Fall
- dto. Kapitalvermögen mehr als € 2.000.000,--.
  1 Fall

89. Hat die Ehefrau Einkünfte aus Kapitalvermögen, beträgt ihr geschätztes Kapitalvermögen zwischen € 1,-- bis € 5.000,--
    1 Fall

- dto. Kapitalvermögen zwischen € 5.001,-- bis € 10.000,--.
  1 Fall
- dto. Kapitalvermögen zwischen € 10.001,-- bis € 20.000,--.
  3 Fälle
- dto. Kapitalvermögen zwischen € 20.001,-- bis € 50.000,--.
  1 Fall
- dto. Kapitalvermögen zwischen € 50.001,-- bis € 100.000,--.
  3 Fälle
- dto. Kapitalvermögen zwischen € 100.001,-- bis € 500.000,--.
  8 Fälle

90. Haben die Eheleute gemeinsame Einkünfte aus Kapitalvermögen, beträgt ihr geschätztes gemeinsames Kapitalvermögen zwischen € 1,-- bis € 50.000,--
    Kein Fall

- dto. Kapitalvermögen zwischen € 50.001,-- bis € 100.000,--.
  1 Fall

V. Renten und sonstige steuerpflichtigen Einkünfte (insbesondere staatliche oder private Renten)

91. Ist der Ehemann Rentner, betragen seine Renten und sonstigen Einkünfte brutto zwischen € 1,-- bis € 10.000,--.
    2 Fälle

- dto. zwischen € 10.001,-- bis € 20.000,--.
  6 Fälle

- dto. zwischen € 20.001,-- bis 30.000,--.
  4 Fälle
- dto. zwischen € 30.001 bis 40.000,--.
  1 Fall

92. Ist die Ehefrau Rentnerin, betragen ihre Renten und sonstigen Einkünfte brutto zwischen € 1,-- bis € 10.000,--.
    5 Fälle

VI. Kindergeld und andere staatliche Leistungen (soweit in den Fällen bezogen)

93. Haben die Eheleute Kinder, erhalten sie Kindergeld für 1 Kind (€ 1.848,--).
    4 Fälle
- dto. für 2 Kinder.
  12 Fälle
- dto. für 3 Kinder.
  1 Fall
- dto. für 4 oder mehr Kinder.
  2 Fälle

94. Haben die Eheleute Kindergeld erhalten, erzielen sie aufgrund der Höhe ihres Einkommens einen zusätzlichen Steuervorteil, wenn statt des Kindergeldes der Kinderfreibetrag (€ 5.808,-- pro Kind) bei der Steuerfestsetzung in Ansatz gebracht wird.
    9 Fälle
95. War der Ehemann im Veranlagungsjahr ganz oder zeitweise arbeitslos, betrug sein Arbeitslosengeld ab € 1,--.
    Kein Fall
96. War die Ehefrau im Veranlagungsjahr ganz oder zeitweise arbeitslos, betrug ihr Arbeitslosengeld ab € 1,--.
    Kein Fall
97. War der Ehemann im Veranlagungsjahr ganz oder zeitweise krank, betrug sein Krankengeld ab € 1,--.
    Kein Fall
98. War die Ehefrau im Veranlagungsjahr ganz oder zeitweise krank, betrug ihr Krankengeld ab € 1,--.
    Kein Fall

C. Verfügungsmacht über die Ressourcen

I. Rechtlicher Zugriff auf das Einkommen und das Vermögen

99. Haben die Eheleute private Bankkonten, sind dieses gemeinsame Konten (Oder-Konten).
4 Fälle

100. Hat der Ehemann Bankkonten, ist er alleiniger Kontoinhaber.
43 Fälle

– dto. hat seine Ehefrau eine Kontovollmacht für seine Konten.
11 Fälle

101. Hat die Ehefrau Bankkonten, ist sie alleinige Kontoinhaberin.
27 Fälle

– dto. hat der Ehemann eine Kontovollmacht für ihre Konten.
9 Fälle

102. Haben die Eheleute ein oder mehrere gemeinsame Konten, haben beide Ehegatten zusätzlich mindestens ein alleiniges Konto.
11 Fälle

– dto. hat nur der Ehemann zusätzlich mindestens 1 alleiniges Konto.
12 Fälle

– dto. hat nur die Ehefrau zusätzlich mindestens 1 alleiniges Konto.
3 Fälle

103. Hat der Ehemann Betriebsvermögen, ist die Ehefrau zu Verfügungen darüber bevollmächtigt (Vollmacht, Prokura o.ä.).
3 Fälle

– dto. hat sie Bankvollmacht für die Geschäftskonten.
2 Fälle

104. Hat die Ehefrau Betriebsvermögen, ist der Ehemann zu Verfügungen darüber bevollmächtigt (Vollmacht, Prokura o.ä.).
1 Fall

– dto. hat er Bankvollmacht für die Geschäftskonten.
Kein Fall

105. Hat der Ehemann alleiniges Immobilienvermögen, ist die Ehefrau zu Verfügungen bevollmächtigt.
Kein Fall

– dto. nur im Notfall zu Verfügungen bevollmächtigt.
Kein Fall

106. Hat die Ehefrau alleiniges Immobilienvermögen, ist der Ehemann zu Verfügungen bevollmächtigt.
Kein Fall
- dto. nur im Notfall zu Verfügungen bevollmächtigt.
Kein Fall

II. Ort des Zuflusses der Einkünfte

a) Einkünfte aus nichtselbständiger Arbeit

107. Ist der Ehemann Arbeitnehmer mit einem Ausbildungsberuf, fließen seine Einkünfte daraus auf sein alleiniges Konto.
2 Fälle
- dto. auf ein gemeinsames Konto der Eheleute.
7 Fälle
- dto. auf ein alleiniges Konto der Ehefrau.
Kein Fall

108. Ist der Ehemann Arbeitnehmer mit einem Ausbildungsberuf und im Alter zwischen 20 und 40 Jahren, fließen seine Einkünfte daraus auf sein alleiniges Konto.
1 Fall
- dto. auf ein gemeinsames Konto der Eheleute.
3 Fälle
- dto. auf ein alleiniges Konto der Ehefrau.
Kein Fall

109. Ist der Ehemann Arbeitnehmer mit einem Ausbildungsberuf und im Alter ab 41 Jahren, fließen seine Einkünfte daraus auf sein alleiniges Konto.
1 Fall
- dto. auf ein gemeinsames Konto der Eheleute.
4 Fälle
- dto. auf ein alleiniges Konto der Ehefrau.
Kein Fall

110. Ist der Ehemann Arbeitnehmer mit einer akademischen Ausbildung, fließen seine Einkünfte daraus auf sein alleiniges Konto.
9 Fälle

– dto. auf ein gemeinsames Konto der Eheleute.
1 Fall
– dto. auf ein alleiniges Konto der Ehefrau.
Kein Fall

111. Ist der Ehemann Arbeitnehmer mit einer akademischen Ausbildung und im Alter zwischen 20 und 40 Jahren, fließen seine Einkünfte daraus auf sein alleiniges Konto.
2 Fälle
– dto. auf ein gemeinsames Konto der Eheleute.
Kein Fall
– dto. auf ein alleiniges Konto der Ehefrau.
Kein Fall

112. Ist der Ehemann Arbeitnehmer mit einer akademischen Ausbildung und im Alter ab 41 Jahren, fließen seine Einkünfte daraus auf sein alleiniges Konto.
7 Fälle
– dto. auf ein gemeinsames Konto der Eheleute.
1 Fall
– dto. auf ein alleiniges Konto der Ehefrau.
Kein Fall

113. Ist die Ehefrau Arbeitnehmerin mit einem Ausbildungsberuf, fließen ihre Einkünfte daraus auf ihr alleiniges Konto.
10 Fälle
– dto. auf ein gemeinsames Konto der Eheleute.
8 Fälle
– dto. auf ein alleiniges Konto des Ehemannes.
Kein Fall

114. Ist die Ehefrau Arbeitnehmerin mit einem Ausbildungsberuf und im Alter zwischen 20 und 40 Jahren, fließen ihre Einkünfte daraus auf ihr alleiniges Konto.
2 Fälle
– dto. auf ein gemeinsames Konto der Eheleute.
7 Fälle
– dto. auf ein alleiniges Konto des Ehemannes.
Kein Fall

115. Ist die Ehefrau Arbeitnehmerin mit einem Ausbildungsberuf und im Alter ab 41 Jahren, fließen ihre Einkünfte daraus auf ihr alleiniges Konto.
8 Fälle
– dto. auf ein gemeinsames Konto der Eheleute.
1 Fall
– dto. auf ein alleiniges Konto des Ehemannes.
Kein Fall
116. Ist die Ehefrau Arbeitnehmerin mit einer akademischen Ausbildung, fließen ihre Einkünfte daraus auf ihr alleiniges Konto.
4 Fälle
– dto. auf ein gemeinsames Konto der Eheleute.
2 Fälle
– dto. auf ein alleiniges Konto des Ehemannes.
Kein Fall
117. Ist die Ehefrau Arbeitnehmerin mit einer akademischen Ausbildung und im Alter zwischen 20 und 40 Jahren, fließen ihre Einkünfte daraus auf ihr alleiniges Konto.
Kein Fall
– dto. auf ein gemeinsames Konto der Eheleute.
Kein Fall
– dto. auf ein alleiniges Konto des Ehemannes.
Kein Fall
118. Ist die Ehefrau Arbeitnehmerin mit einer akademischen Ausbildung und im Alter ab 41 Jahren, fließen ihre Einkünfte daraus auf ihr alleiniges Konto.
4 Fälle
– dto. auf ein gemeinsames Konto der Eheleute.
2 Fälle
– dto. auf ein alleiniges Konto des Ehemannes.
Kein Fall
119. Hat der Ehemann als ehemaliger Arbeitnehmer/Beamter Versorgungsbezüge, fließen diese auf sein alleiniges Konto.
1 Fall
– dto. auf ein gemeinsames Konto der Eheleute.
2 Fälle

– dto. auf ein alleiniges Konto der Ehefrau.
Kein Fall

120. Hat der Ehemann mit akademischer Ausbildung als ehemaliger Arbeitnehmer/Beamter Versorgungsbezüge, fließen diese auf sein alleiniges Konto.
Kein Fall

– dto. auf ein gemeinsames Konto der Eheleute.
Kein Fall

– dto. auf ein alleiniges Konto der Ehefrau.
Kein Fall

121. Hat die Ehefrau als ehemalige Arbeitnehmerin/Beamtin Versorgungsbezüge, fließen diese auf ihr alleiniges Konto.
1 Fall

– dto. auf ein gemeinsames Konto der Eheleute.
Kein Fall

– dto. auf ein alleinige Konto des Ehemannes.
Kein Fall

122. Hat die Ehefrau mit akademischer Ausbildung als ehemalige Arbeitnehmerin/Beamtin Versorgungsbezüge, fließen diese auf ihr alleiniges Konto.
Kein Fall

– dto. auf ein gemeinsames Konto der Eheleute.
Kein Fall

– dto. auf ein alleiniges Konto des Ehemannes.
Kein Fall

b) Einkünfte aus Gewerbebetrieb oder selbständiger Arbeit

123. Ist der Ehemann mit einem Ausbildungsberuf selbständig oder gewerblich tätig, fließen seine Einkünfte (Gewinnanteile, Privatentnahmen) daraus auf sein alleiniges Konto.
6 Fälle

– dto. auf ein gemeinsames Konto der Eheleute.
8 Fälle

– dto. auf ein alleiniges Konto der Ehefrau.
Kein Fall

124. Ist der Ehemann mit einem Ausbildungsberuf und im Alter zwischen 20 und 40 Jahren selbständig oder gewerblich tätig, fließen seine Einkünfte (Gewinnanteile, Privatentnahmen) daraus auf sein alleiniges Konto.
1 Fall
– dto. auf ein gemeinsames Konto der Eheleute.
3 Fälle
– dto. auf ein alleiniges Konto der Ehefrau.
Kein Fall

125. Ist der Ehemann mit einem Ausbildungsberuf und im Alter ab 41 Jahren selbständig oder gewerblich tätig, fließen seine Einkünfte (Gewinnanteile, Privatentnahmen) daraus auf sein alleiniges Konto.
5 Fälle
– dto. auf ein gemeinsames Konto der Eheleute.
5 Fälle
– dto. auf ein alleiniges Konto der Ehefrau.
Kein Fall

126. Ist der Ehemann mit einer akademischen Ausbildung selbständig oder gewerblich tätig, fließen seine Einkünfte (Gewinnanteile, Privatentnahmen) daraus auf sein alleiniges Konto.
4 Fälle
– dto. auf ein gemeinsames Konto der Eheleute.
Kein Fall
– dto. auf ein alleiniges Konto der Ehefrau.
Kein Fall

127. Ist der Ehemann mit einer akademischen Ausbildung und im Alter zwischen 20 und 40 Jahren selbständig oder gewerblich tätig, fließen seine Einkünfte (Gewinnanteile, Privatentnahmen) daraus auf sein alleiniges Konto.
Kein Fall
– dto. auf ein gemeinsames Konto der Eheleute.
Kein Fall
– dto. auf ein alleiniges Konto der Ehefrau.
Kein Fall

128. Ist der Ehemann mit einer akademischen Ausbildung und im Alter ab 41 Jahren selbständig oder gewerblich tätig, fließen seine

Einkünfte (Gewinnanteile, Privatentnahmen) daraus auf sein alleiniges Konto.
4 Fälle
- dto. auf ein gemeinsames Konto der Eheleute.
Kein Fall
- dto. auf ein alleiniges Konto der Ehefrau.
Kein Fall

129. Ist die Ehefrau mit einem Ausbildungsberuf selbständig oder gewerblich tätig, fließen ihre Einkünfte (Gewinnanteile, Privatentnahmen) daraus auf ihr alleiniges Konto.
6 Fälle
- dto. auf ein gemeinsames Konto der Eheleute.
1 Fall
- dto. auf ein alleiniges Konto des Ehemannes.
Kein Fall

130. Ist die Ehefrau mit einem Ausbildungsberuf und im Alter zwischen 20 und 40 Jahren selbständig oder gewerblich tätig, fließen ihre Einkünfte (Gewinnanteile, Privatentnahmen) daraus auf ihr alleiniges Konto.
3 Fälle
- dto. auf ein gemeinsames Konto der Eheleute.
Kein Fall
- dto. auf ein alleiniges Konto des Ehemannes.
Kein Fall

131. Ist die Ehefrau einem Ausbildungsberuf und im Alter ab 41 Jahren selbständig oder gewerblich tätig, fließen ihre Einkünfte (Gewinnanteile, Privatentnahmen) daraus auf ihr alleiniges Konto.
3 Fälle
- dto. auf ein gemeinsames Konto der Eheleute.
1 Fall
- dto. auf ein alleiniges Konto des Ehemannes.
Kein Fall

132. Ist die Ehefrau mit einer akademischen Ausbildung selbständig oder gewerblich tätig, fließen ihre Einkünfte (Gewinnanteile, Privatentnahmen) daraus auf ihr alleiniges Konto.
6 Fälle

– dto. auf ein gemeinsames Konto der Eheleute.
1 Fall
– dto. auf ein alleiniges Konto des Ehemannes.
Kein Fall

133. Ist die Ehefrau mit einer akademischen Ausbildung und im Alter zwischen 20 und 40 Jahren selbständig oder gewerblich tätig, fließen ihre Einkünfte (Gewinnanteile, Privatentnahmen) daraus auf ihr alleiniges Konto.
1 Fall
– dto. auf ein gemeinsames Konto der Eheleute.
Kein Fall
– dto. auf ein alleiniges Konto des Ehemannes.
Kein Fall

134. Ist die Ehefrau mit einer akademischen Ausbildung und im Alter ab 41 Jahren selbständig oder gewerblich tätig, fließen ihre Einkünfte (Gewinnanteile, Privatentnahmen) daraus auf ihr alleiniges Konto.
5 Fälle
– dto. auf ein gemeinsames Konto der Eheleute.
1 Fall
– dto. auf das alleinige Konto des Ehemannes.
Kein Fall

c) Einkünfte aus Vermietung und Verpachtung

135. Hat der Ehemann mit einem Ausbildungsberuf Einkünfte aus Vermietung und Verpachtung, fließen seine Einkünfte daraus auf sein alleiniges Konto.
7 Fälle
– dto. auf ein gemeinsames Konto der Eheleute.
4 Fälle
– dto. auf ein alleiniges Konto der Ehefrau.
Kein Fall

136. Hat der Ehemann einen Ausbildungsberuf und im Alter zwischen 20 und 40 Jahren Einkünfte aus Vermietung und Verpachtung, fließen seine Einkünfte daraus auf sein alleiniges Konto.
3 Fälle

– dto. auf ein gemeinsames Konto der Eheleute.
1 Fall
– dto. auf ein alleiniges Konto der Ehefrau.
Kein Fall

137. Hat der Ehemann einen Ausbildungsberuf und im Alter ab 41 Jahren Einkünfte aus Vermietung und Verpachtung, fließen seine Einkünfte daraus auf sein alleiniges Konto.
4 Fälle
– dto. auf ein gemeinsames Konto der Eheleute.
3 Fälle
– dto. auf ein alleiniges Konto der Ehefrau.
Kein Fall

138. Hat der Ehemann mit einer akademischen Ausbildung Einkünfte aus Vermietung und Verpachtung, fließen seine Einkünfte daraus auf sein alleiniges Konto.
3 Fälle
– dto. auf ein gemeinsames Konto der Eheleute.
Kein Fall
– dto. auf ein alleiniges Konto der Ehefrau.
Kein Fall

139. Hat der Ehemann mit einer akademischen Ausbildung und im Alter zwischen 20 und 40 Jahren Einkünfte aus Vermietung und Verpachtung, fließen seine Einkünfte daraus auf sein alleiniges Konto.
1 Fall
– dto. auf ein gemeinsames Konto der Eheleute.
Kein Fall
– dto. auf ein alleiniges Konto der Ehefrau.
Kein Fall

140. Hat der Ehemann mit einer akademischen Ausbildung und im Alter ab 41 Jahren Einkünfte aus Vermietung und Verpachtung, fließen seine Einkünfte daraus auf sein alleiniges Konto.
2 Fälle
– dto. auf ein gemeinsames Konto der Eheleute.
Kein Fall
– dto. auf ein alleiniges Konto der Ehefrau.
Kein Fall

141. Hat die Ehefrau mit einem Ausbildungsberuf Einkünfte aus Vermietung und Verpachtung, fließen ihre Einkünfte daraus auf ihr alleiniges Konto.
1 Fall
– dto. auf ein gemeinsames Konto der Eheleute.
3 Fälle
– dto. auf ein alleiniges Konto des Ehemannes.
Kein Fall

142. Hat die Ehefrau mit einem Ausbildungsberuf und im Alter zwischen 20 und 40 Jahren Einkünfte aus Vermietung und Verpachtung, fließen ihre Einkünfte daraus auf ihr alleiniges Konto.
Kein Fall
– dto. auf ein gemeinsames Konto der Eheleute.
Kein Fall
– dto. auf ein alleiniges Konto des Ehemannes.
Kein Fall

143. Hat die Ehefrau einem Ausbildungsberuf und im Alter ab 41 Jahren Einkünfte aus Vermietung und Verpachtung, fließen ihre Einkünfte daraus auf ihr alleiniges Konto.
1 Fall
– dto. auf ein gemeinsames Konto der Eheleute.
3 Fälle
– dto. auf das alleinige Konto des Ehemannes.
Kein Fall

144. Hat die Ehefrau mit einer akademischen Ausbildung Einkünfte aus Vermietung und Verpachtung, fließen ihre Einkünfte daraus auf ihr alleiniges Konto.
Kein Fall
– dto. auf ein gemeinsames Konto der Eheleute.
Kein Fall
– dto. auf ein alleiniges Konto des Ehemannes.
Kein Fall

145. Hat die Ehefrau mit einer akademischen Ausbildung und im Alter zwischen 20 und 40 Jahren Einkünfte aus Vermietung und Verpachtung, fließen ihre Einkünfte daraus auf ihr alleiniges Konto.
Kein Fall

– dto. auf ein gemeinsames Konto der Eheleute.
  Kein Fall
– dto. auf ein alleiniges Konto des Ehemannes.
  Kein Fall

146. Hat die Ehefrau mit einer akademischen Ausbildung und im Alter ab 41 Jahren Einkünfte aus Vermietung und Verpachtung, fließen ihre Einkünfte daraus auf ihr alleiniges Konto.
  Kein Fall
– dto. auf ein gemeinsames Konto der Eheleute.
  Kein Fall
– dto. auf ein alleiniges Konto des Ehemannes.
  Kein Fall

147. Haben die Eheleute gemeinsame Einkünfte aus Vermietung und Verpachtung und hat der Ehemann einen Ausbildungsberuf, fließen ihre Einkünfte daraus auf das alleinige Konto des Ehemannes.
  Kein Fall
– dto. auf ein gemeinsames Konto der Eheleute.
  5 Fälle
– dto. auf ein alleiniges Konto der Ehefrau.
  Kein Fall

148. Haben die Eheleute gemeinsame Einkünfte aus Vermietung und Verpachtung, hat der Ehemann mit einem Ausbildungsberuf und ist dieser im Alter zwischen 20 und 40 Jahren, fließen ihre Einkünfte daraus auf das alleinige Konto des Ehemannes.
  Kein Fall
– dto. auf ein gemeinsames Konto der Eheleute.
  Kein Fall
– dto. auf ein alleiniges Konto der Ehefrau.
  Kein Fall

149. Haben die Eheleute gemeinsame Einkünfte aus Vermietung und Verpachtung, hat der Ehemann einen Ausbildungsberuf und ist dieser im Alter ab 41 Jahren, fließen ihre Einkünfte daraus auf das alleinige Konto des Ehemannes.
  Kein Fall
– dto. auf ein gemeinsames Konto der Eheleute.
  5 Fälle

– dto. auf ein alleiniges Konto der Ehefrau.
Kein Fall

150. Haben die Eheleute gemeinsame Einkünfte aus Vermietung und Verpachtung und hat der Ehemann eine akademische Ausbildung, fließen ihre Einkünfte daraus auf das alleinige Konto des Ehemannes.
Kein Fall

– dto. auf ein gemeinsames Konto der Eheleute.
3 Fälle

– dto. auf ein alleiniges Konto der Ehefrau.
Kein Fall

151. Haben die Eheleute gemeinsame Einkünfte aus Vermietung und Verpachtung, hat der Ehemann eine akademische Ausbildung und ist im Alter zwischen 20 und 40 Jahren, fließen ihre Einkünfte daraus auf das alleinige Konto des Ehemannes.
Kein Fall

– dto. auf ein gemeinsames Konto der Eheleute.
Kein Fall

– dto. auf ein alleiniges Konto der Ehefrau.
Kein Fall

152. Haben die Eheleute gemeinsame Einkünfte aus Vermietung und Verpachtung, hat der Ehemann eine akademische Ausbildung und ist im Alter ab 41 Jahren, fließen ihre Einkünfte daraus auf das alleinige Konto des Ehemannes.
Kein Fall

– dto. auf ein gemeinsames Konto der Eheleute.
3 Fälle

– dto. auf ein alleiniges Konto der Ehefrau.
Kein Fall

153. Haben die Eheleute gemeinsame Einkünfte aus Vermietung und Verpachtung, hat die Ehefrau einen Ausbildungsberuf, fließen ihre Einkünfte daraus auf alleinige Konto der Ehefrau.
Kein Fall

– dto. auf ein gemeinsames Konto der Eheleute.
6 Fälle

– dto. auf ein alleiniges Konto des Ehemannes.
Kein Fall

154. Haben die Eheleute gemeinsame Einkünfte aus Vermietung und Verpachtung, hat die Ehefrau einen Ausbildungsberuf und ist im Alter zwischen 20 und 40 Jahren, fließen ihre Einkünfte daraus auf das alleinige Konto der Ehefrau.
Kein Fall
- dto. auf ein gemeinsames Konto der Eheleute.
  Kein Fall
- dto. auf ein alleiniges Konto des Ehemannes.
  Kein Fall

155. Haben die Eheleute gemeinsame Einkünfte aus Vermietung und Verpachtung, hat die Ehefrau einen Ausbildungsberuf und ist im Alter ab 41 Jahren, fließen ihre Einkünfte daraus auf ein alleiniges Konto der Ehefrau.
Kein Fall
- dto. auf ein gemeinsames Konto der Eheleute.
  6 Fälle
- dto. auf ein alleiniges Konto des Ehemannes.
  Kein Fall

156. Haben die Eheleute gemeinsame Einkünfte aus Vermietung und Verpachtung und hat die Ehefrau eine akademischen Ausbildung, fließen ihre Einkünfte daraus auf ein alleiniges Konto der Ehefrau.
Kein Fall
- dto. auf ein gemeinsames Konto der Eheleute.
  2 Fälle
- dto. auf ein alleiniges Konto des Ehemannes.
  Kein Fall

157. Haben die Eheleute gemeinsame Einkünfte aus Vermietung und Verpachtung, hat die Ehefrau eine akademischen Ausbildung und ist im Alter zwischen 20 und 40 Jahren, fließen ihre Einkünfte daraus auf ein alleiniges Konto der Ehefrau.
Kein Fall
- dto. auf ein gemeinsames Konto der Eheleute.
  Kein Fall
- dto. auf ein alleiniges Konto des Ehemannes.
  Kein Fall

158. Haben die Eheleute gemeinsame Einkünfte aus Vermietung und Verpachtung, hat die Ehefrau eine akademischen Ausbildung und ist im Alter ab 41 Jahren, fließen ihre Einkünfte daraus auf ein alleiniges Konto der Ehefrau.
Kein Fall
– dto. auf ein gemeinsames Konto der Eheleute.
2 Fälle
– dto. auf ein alleiniges Konto des Ehemannes.
Kein Fall

d) Einkünfte aus Kapitalvermögen

159. Hat der Ehemann mit einem Ausbildungsberuf Einkünfte aus Kapitalvermögen, fließen seine Einkünfte daraus auf sein alleiniges Konto.
11 Fälle
– dto. auf ein gemeinsames Konto der Eheleute.
3 Fälle
– dto. auf ein alleiniges Konto der Ehefrau.
Kein Fall

160. Hat der Ehemann einen Ausbildungsberuf und im Alter zwischen 20 und 40 Jahren Einkünfte aus Kapitalvermögen, fließen seine Einkünfte daraus auf sein alleiniges Konto.
1 Fall
– dto. auf ein gemeinsames Konto der Eheleute.
Kein Fall
– dto. auf ein alleiniges Konto der Ehefrau.
Kein Fall

161. Hat der Ehemann einen Ausbildungsberuf und im Alter ab 41 Jahren Einkünfte aus Kapitalvermögen, fließen seine Einkünfte daraus auf sein alleiniges Konto.
10 Fälle
– dto. auf ein gemeinsames Konto der Eheleute.
3 Fälle
– dto. auf ein alleiniges Konto der Ehefrau.
Kein Fall

162. Hat der Ehemann mit einer akademischen Ausbildung Einkünfte aus Kapitalvermögen, fließen seine Einkünfte daraus auf sein alleiniges Konto.
8 Fälle
– dto. auf ein gemeinsames Konto der Eheleute.
1 Fall
– dto. auf ein alleinige Konto der Ehefrau.
Kein Fall
163. Hat der Ehemann mit einer akademischen Ausbildung und im Alter zwischen 20 und 40 Jahren Einkünfte aus Kapitalvermögen, fließen seine Einkünfte daraus auf sein alleiniges Konto.
1 Fall
– dto. auf ein gemeinsames Konto der Eheleute.
Kein Fall
– dto. auf ein alleiniges Konto der Ehefrau.
Kein Fall
164. Hat der Ehemann mit einer akademischen Ausbildung und im Alter ab 41 Jahren Einkünfte aus Kapitalvermögen, fließen seine Einkünfte daraus auf sein alleiniges Konto.
7 Fälle
– dto. auf ein gemeinsames Konto der Eheleute.
1 Fall
– dto. auf ein alleiniges Konto der Ehefrau.
Kein Fall
165. Hat die Ehefrau mit einem Ausbildungsberuf Einkünfte aus Kapitalvermögen, fließen ihre Einkünfte daraus auf ihr alleiniges Konto.
11 Fälle
– dto. auf ein gemeinsames Konto der Eheleute.
3 Fälle
– dto. auf ein alleiniges Konto des Ehemannes.
Kein Fall
166. Hat die Ehefrau mit einem Ausbildungsberuf und im Alter zwischen 20 und 40 Jahren Einkünfte aus Kapitalvermögen, fließen ihre Einkünfte daraus auf ihr alleiniges Konto.
2 Fälle

– dto. auf ein gemeinsames Konto der Eheleute.
Kein Fall

– dto. auf ein alleiniges Konto des Ehemannes.
Kein Fall

167. Hat die Ehefrau einem Ausbildungsberuf und im Alter ab 41 Jahren Einkünfte aus Kapitalvermögen, fließen ihre Einkünfte daraus auf ihr alleiniges Konto.
9 Fälle

– dto. auf ein gemeinsames Konto der Eheleute.
3 Fälle

– dto. auf das alleinige Konto des Ehemannes.
Kein Fall

168. Hat die Ehefrau mit einer akademischen Ausbildung Einkünfte aus Kapitalvermögen, fließen ihre Einkünfte daraus auf ihr alleiniges Konto.
3 Fälle

– dto. auf ein gemeinsames Konto der Eheleute.
Kein Fall

– dto. auf ein alleiniges Konto des Ehemannes.
Kein Fall

169. Hat die Ehefrau mit einer akademischen Ausbildung und im Alter zwischen 20 und 40 Jahren Einkünfte aus Kapitalvermögen, fließen ihre Einkünfte daraus auf ihr alleiniges Konto.
Kein Fall

– dto. auf ein gemeinsames Konto der Eheleute.
Kein Fall

– dto. auf ein alleiniges Konto des Ehemannes.
Kein Fall

170. Hat die Ehefrau mit einer akademischen Ausbildung und im Alter ab 41 Jahren Einkünfte aus Kapitalvermögen, fließen ihre Einkünfte daraus auf ihr alleiniges Konto.
3 Fälle

– dto. auf ein gemeinsames Konto der Eheleute.
Kein Fall

– dto. auf ein alleiniges Konto des Ehemannes.
Kein Fall

171. Haben die Eheleute gemeinsame Einkünfte aus Kapitalvermögen und hat der Ehemann einen Ausbildungsberuf, fließen ihre Einkünfte daraus auf ein alleiniges Konto des Ehemannes.
Kein Fall
– dto. auf ein gemeinsames Konto der Eheleute.
1 Fall
– dto. auf ein alleiniges Konto der Ehefrau.
Kein Fall

172. Haben die Eheleute gemeinsame Einkünfte aus Kapitalvermögen, hat der Ehemann mit einem Ausbildungsberuf und ist dieser im Alter zwischen 20 und 40 Jahren, fließen ihre Einkünfte daraus auf ein alleiniges Konto des Ehemannes.
Kein Fall
– dto. auf ein gemeinsames Konto der Eheleute.
Kein Fall
– dto. auf ein alleiniges Konto der Ehefrau.
Kein Fall

173. Haben die Eheleute gemeinsame Einkünfte aus Kapitalvermögen, hat der Ehemann einen Ausbildungsberuf und ist dieser im Alter ab 41 Jahren, fließen ihre Einkünfte daraus auf ein alleiniges Konto des Ehemannes.
Kein Fall
– dto. auf ein gemeinsames Konto der Eheleute.
1 Fall
– dto. auf ein alleiniges Konto der Ehefrau.
Kein Fall

174. Haben die Eheleute gemeinsame Einkünfte Kapitalvermögen und hat der Ehemann eine akademische Ausbildung, fließen ihre Einkünfte daraus auf ein alleiniges Konto des Ehemannes.
Kein Fall
– dto. auf ein gemeinsames Konto der Eheleute.
Kein Fall
– dto. auf ein alleiniges Konto der Ehefrau.
Kein Fall

175. Haben die Eheleute gemeinsame Einkünfte aus Kapitalvermögen, hat die Ehefrau einen Ausbildungsberuf, fließen ihre Einkünfte daraus auf ein alleiniges Konto der Ehefrau.

Kein Fall

- dto. auf ein gemeinsames Konto der Eheleute.

  1 Fall

- dto. auf ein alleiniges Konto des Ehemannes.

  Kein Fall

176. Haben die Eheleute gemeinsame Einkünfte aus Kapitalvermögen, hat die Ehefrau einen Ausbildungsberuf und ist im Alter zwischen 20 und 40 Jahren, fließen ihre Einkünfte daraus auf ein alleiniges Konto der Ehefrau.

Kein Fall

- dto. auf ein gemeinsames Konto der Eheleute.

  Kein Fall

- dto. auf ein alleiniges Konto des Ehemannes.

  Kein Fall

177. Haben die Eheleute gemeinsame Einkünfte aus Kapitalvermögen, hat die Ehefrau einen Ausbildungsberuf und ist im Alter ab 41 Jahren, fließen ihre Einkünfte daraus auf ein alleiniges Konto der Ehefrau.

Kein Fall

- dto. auf ein gemeinsames Konto der Eheleute.

  1 Fall

- dto. auf ein alleiniges Konto des Ehemannes.

  Kein Fall

178. Haben die Eheleute gemeinsame Einkünfte aus Kapitalvermögen und hat die Ehefrau eine akademischen Ausbildung, fließen ihre Einkünfte daraus auf ein alleiniges Konto der Ehefrau.

Kein Fall

- dto. auf ein gemeinsames Konto der Eheleute.

  Kein Fall

- dto. auf ein alleiniges Konto des Ehemannes.

  Kein Fall

e) Einkünfte aus Renten und sonstige steuerpflichtige Einkünfte

179. Hat der Ehemann mit einem Ausbildungsberuf Einkünfte aus Renten und sonstigen steuerpflichtigen Einkünften fließen seine Einkünfte daraus auf sein alleiniges Konto.
6 Fälle
- dto. auf ein gemeinsames Konto der Eheleute.
5 Fälle
- dto. auf ein alleiniges Konto der Ehefrau.
Kein Fall

180. Hat der Ehemann mit einer akademischen Ausbildung Einkünfte aus Renten und sonstigen steuerpflichtigen Einkünften, fließen seine Einkünfte daraus auf sein alleiniges Konto.
2 Fälle
- dto. auf ein gemeinsames Konto der Eheleute.
Kein Fall
- dto. auf ein alleiniges Konto der Ehefrau.
Kein Fall

181. Hat die Ehefrau mit einem Ausbildungsberuf Einkünfte aus Renten und sonstigen steuerpflichtigen Einkünften, fließen ihre Einkünfte daraus auf ihr alleiniges Konto.
2 Fälle
- dto. auf ein gemeinsames Konto der Eheleute.
2 Fälle
- dto. auf ein alleiniges Konto des Ehemannes.
Kein Fall

182. Hat die Ehefrau mit einer akademischen Ausbildung Einkünfte aus Renten und sonstigen steuerpflichtigen Einkünften, fließen ihre Einkünfte daraus auf ihr alleiniges Konto.
1 Fall
- dto. auf ein gemeinsames Konto der Eheleute.
Kein Fall
- dto. auf ein alleiniges Konto des Ehemannes.
Kein Fall

f) Kindergeld und andere staatliche Leistungen

183. Hat der Ehemann einen Ausbildungsberuf, fließt das Kindergeld auf sein alleiniges Konto.
2 Fälle
- dto. auf ein gemeinsames Konto der Eheleute.
10 Fälle
- dto. auf ein alleiniges Konto der Ehefrau.
Kein Fall

184. Hat der Ehemann eine akademischen Ausbildung, fließt das Kindergeld auf sein alleiniges Konto.
4 Fälle
- dto. auf ein gemeinsames Konto der Eheleute.
5 Fälle
- dto. auf ein alleiniges Konto der Ehefrau.
1 Fall

185. Hat die Ehefrau einen Ausbildungsberuf, fließt das Kindergeld auf ihr alleiniges Konto.
Kein Fall
- dto. auf ein gemeinsames Konto der Eheleute.
11 Fälle
- dto. auf ein alleiniges Konto des Ehemannes.
5 Fälle

186. Hat die Ehefrau eine akademischen Ausbildung, fließt das Kindergeld auf ihr alleiniges Konto.
1 Fall
- dto. auf ein gemeinsames Konto der Eheleute.
4 Fälle
- dto. auf ein alleiniges Konto des Ehemannes.
1 Fall

187. Hat der Ehemann mit einem Ausbildungsberuf Einkünfte aus Arbeitslosengeld oder Krankengeld, fließen seine Einkünfte daraus auf sein alleiniges Konto.
Kein Fall
- dto. auf ein gemeinsames Konto der Eheleute.
Kein Fall

– dto. auf ein alleiniges Konto der Ehefrau.
Kein Fall

188. Hat der Ehemann mit einer akademischen Ausbildung Einkünfte aus Arbeitslosengeld oder Krankengeld, fließen seine Einkünfte daraus auf sein alleiniges Konto.
Kein Fall

– dto. auf ein gemeinsames Konto der Eheleute.
Kein Fall

– dto. auf ein alleiniges Konto der Ehefrau.
Kein Fall

189. Hat die Ehefrau mit einem Ausbildungsberuf Einkünfte aus Arbeitslosengeld oder Krankengeld, fließen ihre Einkünfte daraus auf ihr alleiniges Konto.
Kein Fall

– dto. auf ein gemeinsames Konto der Eheleute.
Kein Fall

– dto. auf ein alleiniges Konto des Ehemannes.
Kein Fall

190. Hat die Ehefrau mit einer akademischen Ausbildung Einkünfte aus Arbeitslosengeld oder Krankengeld, fließen ihre Einkünfte daraus auf ihr alleiniges Konto.
Kein Fall

– dto. auf ein gemeinsames Konto der Eheleute.
Kein Fall

– dto. auf ein alleiniges Konto des Ehemannes.
Kein Fall

g) Einkommensteuererstattungen

191. Erhalten die Eheleute eine Einkommensteuererstattung fließt diese auf ein gemeinsames Konto der Eheleute.
15 Fälle

– dto. auf ein alleiniges Konto des Ehemannes.
2 Fälle

– dto. auf ein Geschäftskonto des Ehemannes.
5 Fälle

– dto. auf ein alleiniges Konto der Ehefrau.
2 Fälle
– dto. auf ein Geschäftskonto der Ehefrau.
1 Fall

III. Verwendung des Familieneinkommens

a) Kosten der laufenden Haushaltsführung

192. Hat der Ehemann einen Ausbildungsberuf und ist im Alter zwischen 20 und 40 Jahren, werden die Kosten der laufenden Haushaltsführung von seinem alleinigen Konto bezahlt.
Kein Fall
– dto. vom gemeinsamen Konto bezahlt.
6 Fälle
– dto. vom alleinigen Konto der Ehefrau bezahlt.
Kein Fall
– dto. von seinem alleinigen Konto und vom gemeinsamen Konto bezahlt.
Kein Fall
– dto. von seinem alleinigen Konto und dem alleinigen Konto der Ehefrau bezahlt.
1 Fall
– dto. von seinem alleinigen Konto, von dem gemeinsamen Konto und dem alleinigen Konto der Ehefrau bezahlt.
Kein Fall
– dto. von dem alleinigen Konto der Ehefrau und vom gemeinsamen Konto bezahlt.
Kein Fall
– dto. als Haushaltsgeld von seinem alleinigen Konto auf ein gemeinsames Konto der Eheleute überwiesen.
Kein Fall
– dto. als Haushaltsgeld von seinem alleinigen Konto auf ein alleiniges Konto der Ehefrau überwiesen.
1 Fall
– dto. als Haushaltsgeld vom alleinigen Konto der Ehefrau auf ein gemeinsames Konto der Eheleute überwiesen.
Kein Fall

– dto. als Haushaltsgeld vom alleinigen Konto der Ehefrau auf ein alleiniges Konto des Ehemannes überwiesen.
Kein Fall

193. Hat der Ehemann einen Ausbildungsberuf und ist im Alter ab 41 Jahren, werden die Kosten der laufenden Haushaltsführung von seinem alleinigen Konto bezahlt.
2 Fälle

– dto. vom gemeinsamen Konto bezahlt.
11 Fälle

– dto. vom alleinigen Konto der Ehefrau bezahlt.
1 Fall

– dto. von seinem alleinigen Konto und vom gemeinsamen Konto bezahlt.
1 Fall

– dto. von seinem alleinigen Konto und dem alleinigen Konto der Ehefrau bezahlt.
2 Fälle

– dto. als Haushaltsgeld von seinem alleinigen Konto auf ein gemeinsames Konto der Eheleute überwiesen.
1 Fall

194. Hat der Ehemann eine akademische Ausbildung und ist im Alter zwischen 20 und 40 Jahren, werden die Kosten der laufenden Haushaltsführung von seinem alleinigen Konto bezahlt.
1 Fall

– dto. vom alleinigen Konto der Ehefrau bezahlt.
1 Fall

– dto. von seinem alleinigen Konto und dem alleinigen Konto der Ehefrau bezahlt.
1 Fall

– dto. von seinem alleinigen Konto, von dem gemeinsamen Konto und dem alleinigen Konto der Ehefrau bezahlt.
1 Fall

195. Hat der Ehemann eine akademische Ausbildung und ist im Alter ab 41 Jahren, werden die Kosten der laufenden Haushaltsführung von seinem alleinigen Konto bezahlt.
2 Fälle

- dto. vom gemeinsamen Konto bezahlt.
  2 Fälle
- dto. vom alleinigen Konto der Ehefrau bezahlt.
  3 Fälle
- dto. von seinem alleinigen Konto und dem alleinigen Konto der Ehefrau bezahlt.
  3 Fälle
- dto. von seinem alleinigen Konto, von dem gemeinsamen Konto und dem alleinigen Konto der Ehefrau bezahlt.
  1 Fall
- dto. als Haushaltsgeld von seinem alleinigen Konto auf ein gemeinsames Konto der Eheleute überwiesen.
  1 Fall
- dto. als Haushaltsgeld von seinem alleinigen Konto auf ein alleiniges Konto der Ehefrau überwiesen.
  1 Fall

196. Ist der Ehemann Rentner und hat er einen Ausbildungsberuf, werden die Kosten der laufenden Haushaltsführung von seinem alleinigen Konto bezahlt.
  1 Fall
- dto. vom gemeinsamen Konto bezahlt.
  4 Fälle
- dto. vom alleinigen Konto der Ehefrau bezahlt.
  1 Fall
- dto. von seinem alleinigen Konto, von dem gemeinsamen Konto und dem alleinigen Konto der Ehefrau bezahlt.
  1 Fall

197. Ist der Ehemann Rentner und hat er eine akademische Ausbildung, werden die Kosten der laufenden Haushaltsführung von seinem alleinigen Konto bezahlt.
  1 Fall

198. Hat die Ehefrau einen Ausbildungsberuf und ist im Alter zwischen 20 und 40 Jahren, werden die Kosten der laufenden Haushaltsführung von ihrem alleinigen Konto bezahlt.
  1 Fall
- dto. vom gemeinsamen Konto bezahlt.
  8 Fälle

- dto. vom alleinigen Konto des Ehemannes bezahlt.
  3 Fälle
- dto. von ihrem alleinigen Konto und vom gemeinsamen Konto bezahlt.
  1 Fall
- dto. von ihrem alleinigen Konto und dem alleinigen Konto des Ehemannes bezahlt.
  1 Fall
- dto. als Haushaltsgeld vom alleinigen Konto des Ehemannes auf ein gemeinsames Konto der Eheleute überwiesen.
  1 Fall
- dto. als Haushaltsgeld vom alleinigen Konto des Ehemannes auf ein alleiniges Konto der Ehefrau überwiesen.
  1 Fall

199. Hat die Ehefrau einen Ausbildungsberuf und ist im Alter ab 41 Jahren, werden die Kosten der laufenden Haushaltsführung von ihrem alleinigen Konto bezahlt.
  2 Fälle
- dto. vom gemeinsamen Konto bezahlt.
  9 Fälle
- dto. von ihrem alleinigen Konto und dem alleinigen Konto des Ehemannes bezahlt.
  4 Fälle
- dto. als Haushaltsgeld vom alleinigen Konto des Ehemannes auf ein alleiniges Konto der Ehefrau überwiesen.
  1 Fall

200. Hat die Ehefrau eine akademische Ausbildung und ist im Alter zwischen 20 und 40 Jahren, werden die Kosten der laufenden Haushaltsführung von ihrem alleinigen Konto, von dem gemeinsamen Konto und dem alleinigen Konto des Ehemannes bezahlt.
  1 Fall

201. Hat die Ehefrau eine akademische Ausbildung und ist im Alter ab 41 Jahren, werden die Kosten der laufenden Haushaltsführung von ihrem alleinigen Konto bezahlt.
  2 Fälle

– dto. vom gemeinsamen Konto bezahlt.
2 Fälle
– dto. vom alleinigen Konto des Ehemannes bezahlt.
2 Fälle
– dto. von ihrem alleinigen Konto und vom gemeinsamen Konto bezahlt.
1 Fall
– dto. von ihrem alleinigen Konto und dem alleinigen Konto des Ehemannes bezahlt.
1 Fall
– dto. von ihrem alleinigen Konto, von dem gemeinsamen Konto und dem alleinigen Konto des Ehemannes bezahlt.
1 Fall

202. Ist die Ehefrau Rentnerin und hat sie einen Ausbildungsberuf, werden die Kosten der laufenden Haushaltsführung von ihrem alleinigen Konto bezahlt.
1 Fall
– dto. vom gemeinsamen Konto bezahlt.
1 Fall
– dto. vom alleinigen Konto des Ehemannes bezahlt.
1 Fall
– dto. von ihrem alleinigen Konto, von dem gemeinsamen Konto und dem alleinigen Konto des Ehemannes bezahlt.
1 Fall
– dto. als Haushaltsgeld vom alleinigen Konto des Ehemannes auf ein gemeinsames Konto der Eheleute überwiesen.
1 Fall

203. Ist die Ehefrau Rentnerin und hat sie eine akademische Ausbildung, werden die Kosten der laufenden Haushaltsführung bezahlt von
Kein Fall

204. Leben im Haushalt Kinder, hat der Ehemann einen Ausbildungsberuf und ist im Alter zwischen 20 und 40 Jahren, werden die Kosten der laufenden Haushaltsführung vom gemeinsamen Konto bezahlt.
6 Fälle

– dto. als Haushaltsgeld von seinem alleinigen Konto auf ein alleiniges Konto der Ehefrau überwiesen.
1 Fall

205. Leben im Haushalt Kinder, hat der Ehemann einen Ausbildungsberuf und ist im Alter ab 41 Jahren, werden die Kosten der laufenden Haushaltsführung von seinem alleinigen Konto bezahlt.
1 Fall

– dto. vom gemeinsamen Konto bezahlt.
3 Fälle

206. Leben im Haushalt Kinder, hat der Ehemann eine akademische Ausbildung und ist im Alter zwischen 20 und 40 Jahren, werden die Kosten der laufenden Haushaltsführung von seinem alleinigen Konto bezahlt.
1 Fall

– dto. von seinem alleinigen Konto, von dem gemeinsamen Konto und dem alleinigen Konto der Ehefrau bezahlt.
1 Fall

207. Leben im Haushalt Kinder, hat der Ehemann eine akademische Ausbildung und ist im Alter ab 41 Jahren, werden die Kosten der laufenden Haushaltsführung von seinem alleinigen Konto bezahlt.
1 Fall

– dto. vom gemeinsamen Konto bezahlt.
2 Fälle

– dto. von seinem alleinigen Konto und dem alleinigen Konto der Ehefrau bezahlt.
1 Fall

– dto. von seinem alleinigen Konto, von dem gemeinsamen Konto und dem alleinigen Konto der Ehefrau bezahlt.
1 Fall

– dto. als Haushaltsgeld von seinem alleinigen Konto auf ein gemeinsames Konto der Eheleute überwiesen.
1 Fall

– dto. als Haushaltsgeld von seinem alleinigen Konto auf ein alleiniges Konto der Ehefrau überwiesen.
1 Fall

208. Leben im Haushalt Kinder, hat die Ehefrau einen Ausbildungsberuf und ist im Alter zwischen 20 und 40 Jahren, werden die Kosten der laufenden Haushaltsführung von ihrem alleinigen Konto bezahlt.
1 Fall
– dto. vom gemeinsamen Konto bezahlt.
6 Fälle
– dto. vom alleinigen Konto des Ehemannes bezahlt.
1 Fall
– dto. von ihrem alleinigen Konto und vom gemeinsamen Konto bezahlt.
1 Fall
– dto. als Haushaltsgeld vom alleinigen Konto des Ehemannes auf ein gemeinsames Konto der Eheleute überwiesen.
1 Fall
– dto. als Haushaltsgeld vom alleinigen Konto des Ehemannes auf ein alleiniges Konto der Ehefrau überwiesen.
1 Fall

209. Leben im Haushalt Kinder, hat die Ehefrau einen Ausbildungsberuf und ist im Alter ab 41 Jahren, werden die Kosten der laufenden Haushaltsführung vom gemeinsamen Konto bezahlt.
2 Fälle
– dto. von ihrem alleinigen Konto und dem alleinigen Konto des Ehemannes bezahlt.
1 Fall
– dto. als Haushaltsgeld vom alleinigen Konto des Ehemannes auf ein alleiniges Konto der Ehefrau überwiesen.
1 Fall

210. Leben im Haushalt Kinder, hat die Ehefrau eine akademische Ausbildung und ist im Alter zwischen 20 und 40 Jahren, werden die Kosten der laufenden Haushaltsführung von ihrem alleinigen Konto, von dem gemeinsamen Konto und dem alleinigen Konto des Ehemannes bezahlt.
1 Fall

211. Leben im Haushalt Kinder, hat die Ehefrau eine akademische Ausbildung und ist im Alter ab 41 Jahren, werden die Kosten der laufenden Haushaltsführung vom gemeinsamen Konto bezahlt.
2 Fälle

– dto. vom alleinigen Konto des Ehemannes bezahlt.
1 Fall

– dto. von ihrem alleinigen Konto, von dem gemeinsamen Konto und dem alleinigen Konto des Ehemannes bezahlt.
1 Fall

212. Ist der Ehemann Alleinverdiener, hat einen Ausbildungsberuf und ist im Alter zwischen 20 und 40 Jahren, werden die Kosten der laufenden Haushaltsführung von seinem alleinigen Konto bezahlt.
1 Fall

– dto. vom gemeinsamen Konto bezahlt.
2 Fälle

213. Ist der Ehemann Alleinverdiener, hat einen Ausbildungsberuf und ist im Alter ab 41 Jahren, werden die Kosten der laufenden Haushaltsführung von seinem alleinigen Konto bezahlt.
2 Fälle

– dto. vom gemeinsamen Konto bezahlt.
5 Fälle

– dto. als Haushaltsgeld von seinem alleinigen Konto auf ein gemeinsames Konto der Eheleute überwiesen.
1 Fall

214. Ist der Ehemann Alleinverdiener, hat eine akademische Ausbildung und ist im Alter zwischen 20 und 40 Jahren, werden die Kosten der laufenden Haushaltsführung bezahlt von
Kein Fall

215. Ist der Ehemann Alleinverdiener, hat eine akademische Ausbildung und ist im Alter ab 41 Jahren, werden die Kosten der laufenden Haushaltsführung bezahlt von
Kein Fall

216. Ist die Ehefrau Alleinverdienerin, hat einen Ausbildungsberuf und ist im Alter zwischen 20 und 40 Jahren, werden die Kosten der laufenden Haushaltsführung bezahlt von
Kein Fall

217. Ist die Ehefrau Alleinverdienerin, hat einen Ausbildungsberuf und ist im Alter ab 41 Jahren, werden die Kosten der laufenden Haushaltsführung bezahlt von
Kein Fall

218. Ist die Ehefrau Alleinverdienerin, hat eine akademische Ausbildung und ist im Alter zwischen 20 und 40 Jahren, werden die Kosten der laufenden Haushaltsführung bezahlt von
Kein Fall

219. Ist die Ehefrau Alleinverdienerin, hat eine akademische Ausbildung und ist im Alter ab 41 Jahren, werden die Kosten der laufenden Haushaltsführung vom gemeinsamen Konto bezahlt.
1 Fall

220. Verfügt der Ehemann über ein höheres Einkommen als seine Ehefrau, hat er einen Ausbildungsberuf und ist im Alter zwischen 20 und 40 Jahren, werden die Kosten der laufenden Haushaltsführung von seinem alleinigen Konto bezahlt.
1 Fall

– dto. vom gemeinsamen Konto bezahlt.
4 Fälle

– dto. als Haushaltsgeld von seinem alleinigen Konto auf ein alleiniges Konto der Ehefrau überwiesen.
1 Fall

221. Verfügt der Ehemann über ein höheres Einkommen als seine Ehefrau, hat er einen Ausbildungsberuf und ist im Alter ab 41 Jahren, werden die Kosten der laufenden Haushaltsführung von seinem alleinigen Konto bezahlt.
2 Fälle

– dto. vom gemeinsamen Konto bezahlt.
8 Fälle

– dto. vom alleinigen Konto der Ehefrau bezahlt.
1 Fall

– dto. von seinem alleinigen Konto und dem alleinigen Konto der Ehefrau bezahlt.
1 Fall

– dto. von seinem alleinigen Konto, von dem gemeinsamen Konto und dem alleinigen Konto der Ehefrau bezahlt.
1 Fall

222. Verfügt der Ehemann über ein höheres Einkommen als seine Ehefrau, hat er eine akademische Ausbildung und ist im Alter zwischen

20 und 40 Jahren, werden die Kosten der laufenden Haushaltsführung von seinem alleinigen Konto bezahlt.

1 Fall

– dto. von seinem alleinigen Konto und dem alleinigen Konto der Ehefrau bezahlt.

1 Fall

– dto. von seinem alleinigen Konto, von dem gemeinsamen Konto und dem alleinigen Konto der Ehefrau bezahlt.

1 Fall

223. Verfügt der Ehemann über ein höheres Einkommen als seine Ehefrau, hat er eine akademische Ausbildung und ist im Alter ab 41 Jahren, werden die Kosten der laufenden Haushaltsführung von seinem alleinigen Konto bezahlt.

2 Fälle

– dto. vom alleinigen Konto der Ehefrau bezahlt.

1 Fall

– dto. von seinem alleinigen Konto und dem alleinigen Konto der Ehefrau bezahlt.

1 Fall

– dto. von dem alleinigen Konto der Ehefrau und vom gemeinsamen Konto bezahlt.

1 Fall

– dto. als Haushaltsgeld von seinem alleinigen Konto auf ein gemeinsames Konto der Eheleute überwiesen.

1 Fall

– dto. als Haushaltsgeld von seinem alleinigen Konto auf ein alleiniges Konto der Ehefrau überwiesen.

1 Fall

224. Verfügt die Ehefrau über ein höheres Einkommen als ihr Ehemann, hat sie einen Ausbildungsberuf und ist im Alter zwischen 20 und 40 Jahren, werden die Kosten der laufenden Haushaltsführung von ihrem alleinigen Konto bezahlt.

1 Fall

– dto. vom gemeinsamen Konto bezahlt.

1 Fall

– dto. von ihrem alleinigen Konto und dem alleinigen Konto des Ehemannes bezahlt.
1 Fall

225. Verfügt die Ehefrau über ein höheres Einkommen als ihr Ehemann, hat sie einen Ausbildungsberuf und ist im Alter ab 41 Jahren, werden die Kosten der laufenden Haushaltsführung von ihrem alleinigen Konto bezahlt.
1 Fall

– dto. von ihrem alleinigen Konto und dem alleinigen Konto des Ehemannes bezahlt.
1 Fall

226. Verfügt die Ehefrau über ein höheres Einkommen als ihr Ehemann, hat sie eine akademische Ausbildung und ist im Alter zwischen 20 und 40 Jahren, werden die Kosten der laufenden Haushaltsführung bezahlt von
Kein Fall

227. Verfügt die Ehefrau über ein höheres Einkommen als ihr Ehemann, hat sie eine akademische Ausbildung und ist im Alter ab 41 Jahren, werden die Kosten der laufenden Haushaltsführung von ihrem alleinigen Konto bezahlt.
1 Fall

– dto. vom gemeinsamen Konto bezahlt.
1 Fall

– dto. von ihrem alleinigen Konto und dem alleinigen Konto des Ehemannes bezahlt.
1 Fall

– dto. von ihrem alleinigen Konto, von dem gemeinsamen Konto und dem alleinigen Konto des Ehemannes bezahlt.
1 Fall

b) Urlaube, größere Anschaffungen

228. Ist der Ehemann Alleinverdiener, hat er einen Ausbildungsberuf und ist im Alter zwischen 20 und 40 Jahren, werden Urlaube und größere Anschaffungen von seinem alleinigen Konto bezahlt.
1 Fall

– dto. vom gemeinsamen Konto bezahlt.
1 Fall

229. Ist der Ehemann Alleinverdiener, hat er einen Ausbildungsberuf und ist im Alter ab 41 Jahren, werden Urlaube und größere Anschaffungen von seinem alleinigen Konto bezahlt.
3 Fälle

– dto. vom gemeinsamen Konto bezahlt.
5 Fälle

230. Ist der Ehemann Alleinverdiener, hat er eine akademische Ausbildung und ist im Alter zwischen 20 und 40 Jahren, werden Urlaube und größere Anschaffungen bezahlt von
Kein Fall

231. Ist der Ehemann Alleinverdiener, hat er eine akademische Ausbildung und ist im Alter ab 41 Jahren, werden Urlaube und größere Anschaffungen bezahlt von
Kein Fall

232. Ist die Ehefrau Alleinverdienerin, hat sie einen Ausbildungsberuf und ist im Alter zwischen 20 und 40 Jahren, werden Urlaube und größere Anschaffungen bezahlt von
Kein Fall

233. Ist die Ehefrau Alleinverdienerin, hat sie einen Ausbildungsberuf und ist im Alter ab 41 Jahren, werden Urlaube und größere Anschaffungen bezahlt von
Kein Fall

234. Ist die Ehefrau Alleinverdienerin, hat sie eine akademische Ausbildung und ist im Alter zwischen 20 und 40 Jahren, werden Urlaube und größere Anschaffungen bezahlt von
Kein Fall

235. Ist die Ehefrau Alleinverdienerin, hat sie eine akademische Ausbildung und ist im Alter ab 41 Jahren, werden Urlaube und größere Anschaffungen vom gemeinsamen Konto bezahlt.
1 Fall

236. Verfügt der Ehemann über ein höheres Einkommen als seine Ehefrau, hat er einen Ausbildungsberuf und ist im Alter zwischen 20 und 40 Jahren, werden Urlaube und größere Anschaffungen von seinem alleinigen Konto bezahlt.
1 Fall

- dto. vom gemeinsamen Konto bezahlt.
  4 Fälle
- dto. von seinem alleinigen Konto und dem alleinigen Konto der Ehefrau bezahlt.
  1 Fall
- dto. von seinem alleinigen Konto, von dem gemeinsamen Konto und dem alleinigen Konto der Ehefrau bezahlt.
  1 Fall

237. Verfügt der Ehemann über ein höheres Einkommen als seine Ehefrau, hat er einen Ausbildungsberuf und ist im Alter ab 41 Jahren, werden die Urlaube und größere Anschaffungen von seinem alleinigen Konto bezahlt.
  4 Fälle
- dto. vom gemeinsamen Konto bezahlt.
  4 Fälle

238. Verfügt der Ehemann über ein höheres Einkommen als seine Ehefrau, hat er eine akademische Ausbildung und ist im Alter zwischen 20 und 40 Jahren, werden die Kosten für Urlaube und größere Anschaffungen von seinem alleinigen Konto bezahlt.
  1 Fall
- dto. von seinem alleinigen Konto und dem alleinigen Konto der Ehefrau bezahlt.
  1 Fall
- dto. von seinem alleinigen Konto, von dem gemeinsamen Konto und dem alleinigen Konto der Ehefrau bezahlt.
  1 Fall

239. Verfügt der Ehemann über ein höheres Einkommen als seine Ehefrau, hat er eine akademische Ausbildung und ist im Alter ab 41 Jahren, werden die Kosten der Urlaube und größere Anschaffungen von seinem alleinigen Konto bezahlt.
  4 Fälle
- dto. von seinem alleinigen Konto und dem alleinigen Konto der Ehefrau bezahlt.
  1 Fall

240. Verfügt die Ehefrau über ein höheres Einkommen als ihr Ehemann, hat sie einen Ausbildungsberuf und ist im Alter zwischen 20 und

40 Jahren, werden Urlaube und größere Anschaffungen von ihrem alleinigen Konto bezahlt.
2 Fälle
– dto. vom gemeinsamen Konto bezahlt.
1 Fall
– dto. von ihrem alleinigen Konto und dem alleinigen Konto des Ehemannes bezahlt.
1 Fall

241. Verfügt die Ehefrau über ein höheres Einkommen als ihr Ehemann, hat sie einen Ausbildungsberuf und ist im Alter ab 41 Jahren, werden Urlaube und größere Anschaffungen von ihrem alleinigen Konto bezahlt.
1 Fall
– dto. von ihrem alleinigen Konto und dem alleinigen Konto des Ehemannes bezahlt.
1 Fall

242. Verfügt die Ehefrau über ein höheres Einkommen als ihr Ehemann, hat sie eine akademische Ausbildung und ist im Alter zwischen 20 und 40 Jahren, werden Urlaube und größere Anschaffungen bezahlt von
Kein Fall

243. Verfügt die Ehefrau über ein höheres Einkommen als ihr Ehemann, hat sie eine akademische Ausbildung und ist im Alter ab 41 Jahren, werden Urlaube und größere Anschaffungen von ihrem alleinigen Konto bezahlt.
1 Fall
– dto. vom gemeinsamen Konto bezahlt.
1 Fall
– dto. von ihrem alleinigen Konto, von dem gemeinsamen Konto und dem alleinigen Konto des Ehemannes bezahlt.
1 Fall

244. Verfügen die Eheleute über ein etwa gleich hohes Einkommen und haben einen Ausbildungsberuf, werden Urlaube und größere Anschaffungen vom gemeinsamen Konto bezahlt.
1 Fall

245. Verfügen die Eheleute über ein etwa gleich hohes Einkommen und haben eine akademische Ausbildung, werden Urlaube und größere

Anschaffungen von seinem alleinigen Konto und dem alleinigen Konto der Ehefrau bezahlt.
1 Fall

c) Kosten der Kinderbetreuung

246. Ist der Ehemann Alleinverdiener und hat einen Ausbildungsberuf, werden die Kosten der Kinderbetreuung von dem alleinigen Konto des Ehemannes bezahlt.
1 Fall
– dto. vom gemeinsamen Konto bezahlt.
1 Fall
247. Ist der Ehemann Alleinverdiener und hat eine akademische Ausbildung, werden die Kosten der Kinderbetreuung bezahlt von
Kein Fall
248. Ist die Ehefrau Alleinverdienerin und hat einen Ausbildungsberuf, werden die Kosten der Kinderbetreuung bezahlt von
Kein Fall
249. Ist die Ehefrau Alleinverdienerin und hat eine akademische Ausbildung, werden die Kosten der Kinderbetreuung bezahlt von
Kein Fall
250. Verfügt der Ehemann über ein höheres Einkommen als seine Ehefrau und hat er einen Ausbildungsberuf, werden die Kosten der Kinderbetreuung von seinem alleinigen Konto bezahlt.
1 Fall
– dto. vom gemeinsamen Konto bezahlt.
3 Fälle
251. Verfügt der Ehemann über ein höheres Einkommen als seine Ehefrau und hat er eine akademische Ausbildung, werden die Kosten der Kinderbetreuung vom gemeinsamen Konto bezahlt.
1 Fall
252. Verfügt die Ehefrau über ein höheres Einkommen als ihr Ehemann und hat einen Ausbildungsberuf, werden die Kosten der Kinderbetreuung bezahlt von
Kein Fall

253. Verfügt die Ehefrau über ein höheres Einkommen als ihr Ehemann und hat sie eine akademische Ausbildung, werden die Kosten der Kinderbetreuung bezahlt von

Kein Fall

254. Verfügen die Eheleute über ein etwa gleich hohes Einkommen und haben sie einen Ausbildungsberuf, werden die Kosten der Kinderbetreuung bezahlt von

Kein Fall

255. Verfügen die Eheleute über ein etwa gleich hohes Einkommen und haben sie eine akademische Ausbildung werden die Kosten der Kinderbetreuung bezahlt von

Kein Fall

d) Private Altersvorsorge (Lebens-, Renten- und sonstige Vorsorgeversicherungen und -verträge)

256. Verfügt der Ehemann mit einem Ausbildungsberuf über eigene Einkünfte, werden die Kosten für seine private Altersvorsorge von dem alleinigen Konto des Ehemannes bezahlt.

4 Fälle

– dto. vom gemeinsamen Konto bezahlt.

6 Fälle

257. Verfügt der Ehemann mit einer akademischen Ausbildung über eigene Einkünfte, werden die Kosten für seine private Altersvorsorge von dem alleinigen Konto des Ehemannes bezahlt.

6 Fälle

258. Verfügt die Ehefrau über eigene Einkünfte und hat sie einen Ausbildungsberuf, werden die Kosten für ihre private Altersvorsorge von dem alleinigen Konto der Ehefrau bezahlt.

4 Fälle

– dto. vom gemeinsamen Konto bezahlt.

3 Fälle

– dto. vom alleinigen Konto des Ehemannes bezahlt.

1 Fall

259. Verfügt die Ehefrau über eigene Einkünfte und hat sie eine akademische Ausbildung, werden die Kosten für ihre private Altersvorsorge von dem alleinigen Konto der Ehefrau bezahlt.
7 Fälle

260. Hat der Ehemann keine eigenen Einkünfte, werden für ihn keine Kosten für die private Altersvorsorge bezahlt.
1 Fall

261. Hat die Ehefrau keine eigenen Einkünfte, werden für sie keine Kosten für die private Altersvorsorge bezahlt.
5 Fälle

– dto. vom gemeinsamen Konto bezahlt.
2 Fälle

e) Verbindlichkeiten (Zins- und Tilgungsleistungen)

262. Verfügt der Ehemann über eigene Einkünfte, werden seine Verbindlichkeiten von dem alleinigen Konto des Ehemannes bezahlt.
10 Fälle

– dto. vom gemeinsamen Konto bezahlt.
3 Fälle

– dto. vom alleinigen Konto der Ehefrau bezahlt.
1 Fall

– dto. vom alleinigen Konto der Ehefrau und alleinigen Konto des Ehemannes bezahlt.
1 Fall

263. Verfügt die Ehefrau über eigene Einkünfte werden ihre Verbindlichkeiten von dem alleinigen Konto der Ehefrau bezahlt.
4 Fälle

264. Ist der Ehemann Alleinverdiener, werden gemeinsame Verbindlichkeiten der Eheleute vom gemeinsamen Konto bezahlt.
4 Fälle

265. Ist der Ehemann Alleinverdiener, werden Verbindlichkeiten der Ehefrau bezahlt von
Kein Fall

266. Ist die Ehefrau Alleinverdienerin, werden gemeinsame Verbindlichkeiten der Eheleute bezahlt von
Kein Fall

267. Ist die Ehefrau Alleinverdienerin, werden Verbindlichkeiten des Ehemannes bezahlt von
Kein Fall

268. Verfügen beide Ehegatten über eigene Einkünfte, werden gemeinsame Verbindlichkeiten vom gemeinsamen Konto bezahlt.
3 Fälle

– dto. von beiden alleinigen Konten der Ehegatten bezahlt.
2 Fälle

f) Einkommensteuerzahlungen (festgesetzte Steuervorauszahlungen, Steuernachzahlungen)

269. Ist der Ehemann Alleinverdiener, werden die Steuerzahlungen von dem alleinigen Privatkonto des Ehemannes bezahlt.
3 Fälle

– dto. vom Geschäftskonto des Ehemannes bezahlt.
2 Fälle

– dto. vom gemeinsamen Konto bezahlt.
1 Fall

270. Ist die Ehefrau Alleinverdienerin, werden die Steuerzahlungen bezahlt von
Kein Fall

271. Verdient der Ehemann mehr als seine Ehefrau, werden die Steuerzahlungen von dem alleinigen Privatkonto des Ehemannes bezahlt.
5 Fälle

– dto. vom Geschäftskonto des Ehemannes bezahlt.
12 Fälle

– dto. vom gemeinsamen Konto bezahlt.
3 Fälle

– dto. vom alleinigen Konto der Ehefrau bezahlt.
1 Fall

272. Verdient die Ehefrau mehr als ihr Ehemann, werden die Steuerzahlungen von dem alleinigen Privatkonto der Ehefrau bezahlt.
3 Fälle

– dto. vom Geschäftskonto der Ehefrau bezahlt.
3 Fälle

273. Verfügen beide Ehegatten über etwa gleich hohe Einkünfte, werden die Steuerzahlungen bezahlt von
Kein Fall

g) Geplante Verwendung der Einkommensteuererstattung für 2008

274. Ist der Ehemann freiberuflich oder selbständig tätig, soll die Steuererstattung auf seinem Geschäftskonto verbleiben.
4 Fälle

275. Ist die Ehefrau freiberuflich oder selbständig tätig, soll die Steuererstattung auf ihrem Geschäftskonto verbleiben.
Kein Fall

276. Ist der Ehemann Alleinverdiener, wird die Steuererstattung gespart.
2 Fälle

– dto. wird zur Tilgung von sonstigen Verbindlichkeiten verwendet.
Kein Fall

– dto. wird für eine Investition im Haus/Wohnung verwendet.
3 Fälle

– dto. wird für den gemeinsamen Urlaub verwendet.
Kein Fall

– dto. wird zwischen den Eheleuten zur Hälfte geteilt und darf jeweils für private Zwecke verwendet werden.
Kein Fall

– dto. wird vom Ehemann für sein Hobby (Auto, Sportgerät o.ä.) verwendet.
Kein Fall

– dto. wird für Anschaffungen für die Kinder verwendet.
Kein Fall

– dto. wird von der Ehefrau für Kleidung, Schmuck o.ä. verwendet.
Kein Fall

277. Ist die Ehefrau Alleinverdienerin, wird die Steuererstattung für den gemeinsamen Urlaub verwendet.
1 Fall

278. Verfügt der Ehemann über höhere Einkünfte als seine Ehefrau, wird die Steuererstattung gespart.
2 Fälle

– dto. verbleibt sie auf dem Geschäftskonto des Ehemannes.
  4 Fälle
– dto. wird für eine Investition im Haus/Wohnung verwendet.
  2 Fälle
– dto. wird für den gemeinsamen Urlaub verwendet.
  1 Fall
– dto. wird zwischen den Eheleuten zur Hälfte geteilt und darf jeweils für private Zwecke verwendet werden.
  1 Fall

279. Verfügt die Ehefrau über höhere Einkünfte als ihr Ehemann, wird die Steuererstattung gespart.
  1 Fall
– dto. wird zur Tilgung von sonstigen Verbindlichkeiten verwendet.
  4 Fälle
– dto. wird für den gemeinsamen Urlaub verwendet.
  1 Fall

280. Verfügen die Ehegatten über etwa gleich hohe Einkünfte, wird die Steuererstattung für den gemeinsamen Urlaub verwendet.
  1 Fall

Aktuelle Probleme moderner Gesellschaften
Contemporary Problems of Modern Societies

Herausgegeben von / Edited by Karl-Heinz Breier, Peter Nitschke, Corinna Onnen

Bd./Vol. 1 Corinna Onnen-Isemann / Vera Bollmann: Studienbuch Gender & Diversity. Eine Einführung in Fragestellungen, Theorien und Methoden. 2010.

Bd./Vol. 2 Stephan Sandkötter (Hrsg.): Bildungsarmut in Deutschland und Brasilien. 2010.

Bd./Vol. 3 Astrid Freudenstein: Die Machtphysikerin gegen den Medienkanzler. Der Gender-Aspekt in der Wahlkampfberichterstattung über Angela Merkel und Gerhard Schröder. 2010.

Bd./Vol. 4 Matthias Bublitz: Gegliederter Universalismus. Politische Philosophie und ihre Tendenzen in der bundesdeutschen Parteienprogrammatik. 2010.

Bd./Vol. 5 Martin Jungwirth: Environmental Management Systems in Local Public Authorities. A Comparative Study of the Introduction and Implementation of EMAS in the United Kingdom and Germany. 2011.

Bd./Vol. 6 Martin Schwarz: Transnationale Kooperation: Der Ostseerat und die Subraumpolitik der Europäischen Union. 2011.

Bd./Vol. 7 Stephan Sandkötter (Hrsg.): Gesellschaftsdiagnosen. Aktuelle deutsch-brasilianische Herausforderungen und Chancen. 2011.

Bd./Vol. 8 Marie-Christine Frank: Weiblich – jung – ungebildet. Drei Antworten auf den Wandel in der Sozialberatung. Eine empirische Erhebung. 2011.

Bd./Vol. 9 Peter Nitschke: Formate der Globalisierung. Über die Gleichzeitigkeit des Ungleichen. 2012, 2., aktualisierte und erweiterte Ausgabe, 2014.

Bd./Vol. 10 Peter Nitschke/Mirko Wischke (Hrsg.): Öffentlichkeit und Demokratie in der Metamorphose. 2013.

Bd./Vol. 11 Michaela Thönnes: Sterbeorte in Deutschland. Eine soziologische Studie. 2013.

Bd./Vol. 12 Artur Klosek: Quo vadis, deutsche Gewerkschaften? Herausforderungen im globalisierten 21. Jahrhundert am Beispiel der IG Metall. 2013.

Bd./Vol. 13 Arne Arps: Zur unterschiedlichen Wahrnehmung des Politischen in den USA und der Bundesrepublik Deutschland. Eine kritische Interpretation. 2013.

Bd./Vol. 14 Evelyn Temme: Von der Bildung des Politischen zur politischen Bildung. Politikdidaktische Theorien mit Hannah Arendt weitergedacht. 2014.

Bd./Vol. 15 Petra Eden: Das Ehegattensplitting. Eine soziologische Analyse zur monetären Ressourcenverwaltung in der Ehe und zum Halbteilungsgrundsatz. 2015.

www.peterlang.com

www.ingramcontent.com/pod-product-compliance
Ingram Content Group UK Ltd.
Pitfield, Milton Keynes, MK11 3LW, UK
UKHW041823290926
8980IPUK00002B/29

9 783631 660997